RALPH MOORE

MAKING
DISCIPLES

Making Disciples
ⓒ 2012 by Ralph Moore
Published by Baker Books
a division of Baker Publishing Group
Printed in the United States of America
Making disciples : developing lifelong followers of Jesus / Ralph Moore.

Korean, Korea Edition Copyright
ⓒ 2016 by The Word of Faith Co.
All rights reserved.

제자 만들기

발행일   2016. 3. 28.   1판 1쇄 발행
　　　　 2020. 6. 9.   1판 2쇄 발행

지은이　랄프 무어
옮긴이　임은묵
발행인　최순애
발행처　믿음의 말씀사
2000. 8. 14 등록 제 68호
(우) 16934 경기도 용인시 기흥구 신정로 301번길 59
Tel. 031) 8005-5483　Fax. 031) 8005-5485
http://faithbook.kr

ISBN 89-94901-65-5　03230
값 13,000원

* 본문 성구는 개역개정이 기본으로 사용되었습니다.
　그 외의 번역이 사용된 경우에는 따로 표시했습니다.

본 저작물의 저작권은 '믿음의 말씀사'가 소유합니다.
저작권법에 의해 보호를 받는 저작물이므로 무단 전재와 복제를 금합니다.

제자 만들기

랄프 무어 지음 | 임은묵 옮김

믿음의말씀사

목차

추천의 글 _ 6

서문 _ 12

프롤로그 _ 15

들어가는 글 • 이 책이 좋은 점 _ 17

Chapter 1 • 16살 소년에게 배운 제자 만들기 _ 23

Chapter 2 • 마땅한 비평 _ 35

Chapter 3 • 제자 만들기란 무엇입니까 _ 47

Chapter 4 • 모든 그리스도인은 지상명령을 완수하라는
부르심을 받았습니다 _ 67

Chapter 5 • 과정으로서의 제자 만들기 _ 75

Chapter 6 • "단지 또 하나의 프로그램이 아닙니다!" _ 87

Chapter 7 • 누구를 제자로 만들어야 합니까 _ 103

Chapter 8 • 나의 유산 남기기 _ 121

Chapter 9 • 제자 만들기 방법론 _ 133

Chapter 10 • 사방이 어장입니다 _ 167

Chapter 11 • 그냥 서 있지만 말고 뭔가를 하십시오 _ 179

Chapter 12 • 누가 나를 제자로 만들어주어야 할까요 _ 191

Chapter 13 • 나는 나의 스승에게 무슨 빚을 지고 있는 것일까요 _ 201

Chapter 14 • 오랜 친구는 어떻게 해야 하나요 _ 215

Chapter 15 • 당신이 맞닥뜨리게 될 문제들 _ 221

Chapter 16 • 사역하지 않는 소그룹들이 있는 이유 _ 243

Chapter 17 • 당신을 상응하게 해주는 피드백 고리 _ 255

Chapter 18 • 모든 좋은 일에는 끝이 찾아옵니다 _ 263

우리 교회는 영적 운동을 낳을 수 있을까요 _ 273

추천의 글

랄프는 전 세계적인 비전을 가진 목사로서 책을 씁니다. 그의 교회는 700개 이상의 교회를 개척했으며, 그는 모든 대륙에 세워진 700개 이상의 교회를 위한 기폭제입니다. 랄프에게 제자 만들기는 당신이 누구이며 무엇을 하는지에 관한 것입니다. 이 책은 랄프가 직접 경험한 것들에 관한 이야기들과 사례연구들로 가득합니다. 내가 이 책에서 얻은 가장 중요한 교훈은 우리가 제자 만들기를 할 수 있다는 것과 지금 시작할 수 있다는 것입니다.

스티브 에디슨
『What Jesus Started: Joining the Movement, Changing the World』 저자

서방 교회는 현재의 감소 추세를 반전시킬 근본적인 개입이 필요합니다. 랄프 무어는 이 시대의 선지자입니다. 그의 단도직입적이면서 가끔은 거친 스타일은 교회가 사명을 감당하지 못하도록 하는 막들을 벗겨내는 사포와 같은 역할을 합니다. 그는 의로운 길로 들어오고 제자도로 돌아오라고 권고합니다. 나는 그의 권고에 갈채를 보내는 바입니다.

글렌 버리스 주니어
The Foursquare Church 총회장

의도적인 제자 만들기(1971년 이후로 700개 이상의 교회를 개척한 운동)를 강조한 것에 대한 열매는 랄프 무어가 이 주제로 책을 쓸 수 있도록 독특한 자격을 줍니다. 이 실제적이고 감동적인 책은 평범한 성도들을 위해 기록되었습니다. 만약 우리가 이 책이 설명하는 원리를 실행한다면, 예수님을 따르는 사람들과 및 증식하는 건강한 교회들을 낳을 것입니다. 이 책은 도전적이며, 다른 사람들을 회심시키는 것과 그들을 제자로 만드는 것이 동일한 개념이 아니라는 것을 이해하도록 도울 것입니다.

토니 & 펠리시티 데일
House2House Magazine 창립자, 『Small is Big!』와
『An Army of Ordinary People』 공동저자

　랄프는 제자 만들기가 교회 개척과 하나님의 선교의 중심이라는 것을 압니다. 그리고 그는 제자 만들기가 어떻게 일어나는지를 보여주는 설득력 있는 이야기들을 통하여 이 진리를 나눌 실제적인 노하우를 가지고 있습니다. 그의 이야기들은 성경의 진리로 가득하며, 성령님의 인도하심을 받았으며, 제자 만들기의 필수적인 구성요소인 "관계 형성하기"에 집중하고 있습니다. 나는 당신이 이 책을 읽고서 랄프의 지혜를 얻어 당신의 삶을 위한 주님의 비전을 이루기 위해 제자들을 생산하는 일을 시작하도록 권고하는 바입니다!

조지프 W. 핸들리 주니어
Asian Access 회장

랄프 무어는 자기의 스마트폰 내비게이션을 과거의 부흥들로 설정하지 않는 리더로서 제자도의 매력 없는 기술을 확실히 바라보는 사람입니다. 그는 복음 전도자의 유능한 장인의 일을 하면서, 가장 중요한 식견에 집중하는 옳은 일을 하고 있습니다. 우리가 제자로 만들고 있는 사람들은 좋은 결실에 상관없이 중요합니다. 이 책을 놓치지 마십시오. 가장 중요한 것을 얻으십시오!

데이비드 하우스홀더
『The Blackberry Bush』의 저자,
Robinwood Church, Huntington Beach, California 담임목사

우리처럼 평범한 사람들의 잠재력을 볼 수 있는 랄프의 묘한 능력은 주님에게서 온 은사이지만, 또한 이것은 다른 사람들이 보지 못하는 것을 보고 그들이 탐구할 생각을 하지 못하는 것을 탐구하는 그의 의도적인 접근으로부터도 옵니다. 제자 만들기는 그 과정의 비밀과 프로그램을 우리의 손에 가져다줍니다. 제자 만들기는 단순한 과정을 위한 단순한 제목입니다. 우리는 제자 만들기를 통하여 랄프 무어와 같은 유산을 남기게 됩니다.

마이크 캐이
Hope Chapel West Oahu, Hawaii 담임목사,
『The Pound for Pound Principle』 저자

랄프는 이 책에서 위대한 이야기들을 나누고 재생산하고 사람들의 삶을 변화시키는 제자 만드는 교회들을 세우는 것에 관한 신선한 영감과

식견을 주고 있습니다. 그는 모든 건강한 교회는 더 많은 교회를 재생산하고, 모든 열정적인 리더는 더 많은 리더를 재생산하고, 예수님께 전적으로 헌신한 모든 제자는 더 많은 제자를 만든다고 믿습니다. 또한, 그는 우리가 이 모든 것을 할 방법을 말해주고 있습니다. 랄프는 진정으로 경이로운 책을 썼습니다!

플로이드 맥클렁
저자, All Nations 창립자

이 책은 읽기 편하고 성경적이고 실제적입니다. 랄프 무어의 책들은 오늘날 가장 좋은 제자도와 리더십과 교회개척 도구 중에 속합니다. 랄프는 모든 위대한 작가들처럼 자신이 쓴 책들의 내용과 동일한 삶을 살고 있습니다. 만약 당신이 그리스도의 제자가 되고 다른 사람들을 제자들로 만들어야 한다는 감동을 받았다면, 이 책은 당신을 위한 것입니다!

스티브 머렐
Victory- Manila 창립자, Every Nation Churches and Ministries 공동창립자, 『WikiChurch』 저자

제자 만들기는 모든 사람의 과업입니다. 랄프 무어의 천재적인 실제성과 단순성은 나로 하여금 그 어느 때보다 실제로 세상으로 나아가서 제자들을 만들고 싶어 하게 만듭니다. 모든 사람은 제자 만들기를 해야 하며, 제자 만들기를 할 수 있습니다. 랄프 무어는 실패를 제거하고, 더 많은 정보를 찾아서 우리가 그것을 할 방법을 가르쳐줍니다. 이 책을

읽으십시오. 그리하면 다 읽을 때까지 손에서 내려놓지 못할 것입니다! 이 책을 많이 구매하여 읽고, 말씀을 전하십시오!

노먼 나카니쉬
Grace Bible Church, Pearlside, Hawaii 담임목사

나는 일본에서 제자들을 만드는 사역을 하기를 좋아하기 때문에 지역 교회 안에서 제자들을 만드는 것에 관하여 쓴 랄프 무어의 책을 읽으면서 매우 흥분했습니다. 랄프는 위대한 목사일 뿐만 아니라 목사들과 교회개척자들을 일으키는 위대한 사역자이기도 합니다. 그는 진정으로 귀한 사람입니다! 이 책은 제자 만들기에 대한 동기를 부여할 것이며, 제자 만들기의 실제적인 방법들을 제공할 것입니다.

라드 플러머
Jesus Lifehouse International Churches in Japan 담임목사

나는 랄프의 경이로운 사역을 통하여 수많은 사람이 예수님을 믿기 시작하고 수많은 새로운 교회가 개척되는 것을 보았습니다. 그는 내가 영웅으로 생각하는 사람 중 하나입니다. 랄프는 제자들을 훈련하고 돌보는 것에 대해 말할 수 있는 가장 유능한 사람일 것입니다. 나는 내가 예수님을 따르기 시작했던 수십 년 전에 이 책이 쓰였더라면 얼마나 더 좋았을까 하는 아쉬운 마음이 듭니다.

스티브 쇼그린
교회개척사역자, 『Conspiracy of Kindness』 저자

랄프는 진정으로 위대한 인물입니다. 그는 말한 것을 실천하는 사람이며, 제자도가 유일한 길이라고 믿으면서 열정적으로 제자들을 만드는 사역자입니다. 제자 만들기는 제1 안이며, 제2 안은 없습니다. 제자 만들기는 이 시대가 실제적이고 긴급하게 필요로 하는 것입니다. 우리는 제자들과 제자 만드는 사람들의 군대가 필요하며, 랄프는 제자 만드는 사역을 하는 법을 알고 있습니다.

양덕웅
Cornerstone Community Church, Singapore 담임목사

서문

목사들은 마태복음 28장 19,20절을 본문 삼아 설교할 때 "가라" 부분을 집중적으로 다루면서 "제자 삼으라" 부분은 망각하는 경우가 흔히 있습니다. 이 두 부분은 모두 지극히 중요합니다. 우리가 조심하지 않으면, 선교의 제자 중심적 전략의 상실은 우리의 "가라" 부분을 쓸모없게 만들 것입니다.

아마도 당신은 제자도에 관한 새로운 관점이 필요한 교회의 목사일 수 있습니다. 당신은 제자도가 프로그램이 아니라는 것과 새로운 DVD 시리즈가 교회를 변화시키는 데 영향을 미치지 못한다는 것을 압니다. 고통의 한계점은 이미 최고조에 다다랐고, 당신은 예수님께서 제자 삼으라고 하신 명령을 어느 때보다 더 진지하게 받아들일 준비가 되어 있거나 혹은 당신이 제자 만드는 사람이 되도록 하시는 하나님의 부르심을 받고서 개인적으로 허우적거리고 있는 성도일 수도 있습니다.

아마도 당신이 속한 교회에서 유일하게 이 부르심의 긴박성을 느끼는 사람일 수도 있지만, 어떻게 시작해야 할지 모를 것입니다. 제자도의 영역을 이끄는 사람이 느끼는 고독과 부담은 압도적입니다.

아니면 당신은 교회 개척자여서 교회 개척의 긴박성 때문에 밤에 자주 잠에서 깰 수 있습니다. 어떻게 하면 당신이 사람들을 신속히 예수님의 제자들로 만들어서 그들로 하여금 다른 사람들을 제자들로 만들도록 할 수 있을까요?

새로이 개척된 교회의 성공은 이 개념에 달려 있습니다. 나는 이 책의 저자 랄프 무어와 만남을 자주 갖습니다. 랄프는 토의하는 것을 좋아하기 때문에 우리는 만날 때마다 토의합니다. 그러나 그는 자주 동일한 주제로 돌아와서 반복적으로 말합니다. 그는 그리스도를 위해서 담대히 살아가는 제자들을 만드는 것에 대해서 말하기를 원합니다. 랄프의 제자도를 위한 열정은 그가 하는 모든 것에서 분명하고 확실하게 보이며, 그는 이 책에 자기의 열정을 쏟아 부었습니다.

목사들과 교회 지도자들과 교회 개척자들은 다양한 환경 속에서 지상명령을 수행하느라 분투하지만, 그들의 몸부림의 내용은 항상 동일합니다. 교회는 잘 성장하기 위해서는 변화된 사람들이 필요합니다. 제자를 만들지 않고서는 지상명령에 순종하기란 불가능합니다. 그러므로 당신은 어디에서 시작하고 있습니까?

당신은 이미 중간 지점에 도달해있습니다.

당신이 지금 손에 들고 있는 이 책『제자 만들기』는 당신의 상황이 어떠하든 지상명령에 대한 당신의 생각을 재정비하기 위해 쓰였습니다. 이 책은 사역이 교착상태에 빠진 목사들을 위한 것이며, 사역이 성장하고 있는 목사들을 위한 것이기도 합니다. 또한, 제자 만드는 사람이 되기를 원하면서도 그렇게 되는 방법을 알지 못하는 성도들을 위한 것이며, 새로운 교회를 개척하는 교회개척자를 위한 것이며, 교회 활성화를 통해 하나님의 부르심을 구하는 목사들을 위한 것이기도 합니다.

지상명령은 우리 각 사람을 "가라"와 "제자 삼으라"에 관련시킵니다. 나는 랄프의 책이 당신의 삶과 사역을 통해 선교를 좀 더 확장하는 데 도움을 주기를 기도하고 있습니다.

에드 스테처
저술가, 강연자, 연구원, 목사, 교회 개척자, 기독교 선교학자

프롤로그

모든 성도가 그리스도를 따르고 "사람을 낚는 어부"(마 4:19)가 되도록 부르심을 받았듯이, 이 책은 평범한 그리스도인들을 위해 기록되었습니다. 우리 각 사람은 제자 만들라는 부르심을 받았습니다.

그렇긴 해도, 나는 내 직분을 감출 수 없습니다. 나는 목사이며, 궁극적으로 목사의 관점으로 이 책을 쓸 예정입니다. 그래서 나는 내 이야기 중 몇 개는 독특한 관점에서 나오게 될 것이라는 점을 알기에 미리 독자들의 양해를 구하는 바입니다. 나는 당신이 이 책에 나오는 실례들을 당신의 삶에 잘 맞게 받아들이고 적용할 것이라 확신합니다.

나는 목사의 관점에서 나오는 의도적인 제자 만들기의 결과를 피할 수 없으며, 이것은 필연적으로 교회들이 새로운 교회들을 개척하는 것을 포함합니다. 만약 우리가 사역을 잘 감당하면, 우리의 제자 중 몇 명은 매우 자연스럽게 목사로 성장하게 될 것입니다.

나는 그리스도를 따르는 모든 제자에게 실제적인 도움을 주기 위해 이 책을 썼지만, 동시에 목사들과 교회 지도자들에게 영감을 주기 위한 소망을 담고 있습니다. 이 책이 전체적으로 의도하는 것은 내가 "제자 만들기 연속체"disciplemaking continuum라고 부르는 것을 확립하기 위함입니다. 교회의 모든 요소는 모든 성도로 하여금 제자를 만드는 사람들이 되게 하는 것입니다. 이 책의 중심에는 교회의 건강 프로젝트가 자리하고 있습니다.

당신은 이 책을 독립적으로 읽을 수 있습니다. 하지만 이 책은 내가 쓴 『당신의 교회를 증식하는 방법』과 『새로운 교회를 시작하라』를 함께 읽을 때 완벽한 3부작이 됩니다.

만약 당신이 이 3권의 책을 연속으로 읽고자 한다면, 이 책을 먼저 읽으십시오. 그러고서 열거된 순서대로 나머지 두 권을 읽으면 됩니다. 교회는 먼저 제자들을 만든 다음에 번식할 준비를 합니다. 그렇게 하면 뭔가 새로운 일을 시작할 기본적인 사항들을 얻을 수 있습니다. 궁극적으로, 우리는 우리 각 사람이 해야 할 사역 곧 열방을 제자 삼는 사역에 대한 상을 받아야 하고, 인류역사의 결과를 바꾸어놓아야 합니다.

나의 목표는 당신의 교회가 세계로 뻗어 나가는 것입니다. 나는 세상에서 가장 외떨어진 섬 중 하나에 살고 있습니다. 우리는 다른 섬들보다 본토에서 멀리 떨어져 있습니다. 그렇지만 우리는 모든 대륙에 교회를 세우는 일을 하고 있습니다. 이것은 제자 만드는 일을 매우 진지하게 받아들이는 소박한 결심과 더불어 시작되었습니다. 당신은 우리가 예수님을 모방하려고 한다고 말할 것입니다. 실제로 그렇게 말했다면, 당신이 제대로 본 것입니다.

랄프 무어

들어가는 글

이 책의 좋은 점

  이 책은 당신이 일상을 사는 방식을 바꾸고, 더 좋게 바꾸기 위해 고안되었습니다.

  나는 한 번에 한 사람씩 세상을 변화시키는 방법을 가르치고자 소망합니다. 당신은 마태복음 28장 19,20절에 기록된 지상명령이 실패한 것이 아니고 가망 없는 꿈도 아니라는 것을 깨닫게 될 것입니다.

  당신은 효과적인 제자 만들기를 위한 도구들을 날마다 얻게 될 것입니다. 또한, 제자 만들기 사역은 제자 만드는 교회에서 열리는 집회들이나 "전문" 그리스도인들 곧 성직자들의 고유 영역이 아니라는 것을 깨닫게 될 것입니다. 이것은 예수 그리스도를 따르는 모든 사람의 삶에 대한 하나님의 부르심입니다.

  제자 만들기는 목적과 사명이 있습니다. 우리는 에베소서에서 교회 지도자들이 하나님의 백성으로 하여금 하나님의 일을 하도록 준비케 하라는 명령을 받은 것을 읽게 됩니다(엡 4:11-13 참조). 만약 지도자들이 사역을 위해 사람들을 준비시키는 일을 위해 존재한다면, 교회의 목적과 제자 만들기의 결실은 그리스도 안에서 성장하는 것 이상으로 늘어날 것입니다. 예, 교회는 사람들로 하여금 그리스도 안에서 성장하도록 해야 합니다. 하지만 이것은 단지 그들을 더 강한 성도들로 만드는 것을 목적으로 하지 않습니다.

교회의 목적은 각 사람을 견고하게 하여 다른 사람들을 섬길 수 있도록 준비케 하는 것입니다. 그리고 교회의 목적에는 "종반전 사명"end-game mission이 포함되어 있습니다. 이 사명은 모든 나라를 제자로 만들어서 주님이신 예수님께 순종하도록 가르치는 것입니다.

진정으로 건강한 교회의 교인들은 대다수가 강한 지도자들로 성장할 것입니다. 소수는 교회 개척자들이 될 것이며, 선발된 소수는 세상의 다른 나라들에서 교회를 세울 것입니다. 성경은 이런 사람들을 "사도들"이라고 부르며, 우리는 그들을 일반적으로 선교사들이라고 부릅니다.

하지만 제자들을 만드는 것은 지도자들만 하는 일이 아닙니다. 제자가 제자를 만듭니다. 이것은 우리 믿음의 가장 기본적인 기능입니다. 근래에 한 태국 사람은 이것이 우리의 가톨릭 친구들이 일반적으로 사용하는 용어인 "사도권 계승"apostolic succession에 대한 것이 아니라고 지적했습니다(사도권 계승이란, 모든 가톨릭 사제의 영적 혈통은 베드로에게로 거슬러 올라간다는 것을 시사함). 또한, 그는 "비록 사도들이 제자들을 만들기는 했지만, 그렇다고 해서 이것은 사도들만 제자들을 만드는 것에 대한 것이 아닙니다."라고 언급했습니다.

이 태국 사람은 우리가 "디사이폴릭 계승"discipolic은 disciple과 apostolic의 합성어임-옮긴이에 속해야 한다고 말했습니다. 디사이폴릭 계승이라는 말은 어색하기는 하지만 유용한 관용구입니다. 물론, 그는 이 관용구를 통해서 교회안에서 제자를 만드는 제자들의 긴 계보(제자 만들기 연속체)를 말하는 것이었습니다. 이 "제자 만들기 연속체"는 효과가 있음이 수백 년 동안 입증되었습니다. 제자 만들기 연속체는 예수님과 사도들을 당신과 나에게 이어주는 큰 사슬 같은 기능을 하는 것과 직접적인 관련이 있습니다.

그 태국 사람의 가르침(당신이 이 책에서 읽게 될 내용)이 그로 하여금 자신을 인정하도록 도움을 주었습니다. 그는 50개에 육박하는 교회를 세운 사람이기는 하지만, 교육을 제대로 받아본 적이 없었습니다. 그것 때문에, 그는 항상 자신을 부적당한 사람으로 취급했습니다. 그러나 그는 미국에서 온 어떤 사람이 자신을 정말 대단한 사람으로 여기는 것을 알게 되자, 자신이 비록 교육을 거의 못 받았어도 하나님께서 자신을 정말로 사용하신다는 것을 인정할 수 있었습니다.

나는 이 책을 통해 당신이 더 결단력 있는 삶을 살기 시작하고, 하나님께서 당신의 모습 그대로 사용하실 수 있다는 것을 깨닫기를 소망하는 바입니다.

나는 터키 이스탄불에서 중동 전역의 선교사들을 만난 후 집으로 돌아오는 비행기에서 이 부분을 쓰고 있습니다. 중동 선교사 중 다수는 절대로 큰 교회에서 목회할 수 없을 것인데, 이는 그들이 그리스도를 따르는 많은 사람이 모이기에는 위험한 지역들에 살고 있기 때문입니다. 그들 중 다수는 실제로 생명을 잃을 수 있는 위험 속에서 살고 있습니다. 그렇지만 그들은 모두 공통적으로 제자 만들기를 매우 즐기고 있었습니다. 그들은 서로 얼굴을 맞대고서 하는 제자훈련이 그리스도를 따르는 사람들이 할 수 있는 가장 보람 있는 일이라는 것에 의견을 같이했습니다.

나는 당신의 교회(믿는 다른 사역들에서 제자를 훈련함에 있어서)가

누군가가 이미 하고 있는 사역을 다른 사람들이 후계자로 양육 받은 후 대신 맡아서 할 수 있도록 모든 필요를 채워주는 후계자육성 방식으로 전환하기를 소망합니다. 다시 말해서, 나는 당신이 교회를 제자 만드는 연속체로 바꾸기를 소망한다는 것입니다. 만약 이것이 제대로 진행되기만 하면, 제자 만들기 연속체는 지구의 먼 곳에서 사역을 시작할 가능성을 가지고 있습니다.

내 친구 중 하나는 "제자 만들기는 우리가 현재 존재하고 있는 교회들을 영혼들로 채우고, 새로운 지도자들이 새로운 교회들을 세우도록 파송할 때 마주하게 되는 가장 큰 과제입니다."라고 말했습니다. 당신은 내 친구가 가속력을 잃은 교회를 치유하는 만병통치약인 동시에 지상명령을 수행하게 하는 열쇠로서 제자 만들기를 제시하고 있음을 알게 될 것입니다.

내가 속한 교단은 교회 개척의 가속도를 되찾으려 하고 있습니다. 그러나 나는 우리가 열심을 가지고 있기는 하지만, 오직 제자 만들기의 강한 파도만이 새로운 교회들을 세울 수 있는 소재를 마련해준다는 사실을 간과하는 것이 안타까울 따름입니다. 당신은 돈으로 영적 가속도를 살 수 없으며, 프로그램을 사용하여 사역에 접근하는 것으로도 얻을 수 없습니다. 영적 가속도가 작동하기 위해서는 사역이 관계 지향적이어야 합니다.

만약 우리가 예수님의 단순한 제자 만들기 계획을 파악하지 않으면, 우리 주변 문화를 변화시킬 힘을 잃은 사람으로 남게 될 것입니다. 그러나 우리가 한 번에 한 사람씩 제자로 만들겠다고 결심 하면 역사를 바꾸는 사람들이 될 수 있습니다.

미국 교회는 정치적 힘을 얻고 매우 큰 교회들을 건축하려는 거대한 지략들에 마음을 쏟으므로 영적으로나 수적으로나 퇴보하고 있으며, 이 모든 것은 가까운 관계들을 파괴합니다. 이 퇴보한 것을 해결할 유일한 답은 예수님의 모범으로 돌아가고, "가서 제자 삼으라" 하신 명령을 지켜 행하는 것입니다.

예수님께서는 당신과 내가 "세상의 소금"(마 5:13)이라고 말씀하셨습니다. 그리고 그분께서는 우리가 짠맛을 잃지 않도록 주의를 시키셨습니다.

당신은 현대의 서방 교회가 짠맛을 거의 무시하고 있는 상황에서 세상의 나머지 지역들에서는 짠맛이 충만한 것을 보며 의아해할 것입니다. 왜 그럴까요?

나는 이 문제가 자기중심적 믿음에서 나온다고 믿습니다. 서방의 그리스도인들은 하나님의 백성을 사역자로 준비시키는 것보다는 자신들이 영적으로 성장하는 데 더 큰 관심을 둡니다. 우리는 돈이 많이 들고 소비중심적인 프로그램들을 통해 세상 사람들에게 복음을 전하기를 바라면서 우리와 가까운 곳에 있는 사람들과 관계를 갖습니다.

그 결과 우리는 하지 않아도 될 일들을 하게 되었습니다. 우리는 주님을 섬기려고 매우 바쁘게 움직이지만, 지난 수십 년간 인구증가에 비해 전체 출석 교인의 증가는 저조하게 된 것을 보게 됩니다.[1] 우리는 작은 교회들이 문을 닫고 있는 동안에 더 큰 교회 건물들을 건축하고 있습니다. 우리 주변의 사회는 이것 때문에 신경을 쓰지 않을 수가 없습니다.

우리가 이렇게 하는 것은 돈이 너무 많고, 대단한 새 시스템들과 프로그램들이 너무 많아서 그런 것일까요? 우리의 현재 노력은 소금 제자들을 효과적으로 일으키는 데 실패하고 있습니다. 이것은 단지 교회에서 사용하는 프로그램 문제만이 아닙니다. 이 문제는 실제로 일대일 관계들에 뿌리를 내린 매우 개인적인 과정을 말하는 것입니다. 만약 당신이 다른 사람들을 제자 삼고 있지 않다면, 당신의 삶은 빈약한 것입니다. 만약 당신이 다른 사람들을 제자 삼고 있다면, 당신의 삶은 부요한 것입니다!

당신은 이 책을 통해서 제자 만드는 일에 박차를 가할 수 있도록 하는 성경의 꾸밈없는 내용들과 수많은 이야기를 얻게 될 것입니다. 만약 내가 잘 전달한다면, 당신의 삶에 새로운 열정을 가지게 될 것이며, 삶의 놀라운 여정 가운데 진정한 영적 승리들을 누릴 것입니다.

당신이 받은 사명을 완수하게 될 것이며, 평생 이어지게 될 우정을 쌓게 될 것입니다. 그리고 당신 교회의 성도들이 역사책의 한 페이지를 쓰는 사람들이 되며 당신도 그렇게 될 것입니다. 당신의 삶은 더 큰 세상에서 근본적인 차이를 만들어낼 것입니다.

만약 이 책에서 읽게 될 내용을 믿는다면, 당신은 "내가 그리스도를 따르는 것처럼 여러분은 나를 따르십시오."(고전 11:1 참조)라고 한 말씀을 이루기 위해 시간을 내서 사람들과 관계를 맺는 것을 우선순위로 할 것입니다.

이 책을 계속 읽으면서 제자 만드는 것이 얼마나 쉬운 일인지 배우십시오. 제자 만드는 과정에는 비밀이 없습니다. 당신에게 필요한 것은 오직 사람들을 사랑하는 것과 주님께서 "모든 민족을 제자 삼으라"(마 28:19) 하신 명령에 대한 의무감뿐입니다.

Chapter 1

16살 소년에게 배운 제자 만들기

아침 햇살은 교회 주차장에 놓인 철제 의자들을 뜨겁게 달구어놓았고, 우리는 거기에 앉아서 이야기하고 있었습니다. 당시 나는 대학 1학년생이었으며, 샌페르난도 밸리의 타는듯한 태양 아래서 성경공부에 관심을 둔 4명의 고등학교 1학년 남학생들을 마주하고 있었습니다. 내가 주일학교에서 가르친 첫 경험은 소풍같이 즐거운 시간은 아니었습니다.

머리 위에 지붕이나 나무 그늘이 없는 상태에서 우리가 한 것은 오직 서로 자신을 소개하면서 친구가 되는 것이었습니다. 그들의 이름은 단, 제프, 더들리, 지미였습니다. 그 후 40년이 넘는 세월이 흘렀지만, 나는 여전히 그중 3명과 관계를 이어나가고 있습니다. 단 보이드는 대형교회의 목사이며, 그의 동생 더들리는 그리스도를 따르는 사람으로서 성공적인 사업가가 되었습니다. 제프 밀러는 교회 관리자로 사역하고 있습니다. 내가 소식을 듣지 못하는 사람은 지미가 유일합니다.

고군분투하던 전도사의 고백

나는 신학대학에서 4년 동안 매 학기 최대로 수강했고, 교회에서는 전임사역자로 일했고, 주말에는 이 아이들과 및 서서히 성장하고 있던 중등부에 새로 온 다른 아이들과 더불어 시간을 보냈습니다.

나는 신학대학을 졸업할 당시에 교회성장과 제자 만들기에 대한 복잡한 생각들을 엄청나게 많이 가지고 있었습니다. 하지만 나는 내 삶에 이미 소유하고 있었던 제자 만들기의 분명한 원동력에는 전혀 관심을 두지 않았던 신출내기 "신학자"였습니다.

나는 책 읽기를 매우 좋아했습니다. 나의 독서 계획에는 대학 2학년 내내 사도행전을 적어도 한 주에 다섯 번을 읽는 것이 포함되어 있었습니다. 나는 교회성장학 도서들을 연구했고, 기독교교육 프로그램에 관계된 교육과정을 이수 했습니다. 그러나 단순한 제자 만들기 안에 있는 힘을 실제적으로 이해하지 못했습니다. 제자 만들기가 우리가 해야 할 사역이라는 것을 알았지만, 이것이 그렇게 중요하다고 생각하지는 않았던 것입니다.

이상하게 들리겠지만, 나는 제자 만들기의 중요성을 이해하기 시작했음에도, 나 자신이 이미 제자 만들기를 하고 있었다는 것을 깨닫지 못했습니다. 그 이유는 내가 어떤 실제적인 의도가 없이 제자 만들기를 하고 있었기 때문입니다.

청소년 담당 전도사로서 내가 했던 업무는 양복을 입고 넥타이를 매고 교회 사무실에 있는 책상 앞에 종일 앉아있는 것이었습니다. 누구나 알다시피, 그런 상황에서는 크게 특별한 일이 일어나지 않습니다. 그러나 밤이나 토요일에는 중고등부 아이들과 시간을 보냈고, 그들은 주님 안에서 성장했습니다. 당신은 내가 사례비를 받았으면서도 정규 사역 시간이 아니라 자유 시간에 사역한 것이 아니냐고 물을 것입니다.

나는 고군분투하는 부적응자였습니다. 세상을 변화시키기를 몹시 원했지만, 내 사고의 틀 속에 있던 모든 것은 뒤죽박죽이었습니다. 나는 오직 우리가 운영하고 있던 프로그램들에 대해서만 집중적으로 기도했습니다. 사실상의 제자 만들기는 자연스러운 것이며, 엄청나게 재미있는 활동이 포함되어있습니다. 자연스러운 만남에는 제자들의 삶에 적용할 수 있는 성경의 더 깊은 의미를 가르칠 기회들이 정말 많습니다.

하지만 이것은 일상적인 것이었습니다. 나는 그 아이들을 내 제자들이라고 부른 적이 없었습니다. 만약 당신이 이 상황에서 그들을 제자들이라고 불렀다면, 나는 당신을 약간 이상한 사람으로 여겼을 것입니다. 그렇지만 사실 그들은 내 제자들이었습니다.

나는 "내가 그리스도를 따르는 것같이 여러분도 나를 따르십시오."라는 말을 입으로는 하지 않았지만, 내 삶으로는 명백하게 하고 있었습니다. 교회 활동을 떠나서 그 아이들과 보낸 시간은 그 당시 내가 하나님의 나라를 위해 했던 것 중 가장 중요한 일이었습니다.

16살 소년에게 배우기

내 삶은 뒤죽박죽이었으며, 내가 상상할 수 없을 정도로 더 복잡해지고 있었습니다. 나의 손아래 처남인 팀은 학교에서 여러 번 문제를 일으켰습니다. 나의 장모님은 과부였으며, 농아였으며, 또한 시각장애인이 되어가고 있었습니다. 캘리포니아 주 정부는 모든 지혜를 짜내어 처남

이 장모님과 함께 있기보다는 신혼부부인 나와 내 아내와 함께 지내는 것이 좋다고 결정했습니다. 더 심각한 것은, 만약 우리가 그에게 거처를 제공할 수 없다면, 주 정부는 그를 가정위탁보호서비스에 위임할 예정이었습니다. 그러나 이것은 어린 소년을 위해 그리 유쾌한 선택은 아니었습니다.

내 아내 루비와 나는 당시 20살과 21살이었으며, 결혼한 지는 겨우 2년밖에 되지 않았습니다. 우리는 아직도 삶과 결혼생활과 나의 사역을 이해하려고 노력하는 중이었습니다. 삶은 공원을 거니는 것만큼 쉽지는 않았습니다. 하지만 몸부림치는 15살짜리 아이를 강제적으로 보살펴야 하는 상황이 벌어지면서 갑자기 모든 것이 더 어렵게 되었습니다.

우리는 팀을 사랑했지만, 그의 필요를 채워줄 수 있는 지혜는 별로 없었습니다. 우리는 도움이 급히 필요했습니다. 나는 그가 항상 입고 다니던 리바이스 반바지를 대신하여 카키색 옷을 입고 학교에 가도록 교육했던 것을 기억합니다.

우리는 옷 차림이 바뀌면 그가 얼마 전까지 핸들을 높인 오토바이를 타는 폭주족들과 어울리는 것을 더 이상 못할 거라고 생각했습니다. 또한, 자신이 쓸 용돈을 스스로 벌게 하여 돈의 귀중함을 깨닫게 하려고 신문배달을 하도록 도와주었습니다.

그에게 신문배달을 시킨 것에는 우리를 위한 숨은 동기가 있었습니다. 만약 그가 돈을 벌면, 징계를 받아야 하는 경우가 올 때마다 우리가 그에게 벌금을 물릴 수 있었기 때문이었습니다. 우리는 그가 돈을 벌기 위해 일하면, 자신이 내야 할 벌금에 더 큰 아픔을 느낄 것이며, 그러면 더 효과적으로 교육할 수 있다고 생각했습니다.

이 두 전략은 정확히 맞아떨어졌습니다. 그는 가정의 규율에 매우 빨리 적응했으며, 5달러에도 미치지 않는 벌금을 냈을 뿐이었습니다. 그리고 오토바이 폭주족들은 그를 거절했습니다(때로 옷이 사람을 만드는 듯합니다). 그는 이제 매우 바른 태도를 가졌고, 새로운 친구들을 사귀기 시작했습니다. 다만, 교회에 다니는 아이들과는 어울리지 못했습니다.

단 보이드에 대해 말해보겠습니다. 단은 몇 가지 이유로 팀에게 끌렸습니다. 그는 학급의 익살꾼이었으며, 외향적이고 친구들을 쉽게 사귀었습니다. 단은 자기의 세상을 이해하려고 하는 친구를 사귀려고 노력했습니다. (단은 캘리포니아의 뜨거운 태양 아래서 주일학교에 참석했던 첫 네 아이 중 하나였습니다.)

팀과 단의 만남은 거의 하룻밤 사이에 절친한 사이로 변했으며, 단이 팀을 예수 그리스도와 인격적인 관계를 갖도록 하는 데는 겨우 한 달밖에 걸리지 않았습니다. 현재 팀은 마텔Mattel에서 완구 설계기사로 일하고 있습니다. 그는 독실한 그리스도인의 삶을 살고 있고, 교회의 장로이며, 자녀들을 주님을 섬기는 자들로 양육했습니다.

나는 단이 왜 그렇게 팀을 쉽게 그리스도께 인도할 수 있었는지 궁금해했던 것을 기억합니다. 나는 팀이 빠르게 돌아선 이유를 숙고해보았고, 신출내기 신학자가 절대로 해내지 못한 것을 그 학급의 광대가 한 달 만에 해냈다는 사실을 직시하게 되었습니다. 이에 관해서 더 많이 생각할수록, 단이 팀을 그렇게 빠르게 전도할 수 있었던 이유는 우정에 있었다는 것을 더 인식하게 되었습니다. 그는 팀과 함께 시간을 보냈습니다. 비록 누구도 제자라는 단어를 사용하지 않았지만, 팀은 단의 제자가 되었습니다.

나는 꽤 명석했기에, 이것저것 종합해서 추론하여 결론을 내는 데 그리 오랜 시간이 걸리지 않았습니다. 단이 팀과 함께 있는 모습을 보면서 나는 우리가 진행하는 교회의 프로그램들을 통해 얻을 수 있는 성과보다 아이들과 함께 어울려 많은 시간을 보내는 것이 훨씬 성공적이었다는 것을 그 짧은 사역 기간에 깨달았습니다.

하나님께서는 내가 단과 제프와 더들리 같은 아이들과 맺은 우정을 사역을 위한 구성 요소로 사용하셨습니다. 이 아이들과 팀을 포함한 여러 다른 아이들은 나의 '제자들'이 되었습니다. 우리가 경험한 영적 성장은 그들과 더불어 일어났습니다. 다시 말해서, 우리는 뭔가 더 눈에 확 띄는 것을 찾는 중에 뭔가 제대로 된 것을 하고 있었다는 것입니다. 왜냐하면, 진정한 것은 매우 사소하게 보이기 때문입니다.

당혹스러운 교훈

내가 단과 팀의 연합을 연구하는 중에 나에게 더 큰 교훈을 준 사람을 만났습니다. 그는 새로 임명된 중고등부 담당 전도사로서 이스트 로스앤젤레스의 갱이 들끓는 마을에서 사역하고 있었습니다. 그가 처음 중고등부를 시작했을 때는 학생이 한 명도 없었지만, 불과 두세 달 만에 200명 이상으로 폭발적으로 성장했습니다.

내가 이 아이들을 만났을 때 나의 속은 나 자신과 내가 받은 정규 교육으로 여전히 매우 가득 차 있었다는 것을 이해할 필요가 있습니다. 또한 이 젊은 전도사가 정규 신학 교육을 받아본 적이 없었다는 것도 알 필요가 있습니다. 그가 정규 신학 교육을 정상적으로 받지 않았다는 사실은 나를 매우 불쾌하게 만들었습니다. 나는 그가 신학교를 안 다니고서도 그렇게 성공적으로 사역할 수 있었던 것에 기분이 상했습니다. 당신은 내가 질투했다고 말하는 편이 나을 것입니다.

나는 그가 사용했던 프로그램이 뭔지 가르쳐달라고 요구했던 것을 기억합니다. 내가 5년 동안 겨우 30명의 아이에게 목회하고 있는 동안에 그가 그 짧은 시간에 그렇게 급성장할 수 있었던 비결을 알고 싶었던 것입니다. 이 성공적인 청년 전도사는 내가 사용한 "프로그램"이라는 용어에 혼동을 느낀 듯했습니다. 이 용어는 그가 가진 사역관에 생소한 것이었습니다. 결국, 그는 뭔가 효과 있는 말을 했습니다. "아이들로 하여금 기도하고 성경을 읽게 하고서 읽은 것에 대해서 나눌 수 있도록 시간을 많이 준 것이 제가 진행하는 프로그램이라고 생각합니다."

그의 대답은 나에게 완전히 핑계처럼 들렸습니다. 나는 충분한 교육을 받지 않은 사람이 내가 가진 모든 일류의 수단들을 크게 앞질렀다는 것을 인정하고 싶지 않았습니다.

성령님께서는 결국 나로 하여금 그 사람의 의중을 이해할 수 있도록 하셨습니다. 나는 그를 한 번밖에 만나지 않았으며, 그의 이름도 기억하지 못합니다. 그러나 그의 사례는 나의 기분을 정말로 상하게 했습니다. 나는 내 생각에서 그 사람을 지울 수가 없었습니다. 그의 이야기를 더는 신경 쓰지 않으려고 많은 시간을 보냈지만, 오히려 그가 한 말이 더 생각났습니다. 결국, 나는 그 전도사가 어린 깡패들에게 성공적으로 사역한 것을 팀의 삶에 단이 거둔 승리와 연결해보았습니다. 그러자 그리 오랜 시간이 지나지 않아서 기도와 성경 읽기와 읽은 것을 나누는 것은 내 인생의 몇몇 문제를 풀어주는 열쇠들이라는 것을 깨닫게 되었습니다.

습득한 교훈

우리 교회의 중고등학교 학생들은 곧바로 제자 만드는 기계로 바뀌었습니다. 물론 우리는 일류의 프로그램들을 단숨에 버리지는 않았습니다. 그러나 우리는 우리가 이미 하고 있었던 모든 활동에 성경 읽기와 기도를 더했습니다.

중고등학교 학생들을 위해 화요일 아침 6시 정각에 열린 기도회에서 "이번 주에 성경에서 읽은 것"을 나누기 시작하자, 갑자기 그들에게 생동감이 넘치기 시작했습니다. 이 기도와 나눔의 시간은 재미있는 신앙 도서들과 목적이 있는 우정 쌓기와 함께 우리의 중고등학교를 날마다 복음화하게 한 출발점이 되었습니다. 아이들이 사역할 수 있을 정도로 성장해감에 따라 우리의 중고등부는 숫자상으로 성장했습니다. 나는 제자들을 만들었으며, 나의 제자 만들기 사역은 그 아이들로 하여금 자연스럽게 자신들의 제자들을 만들도록 했습니다. 돌이켜보면, 나는 단을 제자로 만들면서도 이 개념을 거의 이해하지 못했습니다. 단은 팀을 예수님께로 인도한 후에 팀을 자연스럽게 제자로 만들 수 있었습니다.

기도와 성경 나눔의 시간은 매우 효과적이었습니다. 근래에 나는 어떤 경건한 여자에게서 페이스북 메시지를 받았는데, 그녀는 기도와 성경 나눔의 시간을 가지면서 오늘까지 주님과의 견고한 교제를 할 수 있었다고 말했습니다. 그녀는 현재 사역을 하고 있으며, 자신이 사역자가 된 것은 내가 그녀에게 월요일 밤마다 성경을 읽도록 했기 때문이라고 말했습니다. 그 시절 그녀는 화요일 아침에 뭔가 할 말을 만들기 위해서 월요일 밤에만 성경을 읽었다고 했습니다. 우리는 그녀가 성경을 읽도록 권면했고, 성령님께서는 그녀 마음속의 생명을 자라게 했습니다.

우리는 큰 모임들 외에 신출내기 리더들이 또래 아이들에게 실제로 사역할 수 있도록 소그룹 성경공부반을 조직했습니다.

나는 이 아이들을 제자들로 만드는 일만 한 것이 아니었습니다. 제자 만들기는 내가 몇 년 후 거의 텅 빈 건물 안에 성인 12명이 있는 교회의 담임목사가 되었을 때도 이어졌습니다.

배운 것을 적용하기

젊은 목사로서 무엇을 어떻게 해야 할지를 몰랐습니다. 하지만 나는 중등부 아이들에게 했던 것을 그대로 했습니다. 나는 그 그룹에서 타고난 리더들을 제자들로 만들기 시작했습니다. 나는 "타고난 리더들"이라는 용어를 이미 자신들을 따르는 제자들을 둔 리더들을 일컬을 때 사용합니다. 만약 당신에게 당신을 따르는 사람들이 없다면, 당신은 아무리 교육을 많이 받았어도 리더가 아닙니다. 만약 당신에게 당신을 따르는 사람들이 있다면, 당신은 리더입니다.

어떤 리더들은 주저하는 사람들이며, 어떤 리더들은 반항적이지만(반항적인 리더들에게는 우리의 노력이 더 필요합니다), 대다수의 타고난 리더는 많은 제자를 만들고 있으며, 매우 빠르게 사역을 성장시킬 수 있습니다. 우리의 단순한 접근법은 효과를 거두었습니다. 18세에서 23세의 사람들로 구성된 무리는 결국 전 세계적으로 700개가 넘는 교회 네트워크로 변했습니다.

유기적으로 말하기

아직 성도가 100명이 채 되지 않았을 때, 우리는 여덟 개의 유기적인 성경공부반이 있었고 이 성경공부반들은 급작스럽게 생겼습니다. 나는 그 중 세 반을 인도했습니다. 내가 세 반을 인도했다는 것은 내가 소망한 대로 나를 대신할 리더들을 제자들로 만드는 것에 속도가 느렸다는 것을 의미합니다.

사실상 우리 교회의 첫 리더들 전부는 평범한 사람들에 의해 훈련되어 세워졌습니다.

성령님께서 역사하시는 동안에 일반 성도들이 자신들의 제자들과 시간을 많이 보내서 그들을 교회 개척자들로 만든 것입니다. 애석하게도, 우리는 그때까지도 제자 만들기를 위한 실제적인 단결된 비전이 없었습니다. 이것은 순전히 성령님의 역사였지, 제자들을 만들고 교회를 성장시키려고 몸부림치는 미숙한 젊은 목사가 한 것이 아니었음이 분명합니다.

전략적으로 하기

여기에서 우리가 숙고해야 할 말씀이 있습니다. "네 양 떼의 형편을 부지런히 살피며 네 소 떼에게 마음을 두라 대저 재물은 영원히 있지 못하나니 면류관이 어찌 대대에 있으랴"(잠 27:23,24). "네 양 떼의 형편을 부지런히 살피며"라는 말씀은 종합적인 전략적 비전을 암시합니다. 예수님을 따르는 사람들을 재생산이 가능한 리더들이 되게 하는 전략이 없이는 십중팔구 다음 세대를 얻는 것에 실패할 것입니다.

리더들과 성도들의 다음 세대는 하나님 나라의 사역에 매우 중요합니다. 만약 이것에 대해서 생각한다면, 그리고 당신이 친구들과 가정이 천국으로 가는 길을 찾기를 진정으로 원한다면, 현재 일어나고 있는 세대는 당신에게 매우 중요합니다. 만약 당신이 인생의 말년에 노인 성도들이 하나씩 사망하여 성도 수가 줄어드는 교회에 갇혀 살기를 원하지 않는다면, 다음 세대는 당신에게 중요합니다.

중등부의 여섯 시 기도회와 새롭게 개척된 교회에서 진행된 여덟 개의 성경 공부반은 결국 일대일 제자 만들기만이 할 수 있는 방식으로 양 떼의 형편을 살필 수 있도록 통찰력을 제공했습니다.

마침내 우리는 이것을 알게 되었고, 교회 안에 제자 만드는 그룹들을 조직하기 시작했습니다. 우리는 더 전략적으로 생각했습니다. 그러나 이것은 상당히 긴 이야기라서 나중에 더 말하기로 하겠습니다.

만약 우리 부부가 십대를 막 지났을 때 십대 아이들을 영적으로 성장시키는 것에 따른 좌절감을 맛보지 않았더라면, 이 모든 것을 절대로 이해하지 못했을 것입니다. 이 지혜는 우리가 사역 속에서 알고 있는 모든 결실로 이끌어주는 것으로서 한 젊은이가 다른 젊은이를 제자로 만드는 것입니다.

16살짜리 단 보이드는 내가 사역에 대해 알고 있는 것 중 대부분을 실제적으로 가르쳐주었으며, 이것은 우리 주님께서 제자 만드는 일을 하라고 우리를 부르셨을 때 가지셨던 이해하기 쉽고 효과적인 계획입니다. 이 방법은 실제로 열매를 맺습니다. 그리고 누구든지 이 방법을 사용하여 제자를 만들 수 있습니다! 이 책을 계속 읽으십시오. 그러면 내가 당신에게 그 방법을 보여줄 것입니다.

Chapter 2

마땅한 비평

제자 만드는 방법을 가르쳐주겠다고 약속했지만, 아직은 방법론 부분을 다루지는 않을 것입니다.

나는 1년 중 대부분을 교회의 리더들에게 제자 만들기를 통한 교회 증식에 대해 가르쳐주기 위해 세계 전역을 다닙니다. 나는 그들을 가르칠 때마다 한정된 시간 안에 "제자를 만드는 방법"과 "제자를 만들어야 하는 이유"를 논의하면서 항상 허우적거립니다.

얼마 전, 나는 제자 만들기에 대한 세미나를 주관했던 사람들에게 나의 강의에 대한 평가서를 작성해달라고 요구했습니다. 결과는 충격적이었습니다. 하지만 내 친구들은 그 결과를 예견했습니다. 평가서를 작성했던 사람 중 다수는 내가 제자를 만들어야 하는 이유에 관하여 강의하는데 너무 많은 시간을 썼지만, 제자를 만드는 방법에 대해서는 충분한 시간을 할애하지 않았다고 지적했습니다. 그들은 내가 항상 "어떻게"라는 질문에 대해서 "왜"라는 대답을 한다고 했습니다.

세미나들에서 듣게 되는 나의 강의에 대한 의견들은 일반적으로 매우 좋았으며, 그 후에는 거의 항상 새로운 교회들이 몇 개씩 개척되었지만, "제자를 만드는 방법"에 대한 내용이 많지 않았던 것에 대한 비평은 공통적이었습니다. 내가 제자를 만드는 방법을 가르치기를 싫어하는 마음이 생긴 것은, 현대 교회들이 매우 프로그램 중심적이라는 것과 제자 만들기는 방법과 겉 모습이 매력적이지 않다고 여겨 중요하게 생각하지 않기 때문입니다.

다시 말해서, 교회들 속에는 너무 많은 방법론 시스템들이 있으므로 나는 거기에 하나를 더하고 싶은 생각이 없다는 것입니다. 사실 나는 제자 만들기를 해야 하는 이유가 제자 만들기의 방법을 만들어내는 데 도움을 줄 것으로 믿습니다.

건축가들은 흔히 "형태는 기능에 따른다."라고 말합니다. 그들은 당신이 건물을 지을 때 설계자가 그리는 설계도를 따라 해야 한다는 것을 의미하는 것입니다. "이유"는 기능이고, "방법"은 형태입니다. 이유는 방법에 앞서야 합니다.

또한, 나는 만약 당신이 제자를 만들기로 한다면, 성령님이 당신이 처한 독특한 상황에서 당신이 해야 할 것들을 보여주실 것이라는 강한 확신으로 살아갑니다. 나는 랄프라고 불리는 사람의 계획과 설계가 성령님의 지시를 대신 하는 것을 두려워합니다. 내가 만약 방법에 관해서 많은 시간을 가르치면, 제자 만들기는 그저 다른 술책 속으로 빠져 악화할 것입니다. 하지만 나는 세미나들에서 받았던 평가서들을 읽고 난 후에 이 책을 쓰기로 작심했다는 것을 시인하는 바입니다.

제자 만들기의 요령을 가르치느라 시간을 할애하는 것이 나에게 문제가 되는 이유는 제자 만들기가 나에게 매우 단순하게 보이기 때문입니다.

나의 제자 만들기 방법은 사람들과 시간을 함께 보내고, 예수님을 우리 가운데 모셔들여서, 자연스럽게 일이 진행되도록 하는 것입니다. 그러나 나도 나이가 들고 있고 이제는 "자연스럽게 일어나는 일을 그냥 계속하면 된다"라는 식의 대답이 사람들에게 충분한 가르침이 되지 않아 이제 좀 뻔뻔하게 보인다는 것을 압니다. 그래서 이제부터 몇 장에 걸쳐서 제자 만들기의 방법에 대해서 다루겠습니다.

실마리들을 읽기

나는 "어떻게"라는 질문들에 대해서 "왜"라는 대답을 하는 성향을 피할 수가 없습니다. 나에게는 예비지식과 뭔가를 해야 하는 이유가 제자 만들기를 어떻게 해야 할 것인가에 대한 실마리를 주기 때문입니다. "어떻게"는 기법을 다루지만, "왜"는 일반적으로 가치들과 목적을 다룹니다. "왜"는 절대로 변하지 않습니다. 반면에 "어떻게"는 상황에 따라서 항상 변해야 합니다. 성경적 가치들은 변하지 않지만, 항상 바뀌는 문화를 계속 따라가기 위해서는 적절한 방식이 끊임없이 바뀌어야 합니다.

혁신과 창조성

만약 당신이 무슨 일을 할 때 그것을 하는 이유를 이해한다면, "그것은 정말 놀랍습니다. 하지만 그것은 우리 도시에서는 효과가 없습니다."라고 절대로 말하지 않을 것입니다. 기본 가치들을 이해하는 것은 당신이 자유롭게 혁신하도록 해줍니다. 당신은 당신이 사는 도시에 영향을 미칠 방법을 찾을 수 있습니다. 기본 가치들을 새로운 상황들에 맞추는 것은 놀라운 창조를 낳습니다.

땅끝까지 이르러

제자 만들기의 "왜"는 예수님께로 거슬러 올라갑니다. 그리고 이것은 우리를 세상 끝까지 나아가도록 인도해줍니다. 예수님께서는 "나를 따라오라 내가 너희를 사람을 낚는 어부가 되게 하리라"(마 4:19) 라고 말씀하셨습니다. 예수님에 따르면, 사람들을 실제적으로 낚는 결과는 복음을 예루살렘에서 유대와 사마리아와 "땅 끝까지"(행 1:8) 효과적으로 증거하도록 합니다.

나는 하와이에 살고 있습니다. 하와이는 당신이 예루살렘에 가는 것만큼이나 멀기 때문에 "땅 끝"의 자격을 주어야 합니다. 하와이에 있는 교회들은 지난 30년 동안에 미친 듯이 교회들을 증식시켰습니다. 하와이는 미국에서 인구가 늘어나는 만큼 교회가 성장하고 있는 유일한 주입니다. 그래서 나는 하와이가 예수님의 전략이 실제로 유효하다는 것을 증명해주는 산 증인이라고 생각해봅니다.[2]

게다가 하와이의 교회 중 다수는 다른 나라들로 가서 교회들을 세웠습니다. 우리는 대개 새로 세워진 교회들에게 다른 나라로 가서 교회를 세울 수 있도록 복음의 문을 열어주실 것을 놓고 기도하라고 도전합니다. 복음의 문은 보통 그 나라에서 온 어떤 사람과 맺어진 관계를 통해서 열립니다. 심지어 우리가 세운 가장 작은 교회들도 하와이에 와서 훈련받고 다른 나라로 가는 사람들을 제자들로 만들어서 새로운 교회들을 개척했습니다. 제자 만들기에 대한 놀라운 사실 중 하나는 자금이 크게 필요하지 않다는 것입니다. 하지만 제자 만들기는 반드시 시간과 사랑이 많이 필요합니다.

나는 근래에 몽골의 목사들에게 제자 만들기를 장시간 훈련한 후 하와이로 돌아왔습니다. 나는 몽골에서의 사역을 준비하느라 몽골의 교회성장에 대한 자료를 찾으려고 인터넷을 검색했습니다. 나는 구소련이 1989년에 몽골에서 철수했을 때는 기독교인이 겨우 3명이었다가 현재는 인구의 3% 정도로 증가했다는 것을 알게 되었습니다.[3] 내가 몽골에 도착하여 현지 성도들에게서 들어보니 몽골의 기독교인은 전체 인구의 6%에 육박한다고 합니다. 이 엄청난 성장은 단 22년만에 일어났습니다.

몽골의 연간 교회성장률은 매해 15%가 증가하고 있습니다. 이것은 정말 좋은 소식입니다. 하지만 어떤 블로그는 몽골이 시베리아와 서중국 사이의 먼 곳에 있다는 이유로 이 나라를 "땅 끝"으로 묘사해서 나의 시선을 끌었습니다. 몽골은 예루살렘에서 하와이만큼 멀리 떨어져 있지 않습니다. 하지만 몽골은 외떨어진 곳에 있으며, 구소련이 점령하던 기간에 서방 국가들과의 왕래가 단절되었었습니다. 그래서 어쩌면 몽골이 땅 끝일 수도 있습니다.

평범한 사람들

나는 몽골이나 하와이가 실제로 땅 끝이라 불릴 자격이 있는지 모릅니다. 하지만 내가 아는 바는 1989년에 일어난 사역 대부분은 평범한 사람들에 의해 일어났다는 것입니다(나는 우리가 모두 하나님 앞에서 동등하므로 "기독교 평신도"라는 말을 사용하는 것을 좋아하지 않습니다). 이 평범한 사람들은 구소련이 붕괴된 후 몇 주 만에 몽골로 들어가서 초창기에 복음을 증거했습니다.

나는 사도행전 4장 13절에 베드로와 요한이 "성경을 특별히 배운 적이 없는 '평범한 사람' ordinary men"으로 묘사된 것이 생각났습니다. 이 구절은 이어서 "그제서야 비로소 그들은 베드로와 요한이 예수님과 함께 있던 사람이라는 것을 알게 되었습니다."(쉬운성경)라고 말씀합니다.

나는 교회를 개척하고서 겨우 6명으로 성장시킨 후 돈이 떨어지자 미국의 집으로 돌아와야 했던 한 침례교 선교사를 압니다. 그는 그 작은 교회가 약해져 문을 닫을 수밖에 없는 상태로 남겨놓고 떠났습니다. 하지만 스스로 선교지로 가서 사역했던 이 자비량 선교사는 자신이 몽골의 수도인 울란바토르에 머무는 동안에 한 명의 강력한 제자를 만들어 놓았습니다.

그 제자 중 한 사람은 그 교회의 미숙한 성도들에게 목양하라는 소명을 느꼈습니다. 그는 믿음이 크게 성장한 후에 6명을 목회하기 위해서 자기의 의사 직업을 그만두었습니다. 그리고 현재 이 교회는 400명이 넘는 성도를 가진 교회로 성장했으며, 모교회를 통하여 여러 교회들이 개척되었습니다.

내가 아는 다른 몽골인 목사는 40명이 채 안 되는 교회를 이끌고 있습니다. 하지만 그는 바울과 바나바처럼 온 땅을 두루 다니면서 복음을 증거하고 있습니다. 그는 몽골과 시베리아와 중국과 북한을 다니면서 젊은 사람들을 제자들로 만들고 있습니다. 그는 현재까지 30개 이상의 교회를 개척했습니다. 생각해보십시오. 이 신실한 종은 자기 교회 성도의 수에 거의 근접한 교회를 개척한 것입니다.

나는 남아프리카에 사는 한 사람을 아는 데, 그는 자기 교회와 인접 국가들에서 제자들을 만드는 사역을 하고 있습니다. 그가 사람들을 믿음으로 양육하는 것을 알게 된 주변 국가들의 젊은이들이 그가 있는 도시로 이주했습니다. 그는 자기를 직접 따르는 사람들만 제자들로 만드는 것이 아니라 다른 나라들에 있는 제자들과 시간을 보내기 위해서 길게는 30시간이 걸리는 거리를 여행하기도 합니다. 그는 바울이 "내가 그리스도를 본받는 자가 된 것 같이 너희는 나를 본받는 자가 되라"(고전 11:1) 한 말씀대로 노력하고 있습니다. 그 결과로 교회의 배가 운동이 싹을 틔우고 있습니다. 그의 사역은 그의 생명이 다해도 사람들의 삶을 변화시킬 것이며, 자기 나라의 국경 너머의 영혼들까지도 변화시킬 것입니다.

이것이 바로 "나를 따르라" 하신 제자로의 부르심과 "사람을 낚는 어부가 되어" 다른 사람들을 제자들로 만들라는 부르심의 이유입니다. 제자 만들기는 예수님께서 2,000년 전에 제자들을 부르신 이후로 우리가 진행하는 어떤 사역보다 나은 열매를 냅니다.

세 위대한 명령들

예수님께서는 계명(명령) 중에서 가장 중요한 계명이 무엇인지 질문받았을 때, "네 마음을 다하고 목숨을 다하고 뜻을 다하고 힘을 다하여 주 너의 하나님을 사랑하라 하신 것이요"(막 12:30)라고 대답하셨습니다. 그러고서 "둘째는 이것이니 네 이웃을 네 자신과 같이 사랑하라 하신 것이라 이보다 더 큰 계명이 없느니라"(막 12:31) 라고 말씀하셨습니다.

우리는 이 두 계명에 대해서 많이 말하지만, 이 계명들을 우리가 지상명령이라고 부르는 세 번째 계명과 좀처럼 연결하지 않습니다. 세 번째 계명은 다른 두 계명과 하나로 묶여 있습니다. 사실 이 세 번째 계명은 다른 두 계명을 신학적 추측으로부터 빠져나오게 하여 실제로 행동으로 옮겨지게끔 합니다. 만약 우리가 하나님을 사랑한다면, 우리는 다른 사람들로 하여금 하나님을 사랑하게 하기를 원할 것입니다. 만약 우리가 우리 이웃들을 사랑한다면, 그들이 천국에 들어가는 것을 원할 것입니다. 하나님과 이웃을 사랑하는 마음은 우리로 하여금 제자 만드는 사역으로 이끌어줍니다.

이 세 개의 중대 계명이 기독교의 독특성이라는 것을 이해하는 것은 중요합니다. 세계의 종교 중 대다수는 인간이 성취할 수 있는 어떤 평화나 정의, 또는 그 내면을 보는 것으로 만족합니다. 대다수 종교는 업보나 자기 수양 또는 이 둘 모두에 집중합니다. 오직 기독교와 이슬람만 외부로 나가서 전도하고 제자를 만드는 일을 합니다.

이슬람은 피전도국들을 정복하라고 명령하며, 이슬람 포교자들에게 협력하지 않는 사람들을 죽이라고 명령하는 것으로 인하여 기독교와 구별됩니다.

사랑이 모든 것입니다

우리는 세상을 정복하기 위해 부르심을 받았습니다. 그러나 이 정복은 첫 두 계명인 하나님 사랑과 이웃 사랑 안에서 가장 잘 설명됩니다. 사람들을 그리스도께 인도해주는 것은 사랑입니다. 하나님과 사람에 대한 사랑은 진정한 제자 만들기의 이유가 됩니다.

우리는 어떤 계명이 가장 큰지를 물었던 율법교사에게 답하신 것의 나머지를 기억할 필요가 있습니다. 예수님께서는 이 진리를 설명하시기 위해서 이웃을 사랑하는 것에 대한 이야기를 말씀하셨습니다(눅 10:25-37 참조).

이야기의 주인공은 사마리아 사람이었는데, 이 민족은 율법교사가 업신여긴 민족이었습니다. 율법교사에게는 그 부상한 사람은 하나님의 집에 속한 유대인이었습니다. 2명의 유대인 종교지도자들이 부상한 사람을 본 척도 하지 않고 비켜갔지만, 이 사마리아의 사업가는 그 유대인을 고치기 위해 자기의 물질을 사용했습니다. 이 사마리아 사람은 인종 간의 증오로 인해 희생당한 것을 사랑으로 극복했습니다.

우리는 물질적으로만 아니라 영적으로도 이 사마리아 사람처럼 되라는 부르심을 받았습니다. 물질저으로는, 우리가 가진 것을 궁핍한 사람들에게 나누어주어야 합니다. 영적으로는, 우리가 그들을 제자들로 만드는 일을 할 때 우리가 가진 것을 그들에게 나누어주어야 합니다.

우리가 흔히 예수님의 복음을 무시하거나 적극적으로 반대하는 사람들에 둘러싸여 있다는 것은 사실입니다. 그러나 그들은 우리의 이웃들입니다. 우리는 그들을 사랑하도록 부르심을 받았습니다. 우리는 그들로 하여금 그곳에 계시는 하나님과 살아 있는 관계를 맺을 수 있도록 그들을 제자들로 만드는 데 우리의 생명을 바치라는 부르심을 받았습니다.

우리는 모든 교회가 선교의 전초기지가 되어야 한다는 것을 기억해야 합니다. 이것은 당신과 당신의 교회가 내일 비행기를 타고 티베트로 가는 것처럼 실제적입니다. 사람들은 매우 생소한 가치관들과 전통들을 가진 문화에 둘러싸여 있습니다. 이 가치관들과 전통들은 그 사람들과 친밀한 우정을 쌓고 시간을 보내야만 변화되는 것입니다. 그렇게 하지 않으면 설교와 프로그램을 사용해도 거의 변화되지 않습니다. 당신의 제자 만들기 노력은 다른 나라들에서 성공적으로 선교하고 있는 선교사들의 사역과 정확히 동일할 것입니다.

매우 효과적인 사례들 vs. 빈약한 시도들

내가 이 책에서 말하고 있는 이야기들은 주로 제자 만들기의 극적인 결과들에 대한 것입니다. 흥미진진한 이야기들은 제자 만들기에 대해 잘 설명해 줄 것입니다. 그 이야기들은 주로 원칙보다는 이례적인 사례들입니다. 날마다 하는 제자 만들기는 항상 흥분되거나 항상 대단한 열매를 맺지는 않습니다. 성경은 흥미가 부족한 제자 만들기의 본질에 대해서 매우 실질적인 방법으로 말씀하고 있습니다. "부지런한 자의 경영은 풍부함에 이를 것이나 조급한 자는 궁핍함에 이를 따름이니라"(잠 21:5).

시시해 보이는 결과들

제자 만드는 데 자기의 삶을 투자하는 대다수 사람은 확실하지만 시시해 보이는 결과들을 보게 될 것입니다. 당신은 나의 처남 팀을 기억하고 있습니까? 그는 단을 만난 이후 40년이 지난 지금 9명의 청년을 정기적으로 만나 제자들로 만들고 있습니다. 만약 그 9명 중에 다른 사람들을 제자들로 만드는 사람이 하나도 없다 해도, 팀의 삶이 영적으로 성공한 것이라고 말할 만합니다. 이는 시시해 보일지라도 성공한 것입니다.

성공적인 제자 만들기를 다른 관점으로 봅시다. 지구에 사는 전체 인구를 생각해보십시오. 지구에 사는 사람 중 거의 3분의 1이 현재 그리스도를 따르고 있습니다. 만약 우리 각 사람이 두 사람을 제자로 만든다면, 우리 평생에 전 세계를 복음화할 수 있을 것입니다. 만약 이 제자들이 두 사람을 제자로 만든다면, 우리는 수십 년 안에 세계 복음화를 마칠 수 있을 것입니다. 잠시 이것에 대해 생각해보십시오. 이것은 당신이 수고한 것에 비해 결과가 대단해 보이지 않는다 해도, 당신이 다른 사람에게 시간과 에너지와 사랑을 투자하는 것은 실제적이고 가치가 있다는 것을 의미합니다.

평범함에서 비범함으로

당신은 성령님과 함께 사역하는 것이 파악하기 어려운 일이라는 것을 의식했습니까? 당신은 제자 만들기의 영역에서 당신이 하는 사역에 대해 성령님께서 무엇을 계획하고 계시는지를 절대로 정확히 알 수 없습니다.

나는 자기 친구를 그리스도의 제자로 만든 어떤 기계운전자를 알고 있습니다. 그리고 다른 사람들이 그 제자를 주님과 깊이 동행하도록 훈련하여 사역자가 되도록 했습니다. 그 후 이 기계운전자는 다른 주로 이사하고서 목수로 일했습니다.

그가 다정한 남편과 할아버지로서 조용한 삶을 사는 동안에, 그의 제자는 남미로 가서 350개 이상의 교회를 세웠습니다. 첫 번째 남자는 1명의 제자를 만들었고, 그의 제자는 수백 명의 제자를 만들었습니다. 첫 번째 사람의 진득한 충성이 없었더라면, 수천수만의 영혼이 그리스도를 알지 못하고 죽었을 것입니다. 평범한 것이 비범한 결과들을 만들었습니다.

어떤 사람들은 사람들을 연결시키거나 네트워크하는 데 타고난 재능이 있습니다. 그들은 쉽게 친구들을 만들고, 일반적으로 많은 사람을 알고 있습니다. 그들은 350개 이상의 교회를 개척한 사람처럼 큰 추수를 감당할 것입니다. 우리는 이런 사람들이 제자 만드는 일을 하도록 활성화해야 합니다. 그러나 우리 중 대다수는 그들과 많이 다릅니다.

우리는 350개 이상의 교회를 개척한 사람을 제자로 만든 그 기계운전자에 더 가깝습니다. 그 한 사람의 수고와 기도와 충성이 없다면 수천의 다른 사람이 그리스도를 따르지 못했을 것입니다. 우리는 우리의 목표를 달성하기 위해서 비범한 결과들과 시시해보이는 수고들이 모두 필요합니다. 제자 만들기는 모든 사람이 참여하고 있는 경기입니다. 교회는 겨우 몇 명이 땀을 흘리면서 모든 즐거움을 누리는 것을 수천 명의 관중이 구경하는 축구처럼 보여서는 안 됩니다. 우리는 모두 항상 경기하는 사람들이 되어야 합니다.

이것은 "교회"가 크고 거대한 다단계 판매 조직과 같다고 부릅니다. 단, 다단계 판매 조직과 교회의 다른 점이 있다면, 교회에서는 상품을 팔지 않는다는 것입니다. 교회는 오직 영원한 생명을 제공할 뿐입니다. 그리고 이 영원한 생명은 값없이 나누어주는 선물입니다.

Chapter 3

제자 만들기란 무엇입니까

제자 만들기란 무엇입니까? 그리고 우리는 어떻게 제자를 만들 수 있습니까? 나는 당신을 실망하게 하고 싶지는 않지만, 우리가 본격적으로 제자 만들기의 방법을 다루기 전에 몇 장을 할애하여 제자 만들기가 무엇인지를 논의하고자 합니다. 첫째로, 우리가 해야 하는 것이 무엇인지를 정리해봅시다.

제자 만들기는 멘토링과 다릅니다

제자 만들기는 초보자들에게는 멘토링mentoring, 어떤 문제에 대하여 일대일로 상담하거나 조언해 줌―옮긴이과 다른 것입니다. 실제로 나는 눈에 보이는 결과에 대한 부적절한 열망이 우리로 하여금 제자 만들기를 대신하여 멘토링의 개념을 품도록 했다고 생각합니다.

멘토링은 21세기 스타일 같이 보이지만, 제자 만들기는 구식인 것처럼 보입니다. 이것은 큰 오해입니다! 우리는 "제자 만들라"라는 부르심을 받았습니다. 내 말을 오해하지 마십시오. 사실 멘토링 관계는 가치가 있습니다. 우리는 멘토들mentors, 조언을 해주는 사람들—옮긴이가 필요합니다. 그러나 멘토링은 제자 만들기를 대신한 인간적 지름길일 뿐입니다. 멘토링은 제자 만들기처럼 개인적이거나 효과적이지 못합니다.

내 인생에는 여러 소중한 멘토가 있습니다. 나는 멘토들의 조언이 필요할 때는 가끔 그들과 대화를 하거나 이메일을 보냈습니다. 그러나 만약 우리가 1년에 5번 소통하려했다면 그것 때문에 바빴을 것입니다. 나는 모세의 장인 이드로를 모세의 멘토로 봅니다. 성경은 모세를 이드로의 제자처럼 묘사한 적이 없습니다. 그렇지만 이드로는 모세를 자기 가족으로 받아들였으며, 모세가 따로 떨어져 살게 되기 전까지는 결정적인 때에 지혜로운 조언을 주었습니다. 또한, 이드로는 모세를 모니터링했습니다.

모세와 여호수아 사이의 시나리오는 이드로와 모세 사이의 시나리오와 다릅니다. 가장 확실한 것은, 모세가 여호수아를 제자로 만들었다는 것입니다. 이 젊은 여호수아는 모세가 가는 곳마다 동행했고, 모세가 하나님과 함께했던 삶과 모세의 리더십 기술을 보고 배웠습니다. 이드로가 모세를 멘토링하느라 사용한 시간보다 모세가 여호수아를 훈련하느라 사용한 시간이 훨씬 깁니다.

함께 시간 보내기

투자된 시간의 길이는 멘토링과 제자 만들기 사이의 결정적인 차이를 상세하게 설명해줍니다. 멘토들은 소중한 사람들입니다. 그들과 멘티들 사이에는 항상 귀한 관계가 있을 것입니다. 그러나 제자 만들기는 멘토링과 전혀 다른 것을 다룹니다. 엘리야와 엘리사를 숙고해보십시오. 그들의 관계는 멘토링이었습니까, 아니면 제자 만들기였습니까? 나는 당신이 내 말의 취지를 이해했으리라 생각합니다.

이것은 엘리야가 산 위에서 홀로 주님을 만나는 장면에서 보입니다(왕상 19 참조). 엘리야는 이세벨 왕비가 개인적으로 섬기던 이방 신에게 제사하던 부패한 종교 지도자들을 처형한 것으로 인하여 이세벨이 자신을 죽이려 하자 두려워서 도망쳤습니다. 엘리야가 하나님과 사사로이 만남을 갖는 동안에 하나님께서는 한 사람에게 기름을 부어 후계자로 삼고, 두 사람에게 기름을 부어 왕이 되도록 하라고 엘리야에게 명령하셨습니다.

엘리야는 큰 선지자이자 리더였습니다. 그의 기도는 7년 동안 기근이 들게 했습니다. 그가 비가 다시 내릴 것이라고 예언했을 때 바싹 마른 땅과 기근으로 재정적 어려움을 겪던 사람들은 "비가 오는 것은 불가능한 일이다."라고 비명을 지르다시피 했습니다. 비를 내리게 하기 전, 엘리야는 그 시대에 만연했던 이단을 이기고 그 이단 지도자들의 멸망을 보았습니다.

그렇지만 가장 위대한 승리를 거둔 순간에 그는 깊은 우울증에 빠지게 되었습니다. 하나님께서는 그에게 안식과 회복을 주시기 위해서 은둔하게 하셨습니다. 그러고서 엘리야는 동굴 입구에서 하나님의 능력이 풀어지는 것을 개인적으로 보았습니다.

하나님께는 엘리야의 시선을 집중시키신 후 엘리사에게 기름을 부어 후계자로 만들라고 하셨고, 두 사람에게 기름을 부어 두 나라의 왕이 되게 하라고 하셨습니다. 엘리야는 엘리사를 개인적으로 불러서 기름을 부어 자기의 후계자로 만들었습니다. 그러나 엘리야는 자기가 해야 할 나머지 사명을 엘리사를 통하여 완수했습니다. 엘리야는 절대로 그 두 왕에게 기름 붓는 일을 하지 않았습니다. 그의 제자 엘리사가 그 일을 했습니다. 엘리야와 엘리사는 한 팀처럼 기능했습니다.

엘리야는 엘리사를 제자로 만드는 일에 매우 성공적이었습니다. 성경은 엘리사가 모든 사람을 위해 행한 두 기적이 자기 스승의 손에 의해 일어났다고 기록합니다. 이런 관계는 멘토와 가끔 만나는 것보다 훨씬 강력합니다.

실제로 엘리사가 엘리야 위에 임했던 성령님의 하시는 역사의 "갑절"(왕하 2:9)을 구했을 때, 그는 "나를 네게서 데려가시는 것을 네가 보면 그 일이 네게 이루어지려니와 그렇지 아니하면 이루어지지 아니하리라"(10절) 하는 말을 엘리야에게 들었습니다. 우리는 엘리야가 그 말을 한 날과 불 병거를 타고 하늘로 올라간 날 사이에 얼마의 시간이 흘렀는지를 알 수 없습니다(11절 참조). 우리가 아는 것은 엘리사가 그 시간에 엘리야 곁에 바싹 붙어 다녔다는 것입니다. 그리고 우리는 엘리야가 자기 제자와 기꺼이 시간을 함께 보냈다는 것을 알 수 있습니다.

예수님께서는 모세나 엘리야처럼 자기 제자들과 함께 사셨습니다. 시간과 감정들을 투자하는 것은 여느 교회성장 방법들과 제자 만들기를 구별해줍니다.

"제자 만들기"에 대한 정의

나는 제자 만들기를 이렇게 정의합니다. "제자 만들기는 예수님을 중심에 모셔 들이는 가운데 다른 사람과 '의도적'으로 우정을 쌓는 것입니다."

이것은 성경의 지식과 하나님에 관한 지식을 전수하는 것 이상의 의미를 포함하고 있습니다. 이 이유로 제자 만들기는 강의실 상황에서는 절대로 갈 수 없는 장소들로 그 사람을 인도해주는 것입니다.

제자 만들기는 개인적인 공간으로 들어갑니다. 당신은 다른 사람에게 자신의 실패와 승리와 통찰력을 나눕니다. 제자 만들기를 잘하는 사람은 자기 제자를 사역의 자리로 초청하여 돕습니다. 그리고 그는 자기 제자가 사역할 때 그 수고에 갈채를 보냅니다. 제자 만들기는 제자로 부름 받은 사람이 절대로 가능하다고 생각하지 않은 것들을 하도록 합니다. 제자 만들기는 당신이 제자 만들기를 하고 있는 그 사람 안에 있는 하나님의 비전과 꿈을 이루는 데 조력하는 것입니다.

성숙과 재생산

만약 성숙을 당신 자신을 재생산하는 능력이라고 정의한다면, 제자 만들기는 그리스도인의 성숙을 목표로 삼는 것입니다. 다시 말해서, 성숙은 어떤 이론에 대한 사실들을 모으는 것이 아니라 사람들을 낚는 그물을 거둬들이는 것입니다. 만약 내가 다른 사람들을 제자들로 만드는 일을 하지 않는 사람을 제자로 만든다면, 그것은 제자 만들기에 실패한 것입니다. 제자 만들기의 과정은 재생산과 증식에 관한 것입니다.

제자 만드는 사람의 마음

바울은 데살로니가의 리더들에게 서신을 보냈을 때 제자들을 만드는 사람의 마음이 어떠한지를 설명했습니다. "너희도 아는 바와 같이 우리가 너희 각 사람에게 아버지가 자기 자녀에게 하듯 권면하고 위로하고 경계하노니 이는 너희를 부르사 자기 나라와 영광에 이르게 하시는 하나님께 합당히 행하게 하려 함이라"(살전 2:11,12).

우리는 우리의 제자들이라고 부를 수 있는 몇 사람을 찾으면 하나님의 나라와 그 영광에 참여하게 됩니다. 사랑이 많은 부모가 자신의 자녀들을 대하듯이, 우리의 제자들을 사랑으로 대할 때 최고의 제자 만들기 사역을 하는 것입니다. 우리의 목표는 우리 제자들을 아버지의 나라와 영광을 개인적으로 소개해주는 것입니다. 이것은 개인적이어야 합니다. 그렇지 않으면 아무 소용이 없습니다.

거대한 목표

예수님께서는 우리가 땅 끝까지 이르러 증인이 되게 하려고 성령의 능력을 받으라고 말씀하셨습니다. 주님께서는 또한 "가서 모든 민족을 제자로 삼아 아버지와 아들과 성령의 이름으로 침례를 베풀고"(마 28:19)라고 말씀하셨습니다.

우리는 "땅 끝"이 무엇을 의미하는지를 전체적으로 이해해야 합니다. 주님께서는 모든 나라가 복음을 듣기를 원하십니다. 그러나 나는 주님께서 모든 나라가 복음을 듣는 것보다 더 큰 것을 기대하신다고 생각합니다.

나는 우리가 모든 나라를 제자로 만드는 부분에 대해 심각하게 오해하고 있다고 믿습니다. 이것은 몇 개 나라에서 몇 명의 회심자를 만드는 것이 아닙니다. 또는 모든 나라에서 몇 명의 회심자를 만드는 것도 아닙니다. 이것은 세계를 복음으로 정복하는 것을 의미합니다. 그러나 이것은 정치적인 정복이 아닙니다. 이것은 자신을 사랑이라고 정의하신 하나님의 마음으로 모든 나라를 통치하는 것을 의미합니다. 다시 말해서, 온 세상의 사람들을 창조하신 하나님의 사랑을 그들의 마음에 충만하게 하는 것이 우리의 사명이라는 것입니다.

침례 : 관계적인 전략

침례는 관계를 시사합니다. 그리고 이것은 제자도와 긴밀하게 연결되어 있습니다. 침례는 영적 부활인 변화된 삶이 따르는 영적 죽음에 대한 선포입니다. 그러나 무엇이 이런 삶을 묘사해줄까요? 우리는 무엇 안으로 들어가기 위해서 침례를 받는 것일까요? 교회 안으로 들어가기 위해서 침례를 받는 것입니다. 교회는 사람들이 하나님께 예배하면서 다른 사람들과의 관계를 누리는 곳입니다. 그뿐만 아니라 우리는 그리스도 안으로 들어가는 침례를 받았습니다. 우리는 주님의 죽음과 부활의 생명 안에서 주님과 하나가 되었습니다. 이것은 우리가 창조주의 아들과 함께 누리는 인격적인 관계를 내포하고 있습니다.

교회에 참석하는 것 이상으로

교회에 참석하는 것은 대다수 문화권에 어렵지 않게 받아들여지지만, 침례는 그것을 깨뜨립니다. 심지어 가장 적그리스도적인 문화들조차도 미지근한 개종을 용인합니다. 하지만 한 사람이 침례를 받으면 박해가 시작되는 것이 보통입니다. 침례받은 사람이 몇몇 나라들의 더 광신적인 상황 속에서 처형을 당하거나 아니면 직장을 잃는 정도의 양호한 박해를 받을 수 있지만, 침례는 그 사람의 문화권과 다른 하나님의 나라에 대한 그의 충성을 분명히 나타내줍니다.

적그리스도의 문화들은 교회가 그 주변 문화에서 나와서 "하나님의 나라"라고 불리는 관계 속으로 들어가는 것임을 본질적으로 이해하는 듯합니다. 왕들은 충성과 특권과 순종을 요구합니다. 그래서 한 사람이 그리스도를 따르는 자로 충성하면 그의 주변에 있는 사람들과 분열하여 지상의 나라들과 문화들에 위협이 될 수 있습니다.

예수님께서는 사랑을 순종으로 정의하셨을 때 자기 나라를 정의하셨습니다. "내가 아버지의 계명을 지켜 그의 사랑 안에 거하는 것 같이 너희도 내 계명을 지키면 내 사랑 안에 거하리라"(요 15:10). 이 하늘나라의 멤버십은 감성적인 것이 아닙니다. 하늘나라의 멤버십은 충성과 특권과 순종을 필요로 하는 요구입니다. 그리스도의 나라는 다른 모든 나라와 구별됩니다. 그렇지만 그리스도의 나라의 멤버십을 가진 사람들은 자신들이 속한 지상의 나라들에 더 나은 시민들이 되도록 필수적인 부르심을 받았습니다.

침례는, 주변 문화권 안에서 자신이 공개적으로 하나님과 동행하는 것을 나타내는 것을 시사합니다. 우리 교회는 해변에서 자주 침례를 베풉니다. 그래서 해안에서 해상 스포츠를 하는 사람들이 침례가 진행되는 것을 보게 됩니다. 침례는 매우 독특해서 그 사람을 그 사회에서 직접적으로 구분해주는 표시를 줍니다.

당신은 삼위일체께서 침례 시에 언급되는 것을 압니까?(마 28:19 참조) 이것은 제자 만드는 사역이 관계적인 믿음이 포함되어 있다는 것을 시사합니다. 침례받는 사람은 아버지와 아들과 성령님과 관계를 맺게 되는 것입니다. 목사이자 저술가인 프랜시스 챈은 경이로운 책 "잊힌 하나님"[4]을 썼습니다. 이 책은 과거 수십 년의 서구 교회 역사를 매우 잘 요약해줍니다. 우리는 매력적인 프로그램을 진행하며 대형교회들을 건축하지만, 왠지 우리 믿음의 관계적이고 경험적인 부분은 배제했습니다. 내 친구 중 하나는 성령님께서 너무 잊혀지셔서 심지어 저주의 말들로도 사용되지 않을 정도라고 지적합니다.5)

비록 머리에 든 지식이 제자 만들기의 일부분인 것은 확실하지만, 그렇다고 해서 그것이 제자 만들기를 설명하는 데에는 절대로 충분하지 않습니다. 이는 예수님께서 지상명령을 하셨을 때 사람들을 가르치라는 것을 포함하셨기 때문입니다. "내가 너희에게 분부한 모든 것을 가르쳐 지키게 하라 볼지어다 내가 세상 끝날까지 너희와 항상 함께 있으리라"(마 28:20). 그리고 주님께서 가르침과 순종을 설명하셨을 때 자신이 세상 끝날까지 우리와 함께 있을 것이라고 언급하셨습니다.

그러므로 우리의 제자 만들기 사역에는 하나님께 부르짖고 응답을 듣는 기도를 통하여 하나님과 교통하는 것이 포함됩니다. 이것은 성령님을 통하여 두세 사람이 예수님의 이름으로 기도할 때 예수님께서 그들 가운데 계시는 것입니다. 우리가 하는 사역이 상호관계적이지 않다면, 그것은 아마도 제자 만들기가 아닐 것입니다.

인맥 강화하기

만약 당신이 가지고 있는 사명이나 목표가 세상을 구원하는 것이라면, 예수님께서 당신과 한 사람가운데 계시는 중에 당신이 그 사람과 의도적으로 친구가 되는 단순한 과정은 실제로 결실을 맺게 하는 전략입니다.

이것은 최근에 그리스도를 믿은 사람을 제자로 만들기에 가장 적합한 사람은 대개 그 새신자가 그리스도를 따르기로 하는 데 가장 큰 영향을 끼친 사람이라는 것을 암시합니다. 실제로 그 사람은 예수 그리스도와 더불어 인생을 변화시키는 경험을 할 정도로 제자화가 된 것입니다.

우리는 주일에 교회에서 예배를 드릴 때 그리스도를 따르기로 한 사람들과 함께 기도합니다. 그러고서 즉시 그들에게 자신들로 하여금 그리스도를 따르기로 하는 데 가장 크게 영향을 끼친 사람에게 연락하라고 요구합니다. 우리는 새신자들에게 그날 바로 전화나 이메일로 그 사람에게 연락하라고 요구하거나, 그들이 만약 교회에 함께 와서 앉아 있으면 전도한 사람에게 새신자를 제자화하라고 말합니다. 우리는 전도한 사람이 새신자에게 "이제 어떻게 했으면 좋겠어요?"라고 말하도록 합니다. 이 질문은 두 사람을 코칭과 제자화 관계로 접합시켜줍니다. 이 약간 다른 관계가 두 사람을 영적으로 성장하고 성숙하도록 이끌어줄 것입니다.

당신은 예수님께서 형식적인 방법으로 설교하고 가르치는 것 이상을 하셨다는 것을 기억해야 합니다. 주님께서는 제자들과 식사하고 그들의 질문에 답하는 데 많은 시간을 보내셨습니다. 주님께서는 12명의 선발된 제자들과 시간을 많이 보내셨으며, 베드로와 야고보와 요한과는 특히 더 많은 시간을 보내셨습니다.

성경의 여러 번역들은 예수님의 산상수훈도 제자들에게 주로 하신 말씀이라고 시사합니다(마 5-7). "예수께서 무리를 보시고 산에 올라가 앉으시니 '제자들'이 나아온지라 입을 열어 가르쳐 이르시되"(마 5:1,2). 이 말씀을 신중하게 검토해보면, 예수님께서는 12명의 제자에게 이 경이로운 가르침을 주시기 위해서 많은 사람을 피하여 따로 산에 오르신 듯합니다. 즉 많은 사람이 예수님을 따랐지만, 예수님께서는 12명의 선택받은 제자들과 친밀하게 시간을 보내실 의도를 가지고 계셨던 것이 분명합니다.

진정한 사랑

성경은 "그가 우리를 위하여 목숨을 버리셨으니 우리가 이로써 사랑을 알고 우리도 형제들을 위하여 목숨을 버리는 것이 마땅하니라"(요일 3:16) 라고 말씀합니다. 성경이 말씀하고 있는 것은 당신이 다른 사람의 죄를 대신하여 목숨을 버리라고 요구하는 것이 아닙니다. 이 말씀은 당신이 사는 동안에 예수님처럼 당신의 목숨을 버리는 것을 의미합니다. 예수님께서 자기 삶에 최우선시하셨던 것은 제자 만들기였습니다. 주님께서는 자기의 시간과 에너지와 감정들을 제자들을 위해 내놓으셨습니다. 주님께서는 당신과 나에게도 이와 동일한 것을 요구하고 계십니다.

예수님께서는 제자들과 함께 기도하심으로 그들에게 기도를 가르치셨습니다. 주님께서는 제자들 앞에서 다른 사람들을 치유하심으로 제자들에게 치유사역을 가르치셨습니다. 주님께서는 비유들과 자신을 대적한 종교적 엘리트와의 갈등을 통해서 제자들에게 가치관을 가르치셨습니다. 주님께서는 제자들이 무엇을 해야 할지를 다 보여주신 후, 그들로 하여금 직접 사역하도록 파송하셨습니다. 주님께서는 제자들이 전도 현장에서 돌아왔을 때 그들에게 칭찬을 아끼지 않으셨습니다. 세상을 구원하시기 위한 주님의 전략은 선택된 소수의 사람과 시간을 보내면서 그들로 하여금 예수님 자신처럼 되도록 개발시키는 것이었습니다. 이런 이유로 안디옥에서 "그리스도인" 또는 "작은 그리스도"라는 말이 새로 만들어진 것입니다(행 11:26 참조).

의도적인 부흥

교회가 복잡한 계약들과 프로그램들을 버릴 만큼 충분히 심한 고통을 받을 때마다 우리는 인격적인 제자 만들기의 단순한 전략으로 돌아가 "부흥"이라는 단어를 사용하기 시작합니다. 나는 우리가 향후 20년이나 그 이상 부흥이라는 단어를 사용할 수 있기를 바라고 있습니다! 그리고 상황들이 매우 나빠서 기초로 돌아가게 되어 부흥이 필요하게 되는 것이 아니라 우리가 의도적으로 부흥에 도달하는 것이 훨씬 낫습니다.

하지만 하나님께서 부흥의 역사를 주관하고 계십니다. 나는 그런 삶을 살아보았습니다. 그래서 당신에게 그런 삶이 더 쉽지 않을 수는 있지만, 훨씬 더 단순하다고 말할 수 있는 것입니다. 나는 사람들의 관심을 계속 끌기 위해서 설교와 제자 만들기의 소박함이 교회 프로그램들을 개발하는 일로 바뀌기 시작했을 때 매우 우울했었던 것을 기억합니다.

그때부터 우리는 교회 전체 활동을 의도적으로 네 개의 영역으로 집중시켜서 조직했습니다. "주일 예배, 주중 제자훈련 모임, 더 큰 사역을 위해 사람들을 준비시킴, 지역과 세계를 섬기기 위한 교회 개척." 우리 교회에는 아직도 해야 할 활동들이 많습니다. 소프트볼 리그와 남전도회

낚시팀을 비롯하여 많은 활동이 있습니다. 그러나 이 활동들은 제자들이 직접 만든 것들이지, 교회 스태프들에 의해 운영되거나 진행되는 것이 아닙니다.

전술들은 달라질 수 있으며, 달라져야 합니다

예수님의 전술들은 폭넓게 변화했습니다. 주님께서는 큰 무리들에게 말씀하셨고, 자기 제자들과 더불어 많은 시간을 보내셨고, 종교적 위선자들을 정면으로 대면하셨습니다. 주님께서는 사람들을 치유하셨고, 귀신들을 내쫓으셨습니다. 그러나 주님의 다양한 전술들은 하나의 연속체에 모두 연결되었습니다. 각 부분은 다른 부분들과 적절하게 들어맞았고, 하나님의 나라라고 하는 공동의 목표를 가리켰습니다.

예수님께서는 "땅 끝"에 있는 나라들을 구원하시기 위해서 먼저 큰 무리를 모으신 다음에 소수만 남기고 돌려보내셨습니다. 그리고 12명의 남자와 소수의 여자를 선발하신 후에는 베드로와 야고보와 요한을 자기의 핵심층으로 따로 세우셨습니다. 주님께서는 이 소수를 통해서 인류역사의 가장 위대한 운동을 시작하셨습니다.

유감스럽게도, 우리는 사도행전에서 예수님과 가장 가까웠던 이 세 사람이 예수님께서 하셨던 방식으로 제자 만드는 일을 했다는 증거를 찾아 볼 수 없습니다. 그들은 제자들을 만들었을 것입니다. 하지만 그들의 제자 만들기 활동은 사도행전에 기록되지 않았습니다. 우리는 스데반과 빌립 집사의 당연한 성장의 진보를 보게 됩니다. 하지만 그들이 사도 중 하나에게 일대일 만남을 통해 성장했다는 것을 말해주는 결정적인 증거는 없습니다. 이것은 마치 사도들이 급작스럽게 대형화된 교회를 다스리느라 매우 바빴기 때문에 제자 만드는 데 시간을 적게 들일 수밖에 없었던 것처럼 보입니다.

그러나 그리스도를 미워했던 사울이라는 사람이 예수님을 본받아 제자 만드는 사람이 되었습니다. 그는 시리아에 있던 그리스도인들을 박해하러 가던 길에서 무시무시한 회심 경험을 했을 때 자기가 타고 가던 말에서 떨어지고서 예수님의 모습을 보고 음성을 들었습니다. 이 무서운 사건이 일어났을 때 사울은 자신이 다메섹에 머무는 동안에 해야 할 일을 보게 될 것이라는 말씀을 들었습니다. 사울이 보았던 것 중의 몇 가지는 그가 제자 만드는 사역을 하여 예수님을 본받도록 했습니다. 사울은 초대교회의 그리스도인들을 많이 알고 있었고, 어쩌면 십자가에 못 박히시기 전의 예수님을 보았을 수도 있습니다. 그리고 그는 예수님의 전략과 방법들을 쉽게 알고 있었을 것입니다.

후에 그는 바울이라는 이름으로 불리게 되었고, 사도행전에 매우 강력하게 드러나므로 사도행전이 "한 사도의 행전"으로 불리게 할 정도로 사역했습니다. 그는 사도행전 전체의 스물한 장의 중심 무대에 있었습니다. 이와는 대조적으로 베드로는 사도행전의 열한 장에 등장하고, 야고보는 단 세 장에 등장하고, 요한은 네 장에 등장합니다. 사도행전은 바울이 자기 제자들과 항상 함께 전도 여행을 다니는 것을 묘사하고 있습니다. 그는 다른 사람들과 같지 않게 예수님을 모방했으며, 우리도 그렇게 해야 합니다. 바울의 사역을 통하여 유럽이 결국 기독교화되었으며, 땅끝까지 이르러 그의 사역이 뻗어 나갔습니다.

바울은 공식을 따른듯합니다. 그는 가는 곳마다 세 가지를 했습니다.

그는 복음을 선포했으며(기적이 자주 따랐음), 제자들을 만들었으며, 제자 중 몇 명을 장로나 목사로 임명하여 다른 제자들을 돌보도록 했습니다.

심지어 그는 루스드라에서 돌에 맞아 쓰러졌으나, 일어나 그 성으로 돌아가서 장로들을 세웠습니다(행 14:8-23 참조). 이 행위는 그가 독자 생존이 가능한 교회를 세웠다는 것을 암시합니다. 그 교회는 매우 작았을 것입니다. 하지만 교회의 크기는 교회의 존속력에 그리 큰 역할을 하지 않습니다. 교회 개척 운동은 일반적으로 작은 곳에서부터 시작됩니다. 비록 그가 살해기도를 당하기 전에 그들을 제자화하는 데 그리 많은 시간을 보내지 않은 것이 분명하지만, 그가 장로와 목사로 임명했던 사람들은 그의 제자들이었을 것입니다. 나는 바울이 복음을 전했고, 제자를 만들었고, 그중 몇 명이 새 교회들을 감독하도록 장로와 목사로 임명했다는 것을 조명하고 있는 것입니다. 이것은 매우 생산적이었고, 엄청난 열매를 맺었습니다. 바울은 제자 만들기를 통해 예수님을 모방했습니다. 그의 수고는 우리에게 잠재적인 성공의 실마리를 줍니다. "예수님을 모방하십시오. 그리하면 열매가 맺힙니다!"

신약에는 우리가 흔히 사용하는 거대한 강당과 마케팅 활동 또는 미디어 도구들이 사용되었다는 기사가 없습니다. 그렇지만 나는 예수님께서 오늘날 예루살렘이나 다른 도시들에서 사역하시면 분명 이것들을 사용하실 것이라고 믿습니다. 하지만 나는 예수님께서 소수의 선별된 사람들과 거의 모든 시간을 보내실 것이라는 점도 동일하게 확신합니다. 집회장소들과 마케팅 프로그램들과 아름다운 음악은 전술의 도구들입니다. 그리스도의 목표와 전략들은 바뀌지 않지만, 이런 전술의 도구들은 항상 바뀝니다. 전술의 도구들은 매우 유동적이지만, 전략은 그렇지 않습니다.

이 부분을 더 잘 이해하려거든 전장에 대해서 생각해보십시오. 이 사명은 항상 원수의 전투의지를 꺾어버려야 합니다. 마치 대다수 전술의 준비가 그러하듯이, 전략들은 전투가 시작되기 전에 세워집니다. 하지만 전투가 시작되면, 거의 즉시 새로운 전술이 적용됩니다. 그 이유는 전투에 임하는 군사들이 예기치 않은 상황에 직면하게 되고, 환경들이 자주 급속히 변하기 때문입니다. 전장이 그 상황에 가장 적합한 전술들에 따라서 좌우되는 동안에 전략들은 변함이 없습니다.

이것에 대한 모범사례는 제2차 세계대전 당시에 탱크들을 사용한 것에서 찾을 수 있습니다. 유럽의 제2차 세계대전 때에 미국 탱크들은 독일 탱크들보다 작았고, 장갑과 화력이 약했습니다. 전략가들이 탱크들을 접전시켜 끝장내기 승부를 계획하는 동안에, 우리의 군사들은 뒤쪽이 빈약하게 장갑된 독일 탱크들에 발포하기 위해서 작전 행동을 취해야 한다는 것을 재빠르게 깨달았습니다. 전술들은 원수의 약점을 이용하기 위해 바뀌어야 했습니다. 그렇지만 전술들이 바뀌었어도, 전략은 항상 원수의 전투의지를 꺾는 것이었습니다.

내가 여기서 말하려는 것이 무엇일까요? 당신은 지상명령의 사명(세계복음화)이나 전략들(제자 만들기, 침례 주기, 순종하도록 가르치기)을 개선해서는 안 될 뿐만 아니라 개선할 수 없습니다. 하지만 전술들은 상황에 적합한 것을 선택하여 사용하십시오. 예를 들어, 제자들을 만들기 위해 골프코스에 시간을 더 많이 투자하든, 서핑하는 데 시간을 더 많이 투자하든, 커피숍에서 이야기하는 데 시간을 더 많이 투자하든, 상황에 따라서 바뀔 수 있다는 것입니다. 만약 예수님이나 바울이 당신이 사는 마을의 거리를 거닌다면, 무슨 일을 하실지 생각해보십시오.

모으고, 준비시키고, 파송하십시오

오늘날의 기독교 사역의 대부분은 사람들을 모으는 것 곧 사람들을 교회에 더하는 것입니다. 그러나 예수님의 전략은 우리로 하여금 사람들을 파송하여 증식하는 것입니다. 우리는 큰 교회를 만들고, 교인 수를 늘리고, 예수님께서 모범을 보여주신 것들(특히 기적을 행하신 일)을 하도록 참으로 준비시키지 않으면서 그들의 머리에 영적 지식을 채워주기 위해 정신없이 달려갑니다.

하지만 우리가 다른 사람들을 준비시킨다 해도, 여전히 그들을 다른 장소에서 사역하도록 풀어놓은 부분에 대해서는 망각할 수 있습니다. 우리는 끊임없이 사람들에게 오라고 합니다. 하지만 이것은 전략의 한 부분일 뿐입니다.

예수님께서는 "사람을 강권하여 데려다가 내 집을 채우라"(눅 14:23)라고 말씀하셨지만, 주님의 전략은 이보다 더 깊습니다. 누가복음에 있는 이 말씀의 전체는 "길과 산울타리 가로 나가서 사람을 강권하여 데려다가 내 집을 채우라."입니다. 우리는 자주 "가라"고 하신 명령을 망각합니다.

우리의 사명은 침투전도saturation evangelism를 하는 것입니다. 침투전도는 우리가 사람들을 모으고, 그들을 제자로 만들고, 그 제자들을 풀어놓아 세상으로 가게 하고, 제자들이 다른 사람들을 전도자들로 만드는 것입니다. 우리가 강력한 제자들을 풀어놓아서 우리가 사는 지역과 다른 나라들에 교회들을 세우게 하면 거시적 수준의 결과를 보게 됩니다. 반면, 우리가 능력을 받은 것처럼 느끼고서 우리 주변의 사람들을 제자들로 만들기 위해 나아가면 미시적 수준의 결과를 보게 됩니다.

우리가 제자 만들기의 새로운 범위들을 만들 때 실제적인 증식이 일어납니다. 나는 근래에 아직 믿음이 견고히 서지 않은 새신자들 곧 여전히 신앙의 기초를 배우고 있는 사람들에게 다른 사람들을 제자들로 만들라고 요구하는 교회를 방문했습니다. 당신은 이 교회가 폭발적으로 성장하고 있음을 상상할 수 있습니다. 그들은 기독교가 가장 관대하게 받아들여지는 나라에서 작전을 벌입니다. 그렇지만 그들의 성장은 그 문화권에 한정되어 있습니다. 이처럼 제자 만들기는 어디서든 매우 쉽고 간단하게 할 수 있는 것입니다.

나에게는 이스라엘에서 자비량으로 선교하는 친구가 있습니다. 그가 하는 모든 사역은 작은 무리의 제자들을 상대로 진행됩니다. 그는 유대인임에도 불구하고, 그 사역이 발각되면 그 나라에서 추방될 것입니다. 그렇지만 그는 이스라엘 정부의 레이더에 잡히지 않을 만큼 저공비행을 하면서도 수백 명의 사람을 만지고 있습니다. 제자 만들기는 정말로 어디서든 일어날 수 있습니다!

우리는 우리 교회 안에서 제자 만들기 그룹들을 증식하기 위해서 자주 그룹을 분리합니다. 하지만 사람들이 제자 만들기 그룹 속에서 일반적으로 깊은 우정을 쌓기 때문에 그들의 그룹을 분리하는 것에는 고통이 따릅니다. 그러나 만약 우리가 복음으로 우리의 문화권에 침투하여 제자들을 증식하고자 한다면, 작은 고통은 필수불가결합니다.

예수님의 세 가지 지상명령을 다시 묘사해보면, 우리는 "하나님을 사랑하고" "이웃을 사랑하고(그 이웃이 사랑스럽지 않아도)" "가야" 합니다. 나는 내가 나를 따르라고 하고서 제자로 만든 사람에게 다른 사람들을 제자들로 만들라고 말하기 전에는 제자 만들기 사명을 완수했다고 생각하지 않습니다. 내 제자들이 나가서 다른 사람들을 제자들로 만드는 만큼 나의 제자 만들기 사역의 성공이 가늠됩니다. 만약 그들이 제자들을 만들지 않으면, 나는 제자 만들기에 실패한 것입니다. 이것은 매우 단순하지만, 매우 무섭기도 합니다.

사명, 목적, 약속

우리 교회는 항상 교인들 앞에서 우리의 사명을 상기시켜줍니다. "우리의 사명은 사람들을 하나님과 하나님의 가족에게 연결해주고, 그들로 하여금 하나님께서 이 세상에서 행하시는 일에 참여하도록 하여 그들에게 최상의 삶을 살 수 있도록 하는 것입니다."

앞서 진술하였듯이, 우리는 낯선 사람을 사랑하는 것을 강조하는 주일예배에 초점을 맞춥니다. 그러고서 우리의 초점은 그 사람이 훈련 받기 원하는 만큼 그를 훈련하는 것으로 바뀌게 되고, 이것에 우리의 작은 교회들mini-churches, 교인의 수가 적은 교회가 아니라 소그룹 형식의 모임을 일컫는 용어임-옮긴이이 포함됩니다. 우리의 작은 교회들은 하나님께서 한 사람의 삶에 하시는 일과 사람들로 하여금 서로 섬겨줄 수 있도록 준비시키기 위한 목표를 강조하는 작은 제자 그룹들입니다. 그리고 우리는 사람들을 우리가 사는 마을 건너편이나 다른 나라로 가서 사역할 수 있도록 세상 속으로 적절히 파송하는 과정으로 들어갑니다.

우리는 지역사회에서 많은 사역을 하고 있습니다. 우리 교인들은 노숙자들을 위해 세탁을 하고, 노인들을 위해 자립원들을 운영하고, 어린이들을 지도하는 일 등을 하고 있습니다. 이것은 모두 지역사회를 위한 사역입니다. 세계 무대에서는, 사마리탄스 퍼스Samaritan's Purse와 컴패션 인터내셔널Compassion International과 더불어 크게 활동하고 있습니다. 또한, 모든 교인이 평생 한 번 이상 해외 선교팀에 합류하도록 하는 목표를 가지고 있습니다. 물론 우리의 마지막 목표는 교회들을 급속하게 증식시키는 것입니다.

우리는 이것들을 단지 프로그램들로만 여기지 않습니다. 우리는 세계에 교회를 세우는 일을 열심히 하고 있습니다. 우리는 제자들을 세계 곳곳으로 파송하는 동안에 우리 지역사회를 제자화하기를 원합니다. 인정하건대, 우리 교인들 전부가 우리가 원하는 대로 하고 있는 것은 아닙니다. 하지만 가장 큰 즐거움을 누리는 사람들은 제자 만들기 개념을 진지하게 받아들이고 열심히 제자 만들기 사역을 하는 사람들입니다.

어떤 사람이 말하기를, 만약 당신이 진정한 기쁨을 원한다면, 예수님께서 당신의 도시에서 하시는 것이 무엇인지 알아보고서 주님이 하시는 일에 동참하라고 했습니다. 힌트: 예수님께서는 지금 제자들을 만들고 계십니다!

Chapter 4

모든 그리스도인은 지상명령을 완수하라는 부르심을 받았습니다

"모든 그리스도인은 지상명령을 완수하라는 부르심을 받았습니다." 사실 나는 내가 전에 쓴 책에서 이 문구를 읽는 중에 놀랐습니다.

이 문구는 나에게 새로운 의미로 다가왔습니다. 나는 이 문구의 의미를 많이 생각해보지 않았으면서도 항상 믿어왔습니다. 그러나 이번에는 이 말의 진정한 의미를 시간을 두고 숙고해보았습니다. 만약 우리가 순종하고 있다면, 세계 복음화라고 하는 큰 과업의 일부분을 가진 것입니다. 이제 당신은 내가 이 책에서 이 말을 하는 것에 매우 익숙해졌을 것입니다. 그러나 내가 이 말을 다시 읽었을 때 나의 비전이 확장되었습니다.

이것은 다소 이상하게 보일 수 있지만, 우리가 성령님의 감동을 받아 말하거나 기록하는 것은 그것을 처음 접했을 때보다 더 큰 의미를 가져다 주기도 합니다. 내 삶에는 이런 방식으로 일어났습니다. 나는 제자 만들기를 그룹으로 진행하는 것으로 보는 경향이 있기 때문에 아마도 나는 너무 회중 지향적이었던 것 같습니다. 지상명령은 그리스도를 따르는 모든 사람에게 속한 것이라는 생각은 나에게 실제적인 계시가 되었습니다.

우리가 『당신의 교회를 증식하는 방법』이라는 책을 제자 만들기 그룹들에서 읽었을 때 이 통찰이 왔습니다. 이 책은 우리 리더들에게 환영을 받았습니다. 그러나 우리 리더들은 이분적이라는 것을 보여줍니다. 그들은 세상으로 나아가기를 원하지만, 자기 친구들을 너무 사랑해서 제자 그룹들을 분열하여 새로운 그룹들을 만드는 것을 원하지 않습니다.

내가 "모든 그리스도인은 지상명령을 완수하라는 부르심을 받았습니다."라는 문구를 읽자, 이것은 리더들이나 교회들에 대한 부르심이 아니라는 생각이 불현듯 떠올랐습니다. 세상으로 가라는 부르심은 각 사람이 받았으며, 그들은 흔히 같은 교회에 남아있는 중에도 세상으로 갑니다. 사람들은 건강한 제자 만들기 그룹의 편안함을 떠나고 그 그룹을 분리시켜 새로운 그룹을 시작합니다.

때로 한 그룹을 분열하여 다른 그룹을 만들기 위해 떠나는 것에는 아픔과 큰 대가와 두려움이 따르기도 합니다. 만약 더 많은 사람을 구원하기 위해 우리가 집결하는 것이 좋은 생각이라면, 우리는 그렇게 하든지 안 하든지 양자 간에 선택할 수 있습니다. 하지만 만약 그룹 분열이 지상명령의 일부이고, 우리 각 사람이 그룹 분열을 해야 한다면, 큰 과업을 위해서 작은 고통을 기꺼이 감수해야 합니다.

나는 우리 교회의 성도들이 거의 70개 교회를 개척하도록 도왔습니다. 이 교회들은 세계 전역으로 700개가 넘는 교회로 증식했습니다. 우리가 새로운 교회를 개척할 때마다 나는 변화로부터 오는 고통을 겪었습니다. 나와 가까운 제자와의 관계가 지리적으로 가로막히게 되고, 필연적으로 그를 덜 보게 될 것입니다. 또한, 교회 개척 초보자를 조력하기 위해 우리 교회를 떠나간 사람들과 연락이 끊기기도 했습니다. 나와 가까운 제자들과 뛰어난 리더들과 연락이 자주 두절되고 있습니다. 이것에는 치러야 할 대가가 있습니다!

친한 사람들과의 연락 두절은 제자 만들기에 대한 대가 중 하나일 뿐입니다. 제자 만들기에는 엄청난 시간이 들며, 기쁨의 눈물과 슬픔의 눈물, 그리고 비통의 기도가 있습니다. 나는 이 중 몇 가지는 예수님께서 다음의 말씀을 하셨을 때 느끼셨던 것으로 생각합니다.

> "너희를 위하여 보물을 땅에 쌓아 두지 말라 거기는 좀과 동록이 해하며 도둑이 구멍을 뚫고 도둑질하느니라 오직 너희를 위하여 보물을 하늘에 쌓아 두라 거기는 좀이나 동록이 해하지 못하며 도둑이 구멍을 뚫지도 못하고 도둑질도 못하느니라 네 보물 있는 그 곳에는 네 마음도 있느니라"(마 6:19-21).

당신은 자신에게 "내가 천국에 쌓아둔 보물은 무엇인가?"라고 물어야 합니다. 나는 대다수 목사가 이 말씀을 매우 당연히 우리가 드리는 십일조와 헌금과 동일시한다는 것을 압니다. 나는 그들과 언쟁을 벌이고 있는 것이 아닙니다. 나 역시 이 말씀을 그렇게 가르치기 때문입니다. 하지만 나는 우리가 하는 일을 통해서도 하늘에 보화를 쌓는다고 생각합니다. 그리고 나는 예수님께서 우리에게 하나님을 사랑하고 이웃을 사랑하고 모든 나라를 제자로 만들라고 하신 세 가지 큰 명령보다 더 중요한 것은 없다고 생각합니다. 나는 당신이 제자 만들기에 대해서 어떻게 하는

지 알지 못하지만, 나는 나를 비롯하여 내 제자들이 하늘에 들어갈 때 그 곳에서 많은 보화를 얻기를 원합니다.

제자 만들기 연속체

만약 제자 만들기가 목사들이나 하는 일이라면, 상황들은 매우 간단히 진행될 것입니다. 그러나 만약 우리가 제자 만들기를 목사들에게만 맡겨 버리면, 절대로 세상을 구원할 수 없습니다.

모든 성도가 제자 만들기 연속체로 조직되어야 합니다. 그렇지 않으면 우리는 절대로 많은 교회를 개척하지 못할 것입니다. 제자 만들기 연속체는 그리스도를 모르는 사람들을 제자들로 만들고, 그들을 하나님의 가족이 되게 하고, 그들이 제자들에서 리더들이 되게 하고, 그중 몇 명은 하나님의 부르심을 받아 땅 끝까지 이르러 제자들을 만들도록 하는 것입니다.

우리 교회의 제자 만들기 연속체는 우리 교회에 진심으로 소속된 모든 사람을 참여시키며, 모든 수준에 맞춰서 운영됩니다. 인정하건대, 어떤 사람들은 우리 교회에 구경꾼으로 와서 앉아 있으며, 예수님께서 재림하실 때까지 그렇게 할 것입니다. 그러나 우리의 제자 만들기 연속체에 자신들을 맞춘 사람들은 가장 큰 유익을 얻습니다. 그렇게 하는 데는 시간과 감정들과 심지어 항상 분열의 대가를 필요로 합니다. 우리가 이것들을 투자하지 않으면 절대로 지상명령을 완수하지 못할 것입니다. 지상명령을 수행하는 것은 상당히 높은 가격표가 따라다닙니다.

우리는 근래에 훈련된 멤버들로 하여금 새로운 그룹들을 개척하도록 하여 새로운 제자 만들기 그룹들을 조성합니다. 세워진 리더는 보통 자기가 만든 가장 강력한 제자에게 그 그룹을 넘겨주고서 자신은 새로운 사람들을 낚기 위해 다른 곳으로 떠나는 것이 낫습니다. 우리는 새로운 교회를 개척하는 것과 같이 큰 규모의 변화가 필요할 때마다 어김없이 이와 같은 방법을 사용합니다.

이것은 항상 헤어짐의 고통을 야기합니다. 그래서 우리는 사람들이 친한 친구들과 연락이 끊길까봐 두렵다는 불평을 흔히 듣습니다. 그래서 우리는 두 개 중 하나를 선택해야 했습니다. 곧 모이는 것을 그만두든지, 받아들이고서 열심을 내든지 하라는 것입니다. 받아들이는 것은 흥미가 없습니다. 그러나 만약 우리가 이것을 소명으로 이해한다면, 더 쉬워질 것이며 흥미진진하게 될 것입니다. 진정한 활기 넘치는 제자 만들기 모임은 항상 새로운 사람들과 관계 맺기를 갈망합니다. 건강한 그룹은 한 사람이라도 더 변화되는 것을 보고자 갈망하며, 새로운 그룹들의 증식은 단지 그 과정의 한 부분이라는 것을 압니다.

우리는 모두 부르심을 받았습니다

나는 신약에서 지상명령이 소수의 성직자를 위해 남겨진 것이라고 암시하는 구절을 찾을 수가 없습니다. 실제로 신약은 성직자와 평신도 사이에 어떠한 구분도 만들지 않습니다. 이 두 단어는 원문 속에서 그저 "사람들"이라는 의미로 사용되었습니다.

우리는 모두 교회나 "부름 받은 사람들"이라고 불렸습니다. 하나님의 은사와 부르심은 그리스도의 몸에 속한 모든 사람에게 적용됩니다.

우리가 저지르는 최대의 실수는 대다수의 사역을 소수의 "하나님의 장군들"에게 위임하고서 나머지 사람들은 뒤에 앉아서 구경만 하는 것입니다. 어쩌면 이보다 더 나쁜 실수는 교회가 많은 프로그램을 사용해서 제자들을 만들 것이라고 하는 생각일 것입니다. 제자 만들기는 프로그램에 관한 것이 아닙니다. 제자 만들기는 항상 인격적인 관계들에 관한 것입니다.

나는 이 성직자와 평신도를 구분하는 것이 성직자 꼬리표가 붙은 사람들에게 유리하든지 평신도라 불리는 사람들에게 유리하든지 간에 이것이 얼마나 어리석은 것인지를 보여주는 이야기를 알고 있습니다. 오래전, 나는 멀리 떨어진 곳에 있었습니다. 그때 나는 나이가 어렸고 이제 사역을 배우던 중이었습니다. 당시는 여자들이 바지를 입고 교회에 오면 여전히 비판을 받았습니다. 그리고 모든 남자는 넥타이를 매고 주일 예배에 참석했습니다. 가정에서 일어나는 성경공부들은 목사들에게 반란을 일으키는 사람들의 모임처럼 보였습니다. 그외에도 이런 유의 말도 안되는 일은 많지만, 당신을 지루하게 만들고 싶지 않으니 이만 하겠습니다.

우리 학생 중 하나가 유대인 소녀를 주님께 인도했습니다. 이 소녀는 그리스도와 동행하기 시작했고, 비범한 전도자의 은사를 받았습니다. 소녀가 그리스도를 따르기 시작한 첫 주에 다른 사람들을 그리스도께 인도한 것은 성령님의 역사가 아니고서는 불가능합니다. 소녀가 그리스도께로 인도한 사람 중 몇 명은 유대인이었습니다. 그리스도인들이 과거 수세기에 걸쳐서 유대인들에게 엄청난 상처를 주었음에도 유대인들이 그리스도를 영접한 것은 기적이 아닐 수가 없었습니다.

소녀는 방학을 맞아서 자기 가족과 함께 사막으로 긴 주말여행을 떠났습니다. 소녀의 부모는 고맙게도 딸이 친구들(회심자들)을 데리고 오도록 허락했습니다. 소녀에게는 이것이 천국이나 마찬가지였습니다. 새로운 회심자들과 수영장에 놀러 가는 것이었기 때문입니다. 당신이 추측했듯이, 이 열 다섯 살짜리 전도자는 불신자 부모의 허락으로 자기의 네 명의 친구들에게 호텔 수영장에서 침례를 주었습니다.

여기까지는 듣기에 좋지 않습니까? 그런데 애석하게도 이것은 나쁘게 반전되었습니다. 소녀의 목사가 이 모든 것을 뒤집은 것입니다. 그 목사는 일요일 아침에 목사들과 리더들에게 국한된 사역을 할 수 있다고 생각한 반항적인 어린아이들에 대해서 설교했습니다. 그 목사는 소녀가 그 회심자들에게 침례를 주는 권세를 취하므로 죄를 저질렀다고 생각한 것입니다. 아마도 그는 소녀가 제자들을 물속으로 넣었던 그 순간에 소녀에 대해서 설교하고 있었을 것입니다.

나는 당신이 이 부분에서 조금 속상해하길 기대합니다. 이것은 나를 속상하게 했는데, 이는 그 교회가 엄청난 은사를 지닌 소녀를 거의 잃게 되었기 때문입니다. 그 목사는 친절한 선의의 사람이었지만, 일요일 아침에 대단한 문제를 만들었습니다. 만약 그 교회에 하나님께 반역하는 사람이 있었다면, 그 사람은 바로 그 목사였습니다. 소녀는 단지 지상명령을 상세하게 실현했을 뿐입니다. 만약 그 목사가 타고난 감각을 사용했더라면, 예수님께서 "가서 모든 민족을 제자로 삼아 아버지와 아들과 성령의 이름으로 침례를 베풀라"(마 28:19) 하신 것을 자기 교회의 성도가 수행한 것에 대해서 즐거워했을 것입니다.

그 목사는 자신이 그 영혼들을 구원할 수 없었던 것을 그 소녀가 한 것을 축하했어야 합니다. 그는 소녀가 자신에게서 배우고 있었다는 것을 즐거워했어야 합니다. 어쨌든 그는 좋은 교사였고, 소녀에게 이미 중요한 모범인물이 되었던 것입니다. 그는 교회에서 모든 사역을 혼자서 하지 않아도 된 것에 대해 기뻐서 뛰어야 했습니다. 무엇보다 예수님께서는 아무에게도 침례를 베풀지 않으셨으며, 바울은 소수의 사람에게 침례를 베푼 것을 오히려 자랑했습니다(고전 1:13-16 참조). 예수님과 바울은 자기 제자들이 침례를 베푸는 행위를 하도록 했음이 분명합니다.

소녀의 처지에서 생각해보면, 그 목사가 주님의 명령대로 살려고 하던 소녀의 자진하는 마음을 비판한 것으로 인하여 마음에 상처를 받았을 것입니다. 그녀는 네 친구에게 침례를 베푼 후 빛나는 얼굴로 집에 돌아와서 자신이 믿음으로 살려고 하는 동안에 그 목사가 자신을 감시 대상 명단에 올려놓은 것을 알게 되었을 때 예전과 같을 수가 없었습니다.

당신은 내가 무슨 말을 하는지 이해하고 있습니까? 지상명령은 우리 모두에게 속한 것입니다. 지상명령의 기쁨과 그에 따르는 희생은 우리의 것이며, 주님과 나누어야 할 것들입니다. 우리가 지상명령의 기쁨과 그에 따르는 희생을 수용할 때 영적 전투에 이기게 됩니다. 후퇴하면 패배합니다. 선택은 당신에게 달려있습니다.

Chapter 5

과정으로서의 제자 만들기

제자 만들기는 한 사람이 그리스도인이 되기 전부터 시작하는 과정입니다. 나는 이것을 복음주의적 제자 만들기라고 부릅니다. 이것은 일반적으로 기도와 함께 시작합니다.

당신은 예수님께서 자기를 따를 사람들을 무작위로 고르셨다고 생각합니까? 빌립이 자기 형제 나다나엘을 불렀을 때 그가 무화과나무 밑에 있었던 것을 예수님께서 보셨던 것(요 1:48 참조)을 기억합니까?

당신은 나다나엘을 보는 것이 뭔가 초자연적이라고 생각합니까, 아니면 단지 은유적 표현이라고 생각합니까? 당신은 주님의 말씀을 비유라고 여깁니까, 아니면 뭔가 초자연적인 사건이 일어난 것으로 여깁니까? 예수님께서 나다나엘을 의도적으로 선택하셨습니까, 아니면 우연히 만난 것이었습니까? 당신은 주님께서 "내가 진실로 진실로 너희에게 이르노니 아들이 아버지께서 하시는 일을 보지 않고는 아무 것도 스스로 할 수 없나니 아버지께서 행하시는 그것을 아들도 그와 같이 행하느니라"(요 5:19) 라고 말씀하신 것에 대해서 무엇이라 말하려 합니까? 나는 하나님

아버지께서 마음에 누군가를 부르기로 작정하시기 전에는 예수님께서 자기를 따를 사람들을 부르시지 않았다고 믿습니다. 예수님께서는 아버지께서 하시는 일을 본 대로 하셨습니다. 만약 우리가 성령님께 민감하다면, 예수님처럼 할 수 있어야 합니다.

제자 만들기의 모든 것이 시작되는 시점

제자 만들기는 주님께서 당신의 삶에 속한 사람(그리스도인 또는 비그리스도인)이 누구인지를 보여주실 때 시작됩니다. 이것은 당신이 그 사람의 삶으로 들어가서 "내가 그리스도를 본받는 사람인 것과 같이, 여러분은 나를 본받는 사람이 되십시오."(고전 11:1, 표준새번역)라고 초청할 때 계속 진행됩니다.

그런데 그 사람은 당신이 뜻해서 선택받는 것이 아닐 수 있습니다. 당신은 그 사람을 좋아하지 않을 수도 있습니다. 이것은 "네 이웃을 네 자신과 같이 사랑하라"(막 12:31)고 하신 말씀이 실제로 실현되는 때입니다. 당신은 어떠한지 모르겠지만, 나에게는 매우 불쾌한 이웃들이 있습니다. 내가 그들 때문에 마음이 상하게 될 때는 선한 사마리아인의 비유가 내 마음에 선뜻 떠오릅니다.

이런 사랑과 지도는 교회로 하여금 이웃들의 죄스러운 삶의 양식들에 대해 덜 정치적이고 덜 비판적이게 만들어줍니다. 오래 전, 어떤 이가 나에게 사람들은 자기의 본성대로 살아간다고 가르쳐주었습니다. 만약 그들의 본성이 죄스럽다면, 그들은 죄스럽게 살 것입니다. 만약 그들의 본성이 경건하다면, 그들의 삶이 그 경건성을 나타낼 것입니다. 우리는 죄인들이 죄를 저지르는 것에 대해서 비판하기를 멈추고 싶어 해야 하며, 그들을 하나님 나라로 인도하기 위해 사랑해야 합니다.

우리는 그리스도 밖에 있는 사람들이 우리가 생각하는 것과는 다르게 생각한다는 것을 예상해야 합니다. 우리는 그들의 어휘나 그들의 가치관에 의해 충격을 받아서는 안 됩니다. 만약 그들과 관계를 쌓는 것이 하나님에게서 받은 소명이라면, 그것은 당신에게 달려있다는 것을 기억하십시오. 관계 형성은 보통 입을 다물고서 침을 삼키는 것을 요구합니다. 언쟁은 절대로 사람들을 예수님께로 인도하지 못합니다. 사랑이 그렇게 합니다!

제자 만들기의 인격적 핵심

당신이 어떤 사람과 인격적인 관계를 맺게 되면, 당신의 삶과 주님에 대한 당신의 지식을 나누기 시작할 수 있습니다. 우리는 이 장의 마지막 부분에서 이것의 핵심에 대해 더 다룰 것입니다. 지금은 당신이 주님에 대해서 지식적으로나 경험적으로 알고 있는 모든 정보를 그 사람이 얻을 수 있도록 시간을 많이 보내는 것에 대해서 생각하십시오. 한편, 당신은 그 사람이 아직 그리스도를 따르기로 하기도 전에 그 사람으로 하여금 다른 사람들을 제자들로 만들도록 도와주는 것에 대해서 미리 생각할 수 있습니다.

이때 당신은 성경의 경고를 유지하고 싶을 것입니다. "왕의 아들들은 왕의 조상들을 계승할 것이라 왕이 그들로 온 세계의 군왕을 삼으리로다 내가 왕의 이름을 만세에 기억하게 하리니 그러므로 만민이 왕을 영원히 찬송하리로다"(시 45:16,17). 다시 말해서, 우리 자신들과 우리 전에 살았던 믿음의 조상들보다 훨씬 위대한 믿음의 영웅들이 될 미래의 영적 아들들과 딸들 또는 제자들에게 더 큰 관심을 두어야 한다는 것입니다. 옛날 영웅들의 이름을 따서 건물들과 학교들에 이름을 붙이는 것은 좋은 일입니다. 하지만 이런 장려한 표현들은 보통 우리가 사람들을 직접 세우는 것에 집중하지 못하게 합니다.

근래에 한 친구가 나에게 이렇게 말했습니다. "한 선배 목사님이 나에게 '이제 목사님이 훈련한 제자들에게서 눈을 떼고서 그 제자들이 만든 제자들을 생각하기 시작하세요.' 라고 말했어요." 이것은 그가 자기의 제자들을 잘 훈련하여 그들로 하여금 다른 사람들에게 그리스도와의 풍성하고 생산적인 관계를 맺을 수 있도록 하라는 의미입니다. 이것은 부모가 자기 자녀를 충분히 잘 키우려고 노력하므로 아직 태어나지도 않은 (또는 생각하지도 않은) 손주들이 잘 되는 것과 같습니다.

이 과정은 시간이 걸립니다. 몇 달이 걸릴지, 몇 년이 걸릴지 모릅니다. "시간"과 "우정"은 이 단계에서 중요한 말입니다. 심지어 일반 사회에서도 이것을 인정합니다. 로드니 스타크Rodney Stark는 『기독교의 기원』이라는 책에서 모르몬교와 문선명 이단일명 통일교-옮긴이의 미국에서의 성장에 대해서 살폈습니다. 그는 이 두 이단의 성공과 기독교 역사의 첫 400년의 성공을 비교했습니다. 그는 "성공적인 개종 운동들의 근원은 사회적 네트워크와 솔직하고 친밀한 대인관계의 연결을 통한 성장"[6] 이라는 것을 깨달았습니다. 또한, 그는 성장을 방해하는 위험 요소들을 관찰하여 다음과 같이 말했습니다. "대다수 신흥종교 운동들은 빠르게 폐쇄되기 때문에 실패합니다. 그들은 외부인들과의 관계를 형성하고 유지하지 않습니다."7) 즉 그는 그들은 서로 매우 가까워지기 때문에 신입자들이 들어갈 공간이 없다는 것을 의미합니다.

스타크는 자신을 그리스도를 따르는 사람이라고 말하지 않습니다. 그렇지만 그는 제자 만들기의 근본적인 중요성이 비그리스도인들 가운데서 기독교가 성공하기 위한 비결이라는 것을 발견했습니다.

목양으로 전환하기

한 제자와 함께 시작하십시오. 그를 잘 훈련하십시오. 그리하면 곧 더 많은 제자를 보살피게 될 것입니다. 적은 사람을 충성 되게 보살피는 사람은 더 많은 사람을 보살피게 됩니다. 이것이 기본적인 영적 원리입니다.

예수님께서는 주인에게 달란트를 받아 장사하여 두 배로 남긴 두 종에 대한 비유를 말씀하신 적이 있습니다. 그들이 성공하자 예수님께서는 "잘하였도다 착하고 충성된 종아 네가 적은 일에 충성하였으매 내가 '많은' 것을 네게 맡기리니 네 주인의 즐거움에 참여할지어다"(마 25:23)라고 말씀하셨습니다. 여기에는 증식 효과가 있습니다.

주인이 아무것도 남기지 않은 종이 처음에 받은 한 달란트를 가장 많이 남긴 종에게 준 것은 주목할 만큼 흥미롭습니다. 다시 말해서, 그 주인은 다섯 달란트로 장사하여 다섯 달란트를 더 남긴 종에게 더 많은 책임을 지우므로 상을 주었다는 것입니다. 만약 당신이 한 제자를 잘 양육하면, 양육해야 할 또 다른 사람들을 상으로 받을 것입니다.

내 친구 마이크 캐이는 이 부분에 대해 더 확장된 그림을 봅니다. 그는 달란트 투자 비유는 계속 이어질 수 있다고 제안합니다. 처음에 두 달란트를 받아서 두 배로 남긴 종은 총 네 달란트를 가지고 장사하여 여덟 달란트를 남기고, 또 계속 배로 남기도록 요구될 것입니다. 그리고 그는 그렇게 해서 상을 받을 것입니다.

마이크는 우리가 "항상 만족하면서도 절대로 현실에 안주해서는 안 된다."[8]라고 지적합니다. 만약 하나님께서 우리가 남긴 것에 두 배 또는 네 배를 우리에게 위임하셔도, 우리는 여전히 그것을 다시 증식시키는 것을 고려해야 합니다. 제자 만들기를 잘하십시오. 그리하면 당신의 세상에 영향력있는 네트워크를 형성하게 될 것입니다.

나는 마치 두 달란트를 받은 종보다 못한 상황에서 목회를 시작했습니다. 실제로 나는 한 달란트를 받은 종과 같지만, 그것을 땅에 묻어버리지 않고 장사에 투자하는 만큼 지혜로운 사람이었다고 생각합니다. 내 인생에 온 모든 사람은 내가 다른 사람들에게 투자한 것을 통해서 왔습니다. 나는 기회를 얻을 때마다 제자들을 만들었습니다.

그룹 속에서 제자 만들기

시간은 귀중합니다. 그래서 당신은 제자 만들기 그룹을 하나가 아니라 동시에 여러 개를 만들려고 시도해야 합니다. 일대일이 가장 적합한 방법일 때가 있습니다. 그러나 그룹들을 구성해서 제자들을 만드는 것이 이상적입니다. 이것은 시간을 잘 활용하는 것이며, 당신의 제자들로 하여금 서로의 영적 성장에 참여하도록 해줍니다.

예수님께서는 그룹들을 구성해서 제자들을 만드셨습니다. 주님께서는

12명의 제자가 있었으며, 또한 그 안에는 베드로와 야고보와 요한으로 구성된 핵심층이 있었습니다. 바나바는 첫 선교여행을 했을 때 바울과 마가 요한을 데리고 갔습니다. 바울은 훗날 디모데와 실라와 누가를 데리고 여행했습니다. 바울이 세 번째 선교여행을 했을 때는 "부로의 아들 소바더와 데살로니가 사람 아리스다고와 세군도와 더베 사람 가이오와 및 디모데와 아시아 사람 두기고와 드로비모"(행 20:4)와 함께했습니다. 이 그룹은 7명으로 구성되었으며, 만약 사도행전을 기록한 누가를 포함한다면 8명일 것입니다.

　다시 말하지만, 그룹들을 제자 만드는 것이 우리가 받은 모본입니다. 그룹 단위의 제자 만들기는 성경적이며, 실제로 결실이 맺힙니다. 나는 매주 토요일 아침에 큰 그룹을 제자 만들러 가기 전에 스타벅스에서 한 친구와 시간을 보냅니다(매우 좋은 두 친구가 제자 만들기의 목적으로 모이는 곳에 예수님이 함께 하십니다).

　나는 우리 지역에 있는 스타벅스에서 현재 두 교회에서 온 다섯 개의 제자 만들기 그룹이 동시에 모이고 있는 것을 알게 되었습니다. 내가 설교 중에 이것에 대해서 언급하자, 우리 교회 성도 중 하나가 나에게 다가와서 말하기를 자신이 운영하는 스타벅스에 내가 다니는 것을 몰랐다고 했습니다. 사실 나는 그가 운영하는 스타벅스에 다니지는 않았습니다. 그는 자기 스타벅스에서 토요일마다 다섯 개의 제자 만들기 그룹이 진행되고 있으므로 내가 그곳에 오는 줄 생각했던 것입니다. 여하튼, 그는 그 그룹 중 하나를 맡아서 제자 만들기를 하는 중입니다. 이런 이야기들은 나를 흥분시킵니다!

제자들이 사역할 수 있도록 보증하기

당신이 정말로 공격적으로 제자들을 만들고 있으면, 다른 사역들을 하게 될 기회들이 생길 것입니다. 그리고 당신이 새로운 제자들을 당신의 사역팀에 합류시키는 것을 당신의 동역자들에게 제안하면 그들이 때로 극히 영적인 반응을 보여서 당신을 놀라게 할 것입니다.

사람들에게는 흔히 다른 사람이 사역팀에 합류하기에는 영적으로 너무 미성숙하다고 잘못 이해하는 문제가 있습니다. 우리 교회는 제자 만드는 과정을 매우 귀하게 여깁니다. 그렇지만 나는 여러 사람에게서 한 특정인이 크고 중요한 사역을 할 준비가 거의 되어있지 않았다는 장황한 이유를 자주 듣게 됩니다. 이 뼈아픈 사례는 바울이 마가 요한을 제2차 선교여행에 데리고 가자고 하는 바나바의 제안을 거절하고서 그와 헤어졌을 때 일어났습니다.

나는 이런 핑계를 들을 때마다 요나단이 자기 아버지 사울 왕 앞에서 다윗을 옹호했던 것(삼상 19:4-6 참조)이나 바나바가 다소의 사울을 예루살렘의 사도들에게 보증했던 것(행 9:27 참조) 혹은, 바나바가 안디옥에 새로 세워진 교회의 리더십팀에 사울을 데리고 들어간 것(행 11:25,26 참조)을 기억하려고 노력합니다.

당신의 적극적인 보증은 제자 만들기 연속체의 일부입니다. 그리고 이 것은 아마도 당신이 의식하는 것보다 더 중요할 것입니다. 보증하기는 충성스러운 제자의 삶에 의미 있는 축복을 주는 것을 내포합니다.

증식으로 하기

개인, 그룹, 교회의 증식은 효과적인 제자 만들기 과정의 자연적인 요소들입니다. 만약 당신의 사역을 잘 감당한다면, 시간이 지나면 그 사역이 자연스럽게 나뉘게 됩니다. 사역의 증식을 위해서 제자들의 손에 사역을 맡기는 것입니다. 이것은 당신이 다른 사람들로 하여금 이 모든 과정을 시작하도록 허용합니다.

우리가 지상명령을 완수하고자 한다면, 제자, 제자 만들기 그룹, 교회를 증식시키는 것은 필수불가결합니다. 내 친구 라드 플러머Rod Plummer는 일본에서 가장 큰 교회인 지저스 라이프 하우스를 목회하고 있습니다. 이 교회는 거대하고 예배가 흥미진진합니다. 다른 교회들이 젊은 세대에게 다가갈 능력이 없어서 통탄하는 동안에 이 교회의 예배장소는 일본 청년들로 가득합니다. 이 교회의 예배에 참석해보면, 마치 흥미진진한 설교를 제공하는 나이트클럽에 들어온 듯한 느낌을 받을 것입니다. 이 교회는 아주 신나는 교회입니다!

그러나 그 목사는 제자 만들기보다 가치있는 일은 없다고 말합니다. 그는 큰 집회들 속에서 그리스도를 영접한 사람들은 길어봐야 두세 달 지나면 떠나간다고 말합니다. 반면, 제자 만들기 그룹들에 참여하는 사람들은 여전히 교회에 남아있다고 합니다.

이 교회는 제자 만들기 사역에 기초하고 있습니다. 그들은 그리스도를 따르는 데 관심을 둔 사람들을 위해 간단한 성경공부 교재들을 몇 권 제작했습니다. 이 교재들은 아직 그리스도를 영접하지 않은 사람들과 이제 막 그리스도와 동행하기로 작심한 사람들을 위한 도구들입니다. 이 교제들은 학습자들의 필요에 따라서 1시간 안에 마칠 수 있는 단원들로 이루어졌습니다. 라드는 이 성경공부 그룹들을 통해서 그리스도께 오는 사람들은 견고히 서 있고, 영원히 서 있을 것이라고 말합니다.

그들의 시스템에는 각별한 힘이 있는데, 이는 한 그룹과 더불어 그 과정을 마치는 모든 사람은 즉시 자기의 친구들을 모아서 새로운 그룹을 조직하여 성경공부를 하도록 요구받는다는 것입니다. 이 교회는 탁월한 마케팅 덕분에 좀 늘어나는 정도가 아니라 빠르게 증식되는 중 입니다. 지저스 라이프 하우스는 당신이 지구 상에서 찾을 수 있는 제자 만들기 연속체의 가장 좋은 모델 중 하나입니다.

이것들에 대해 생각할 때 나는 아브라함이 기억납니다. "아브라함이 혼자 있을 때에 내가 그를 부르고 그에게 복을 주어 창성하게 하였느니라"(사 51:2). 아브라함이 받은 이 증식의 축복은 그와 그의 조카 롯이 너무 많은 가축과 하나님의 넘치는 축복 덕분에 피차 갈라서는 것이 필요하도록 만들었습니다. 이렇게 하여 그 가정은 두 가정으로 증식했습니다.

또한, 바울이 주님의 은혜에 부탁함을 받았던 과정에 대해 숙고해보십시오. "바울은 실라를 택한 후에 형제들에게 주의 은혜에 부탁함을 받고 떠나"(행 15:40). 바울은 안디옥 교회의 지지를 받고서 선교여행을 떠났습니다. 그러나 여기에는 이보다 큰 의미가 있습니다. 즉 안디옥 교회는 주님께서 자신들의 리더 중 하나에게 맡겨주신 것이 무엇이든 간에 그에게 그것을 위임했습니다. 아마도 이것은 위험하고 믿음을 요구하는 순간이었을 것이지만, 대단히 생산적인 결과들을 낳았습니다.

이것은 내가 이 장을 시작하면서 말한 바를 상기시켜줍니다. 제자 만들기는 단순하지만, 그에 대한 열매를 맺기까지는 큰 희생이 따릅니다. 제자 만들기는 안락한 자리에 머물고자 하는 마음을 의도적으로 거부합니다. 증식은 고통스러운 것입니다. 그러나 우리 각 사람이 지상명령을 수행하라는 부르심을 받았다면, 증식의 아픔은 필수불가결합니다. 다음의 말씀이 이에 관해 잘 설명해주니 숙고하십시오. "누구든지 나를 따라오려거든 자기를 부인하고 자기 십자가를 지고 나를 따를 것이니라 누구든지 제 목숨을 구원하고자 하면 잃을 것이요 누구든지 나를 위하여 제 목숨을 잃으면 찾으리라"(마 16:24,25).

사람들로 하여금 그리스도를 따르도록 훈련하든지, 아니면 이미 주님을 아는 사람들에게 더 많은 경험을 하도록 도와주든지, 당신은 다른 사람들을 제자들로 만드는 일을 의도적으로 증식해야 할 때가 옵니다. 이것은 당신이 몹시 사랑하는 사람들로 하여금 다른 사람들을 제자들로 만들 수 있도록 그들과 분열되는 것을 흔히 요구합니다.

Chapter 6

"단지 또 하나의 프로그램이 아닙니다!"

"복음 전하는 비행선"The Gospel Blimp, 1967년 상영된 코미디 영화의 원작-옮긴이에 대해서 들어본 적이 있습니까? 없다면, 한 번쯤 들어봐야 합니다. 이것은 유머러스한 어리석음에 대한 전형적인 이야기입니다.

복음 전하는 비행선은 한 무리의 기독교 미치광이들이 소형비행선 팀에 소속된 한 이웃에게 복음을 증거하기 위해서 낡은 비행선을 구매하는 것에 대한 재미있는 제목과 주제의 책입니다. 많은 해가 지난 후, 이 기묘한 책은 『광야의 외치는 소리』라는 제목의 작품집으로 인쇄되었습니다.9)

이 책은 제자 만들기에 대한 인간적 대안의 패러디로서 선의의 어리석은 소동을 묘사하고 있습니다. 이 책에 등장하는 인물들은 한 남자에게 복음을 전하기를 원합니다. 이때 범죄조직의 한 멤버가 중고 비행선에서 복음을 듣게 되고, 그들은 복음을 증거하느라 바쁩니다.

그들은 한 사람에게 복음을 증거하는 것을 넘어서 이제 온 도시, 또는 온 세상으로 나아가고자 하는 더 큰 비전을 품습니다. 이것은 부적절한 목표가 아니라 단지 어리석은 전략일 뿐입니다.

그들은 비행선을 구매하고서 시간을 들여 다채로운 비닐 포장지로 전도지를 포장하고 유니폼(물론 유니폼도 구매했습니다)을 입고서 비행하러 갑니다. 그 이웃은 그들에게서 거친 환영을 받지만, 그들이 아름다운 색채들로 포장된 수백 장의 전도지를 자기 집에 투하하려고 애정 어린 시도를 하자 성난 손짓을 하고 이에 그들은 놀랍니다.

이 책의 내용을 여기에 다 설명하기에는 너무 깁니다. 돈 주고 구매할 가치가 있으니 한 권 사십시오(그러면 이 책의 저자 조셉 베일리가 주는 짧지만 다채로운 내용의 다른 글들을 읽게 될 것입니다). 나는 이 이야기 전체를 말해주고 싶지는 않지만, 어떤 결과가 나오는지는 말해줄 수 있습니다. 비행선 전도 모임이 시작되었던 집의 주인은 그 모임에 참석하는 것을 서서히 중단합니다. 세상을 복음화하려는 대의에 대한 그의 헌신은 점점 약해집니다. 그리고 그는 자기의 예전 파트너들의 부도덕함을 보고서 비 그리스도인 이웃과 주말들을 보내느라 교회를 빠지기 시작합니다. 동료들은 심지어 그의 픽업트럭 뒤에 맥주가 있는 것을 보았습니다.

복음 전하는 비행선에 관련된 사람들은 자신들의 "타락한" 친구에게 몹시 노여워합니다. 그들은 다소 비난 섞인 사랑으로 그에게 접근하려고 시도합니다. 그 후 비행선 전도회를 중단한 그 사람은 자신의 뒷 마당에서 최근 낚시 여행을 갔다가 그리스도를 영접한 새신자에게 예전 파트너들을 소개합니다.

물론, 그들은 그 새신자를 비행선 승무원으로 참가시킵니다(이 이야기의 나머지를 읽고 싶거든 책을 사서 읽으십시오).

현대 교회 안에서 마주하게 되는 문제들

지금까지 나는 몇 가지 좋은 아이디어와 많은 확실한 진리를 제시했습니다. 그러나 당신은 아직 나의 메시지를 대가를 치르고 얻으려 하지 않을 것입니다. 당신은 이 책이 조금 이상주의적이며 당신 교회의 패러다임과는 다르다고 생각할 수 있습니다. 만약 당신이 그렇게 생각한다면, 나는 오히려 기뻐할 것입니다. 왜냐하면, 당신의 패러다임을 깨는 것이 나의 일이기 때문입니다. 만약 우리가 진정으로 제자 만들기를 통해 교회의 증식을 도모하고자 한다면, 우리가 마주하게 되는 실생활 속의 방해물 중 몇 가지를 취급해보도록 합시다.

목적의 문제

모든 사람은 목적이 필요합니다. 그러나 문제는 우리가 일반적으로 그릇된 곳에서 목적을 찾고 있습니다. 우리는 우리의 교회들을 기계화하는 것을 통해 우리 자신의 목적을 찾으려 합니다.

당신은 복음 전하는 비행선과 같은 어리석은 목적을 취해서는 안 됩니다. 당신이 "하나님을 위해 위대한 일들"을 할 것이라고 약속해주는 것을 위해서 과도한 시간을 투자하였는데 최소의 결과들을 얻게 됨으로 실망하게 되는 경우가 있습니다.

우리 교회 스태프 중 하나는 대다수 그리스도인이 주님 안에서 신실하게 성장하기를 원하지만 그렇게 성장하지 못하는 이유는 그들이 실현 가능한 목적에 참여하지 않기 때문이라는 점을 끊임없이 지적합니다. 그는 또한 교회 사역에서 목적을 찾는 사람 중 다수가 자기의 사역을 책임의 합당한 기준을 적용하지 않는다고 설명합니다. 다시 말해서, 그는 "우리의 모든 수고를 다하여 무엇을 이룬 것인가요?"라고 묻는 것입니다. "하나님의 생각"God's ideas과 좋은 생각Good ideas이 있습니다."10)

우리는 매우 적은 열매를 생산하는 명안들을 너무 자주 택합니다. 건강한 교회는 더 많은 열매를 맺기 위해서 포도원의 가지를 끊임없이 가지치기합니다. 목적이 없는 교회는 죽어가는 교회입니다. 단순한 인간적 목적을 가지고 있는 교회는 성장은 할 수 있지만, 하나님의 나라에 적게 드릴 것입니다. 목적이 없는 삶은 지루합니다. 잘못된 목적으로 둘러싸인 삶은 황무지입니다!

규모의 문제

일대일 제자 만들기에 한 가지 어려움이 있다면, 그것은 이것이 매우 소규모로 시작한다는 것입니다. 최첨단 장비들과 정말로 크고 대담한 목표들이 계속 쌓여도, 제자 만들기는 순전히 대수롭지 않아 보입니다.

아마 그것이 현대 교회들 속에 제자 만들기 사역이 매우 적은 이유일 것입니다. 일대일 제자 만들기는 처음에 전혀 효과적이게 보이지 않습니다. 그러나 작은 시작이 그저 시편에 있는 말처럼 그저 피상적이지 않고 정확하게 들어 맞습니다. 그는 "이 작은 시작을 멸시하지 마십시오. 여호와께서 이 일이 시작되는 것을 보시길 기뻐하십니다."(슥 4:10 참조)라고 기록했습니다. 늙은 스가랴는 실제로 예루살렘 성전을 재건하려는 가엾고 작은 시도에 대해서 기록했습니다. 그러나 하나님께서 그에게 하신 말씀은 하나님 자신이 일반적으로 작은 시작들로부터 큰일들이 일어나게 하는 것을 매우 기뻐하신다는 것을 가리키는 듯합니다.

제자 만들기는 사람들을 끌어모으는 최신의 비법에 비하면 몹시 대수롭지 않게 보일 수 있습니다. 그러나 나는 스가랴가 성전에 관해 설명한 것처럼, 예수님께서 사람들을 돌처럼 사용하여 성전을 세우시는 것에 대한 베드로의 말이 사실이라고 생각합니다. "너희도 산 돌 같이 신령한 집으로 세워지고"(벧전 2:5).

고대의 성전을 세우는 데는 많은 돌이 필요했습니다. 이처럼, 역사를 바꾸어놓을 힘을 가진 교회를 세우는 데는 많은 산 돌이 필요합니다. 어떤 사람들은 많은 잠재력을 가진 큰 돌들처럼 보일 것이며, 다른 사람들은 작고 부적당한 것처럼 보일 것입니다. 그러나 하나님의 산 성전인 교회에는 각자의 역할이 있습니다.

근래에 나는 큰 성벽을 쌓는 데 사용된 작은 돌들의 중요성을 말해주는 경이로운 장소를 방문했습니다. 만약 당신이 이스라엘의 마사다Masada, 이스라엘 사해 남서쪽 벼랑 위에 세워진 고대 유적-옮긴이를 방문한다면, 주후 70년에 예루살렘 성과 성전이 로마인들에 의해 파괴된 후 마사다로 피신한 960명의 지친 유대인 반란자들이 로마인들의 노예가 되기 전에 자살을 택했던 요새를 보게 될 것입니다.

마사다 요새를 헤롯 대왕이 세웠다는 것은 잘 알려져 있지 않습니다. 마사다 요새에는 참으로 아름다운 궁전이 있으며, 실제로 신하들 가운데서 반란 사태가 일어날 경우를 대비하여 헤롯을 보호하기 위해 설계되었습니다. 나의 시선을 끈 것은 그 요새의 바깥벽들이었습니다. 가파른 절벽 가장자리에 걸터앉아서 바깥벽을 보면, 일꾼들이 어떻게 벼랑에 매달려서 바깥벽면에 돌들을 배치했을지 궁금해 할 것입니다. 그곳에는 비계를 설치할 공간이 없으므로, 노동자들은 현대의 빌딩크레인과 같은 기능을 한 말뚝에 고정된 1세기형 밧줄에 매달린 채 일해야 했습니다. 이것은 매우 겁나는 작업이었을 것입니다.

일꾼들이 사용한 건축 방법들보다 더 흥미로운 것은, 거대한 방어용 돌들이 당신의 주먹보다 작은 돌들에 의해 고정되었다는 것입니다. 만약 작은 돌들이 없었다면, 거대한 방어용 돌들은 절대로 그곳에 고정되지 않았을 것입니다. 그들은 벽을 하나로 고정하기 위해서 콘크리트나 모르타르를 바르지 않았습니다. 다만, 작은 돌들을 큰 돌들 사이에 견고하게 끼워 넣었을 뿐입니다. 이렇게 하므로 그 요새는 실제적인 방어시설이 되었습니다. 작은 돌들은 큰 돌들이 제자리에 있도록 고정하여 큰 돌들이 불안정한 밧줄의 균형을 유지하도록 했습니다. 작은 돌들이 없으면, 온 요새는 무너져서 아무 의미 없는 돌무더기가 될 것입니다.

이 작은 돌들 때문에 그 요새는 세월과 중력의 파괴적인 힘을 성공적으로 견딜 수 있었습니다. 이것은 또한 주후 70년에 로마 군대의 공격을 받았을 때도 무너지지 않았습니다. 그리고 거의 2,000년의 세월과 기후의 피해를 견뎌냈고, 앞으로도 그럴 것입니다. 오늘날 마사다 요새는 여행자들의 꼭 가고 싶은 곳입니다. 하지만 나는 얼마나 많은 사람이 이 작은 돌들이 모든 것을 가능하게 만들었다고 생각하며 발걸음을 멈출지 궁금합니다.

나는 우리의 제자 만들기 사역이 헤롯의 성벽에 끼워진 돌들에 적절히 비유될 것으로 생각합니다. 베드로가 기록한 바와 같이 우리는 "산 돌"입니다. 몇몇 사람들은 크고 강력하며, 다른 사람들의 시선을 많이 받습니다. 그러나 대다수는 다른 사람들이 자세히 보려 하지 않을 정도로 작으며, 거의 보이지 않습니다. 그렇지만 우리는 하나님께서 성령님을 통해 세우고 계시는 교회라고 불리는 살아있는 성전에 필요한 존재들입니다. 당신은 제자를 만들 때마다 하나님의 위대한 건축 프로젝트에 힘을 더하는 것입니다.

우리는 사소한 시작들이나 사소한 성공들을 멸시하지 말아야 합니다. 특히 우리가 주님께서 이 땅에서의 절정의 시간에 명령하신 것을 수행할 때는 더욱 그러합니다.

속도의 문제

증식에 따르는 문제는 우리의 인식과 크게 연관됩니다. 우리는 식당에서 음식을 주문하고 기다리든지, 세차가 끝나기를 기다리든지, 또는 우리 교회가 주변 세상 속에서 색다른 것들을 만들기를 갈망하든지, 모든 것이 급속히 해결되기를 바랍니다. 안타깝게도, 의미 있는 관계의 수를 늘리는 것은 항상 가장 느리게 진행되는 것처럼 느껴집니다.

우리는 즉각적인 결과들을 보기를 좋아하지만, "꾸준함이 풍부함에 이르게 하는 것"(잠 21:5, TLB)을 보는 데는 실패합니다. 이르는 것을 어떻게 보아야 할지를 모릅니다. 수적 성장을 갈망하다 보면, 우리는 한 번에 2명이나 3명의 제자가 증식되는 것의 힘을 이해하지 못하게 됩니다. 제자 만들기는 당신의 은행계좌의 복리 이자와 같아서 시간이 지날수록 그 성장곡선은 거의 수직으로 상승하게 될 것입니다.

만약 당신이 해야 할 과업을 수행하면, 당신은 모든 문화권에서 영적 돌파가 일어나는 것을 보게 될 것입니다. 이는 소수의 제자를 만들기 위해 시간을 투자했기 때문입니다. 이것은 어두운 부분이나 좋은 부분이나 마찬가지입니다. 마르크스주의나 탈레반을 생각해보십시오. 자신들의 목적을 현실에 기반을 둔 소수의 열성적인 사람들이 일반적으로 인간역사를 좋은 방면이든 나쁜 방면이든 바꾸어놓을 것입니다. 극히 헌신적인 소수의 노력을 봉쇄하는 것은 사실상 불가능합니다.

기독교를 이런 식으로 생각해보십시오. 한 사람이 3명의 친한 친구와 및 여러 다른 친구와 함께 시작한 운동이 현재는 20억 명이 넘거나 지구 인구의 30%에 육박하는 사람들에게 영향을 미치고 있습니다.[11]

나는 둔감하지만, 인생을 변화시키는 질문을 받은 적이 있습니다. "사과나무의 참 열매는 무엇입니까?" 물론 내가 생각한 첫 번째 대답은 사과입니다. 후에 나는 진짜로 현명하게 다른 나무를 생각해보았습니다. 그 강사가 계속 머리를 흔들자, 나는 마침내 그가 뭔가 더 큰 것을 물어보고 있다는 것을 이해하기 시작했습니다. 사실 사과나무의 참 열매는 사과밭(과수원)입니다.

그러므로 나는 그리스도인의 생명의 참 열매는 그리스도인의 모든 무리(과수원)라는 생각을 따르고자 합니다. 이것은 또한 교회의 참 열매는 교회들의 무리라는 말로도 설명됩니다. 한 왕에 의해 소유된 과수원의 큰 무리는 한 나라로 분류되어야 합니다. 나는 당신이 내가 하는 말을 이해했으리라 믿습니다.

습관의 문제

이 책의 문제 중 하나는 저자가 한 분야만 강조하는 것처럼 보일 것입니다. 나는 이 주제를 나가는 것을 할 수 없다는 것을 인정합니다. 이것은 나의 삶을 지배하고 있기 때문입니다. 그러나 또 하나의 문제는 바로 당신입니다!

사람이 평생 판에 박힌 삶을 사는 것은 흔한 일인데, 이는 그가 그런 삶에 안정감을 느끼기 때문입니다. 당신은 내 메시지의 단순성 때문에 고심하고 있을지도 모릅니다. 당신은 이것이 당신의 현재 신앙 경험이나 당신이 존경하는 목사가 교회를 보는 관점에 위협이 되는 것처럼 느낄 수 있습니다. 습관들은 사람들의 생각 속에 스며들어서 진짜 문제가 될 수 있습니다. 내가 당신에게 말해줄 수 있는 것은 제자 만들기는 그리스도께서 명령하신 것이며, 신약이 제시한 주요 전략이라는 것입니다.

어떤 것들은 바뀌어서는 안 되지만, 다른 것들은 우리가 주변의 문화에 상응하기 위해서 바뀌어야 합니다. 하지만 우리는 문화와 관련성의 탐구에 매우 휩쓸릴 수 있으며, 이것들을 통해서 일시적인 습관들을 형성하게 됩니다. 더 나쁜 것은, 우리가 자주 영원한 것들을 망각할 정도로 일시적인 것들과 사랑에 빠진다는 것입니다.

만약 당신이 제자들을 만들고자 한다면, 당신의 스케줄과 우선순위를 바꾸어야 할 필요가 있습니다. 다시 말해서, 당신의 습관들을 바꾸어야 한다는 것입니다. 만약 당신의 교회가 제자 만들기 연속체가 되기를 원한다면, 몇 가지는 필연적으로 바뀌어야 합니다. 그러나 도로에 파인 바퀴 자국 곧 우리가 "습관들"이라고 일컫는 것은 우리를 자주 저지합니다.

나는 근래에 오스트레일리아에 있는 한 교회의 담임목사가 교인들이 좋아한다는 이유로 1970년대 페이즐리 직물을 걸어놓았다는 말을 들었습니다. 나는 그 교회에 들어오는 새신자들이 그 구식 융단을 좋아하지 않을 것이라는 데 돈을 걸겠습니다. 물론 당신의 습관들은 융단 같은 것을 포함하지 않을 것이지만, 제자 만들기를 우선순위가 되게 하려거든 그런 습관들을 바꾸어야 합니다.

실제적인 삶의 이야기들

내가 쓴 내용이 만약 열매를 맺지 않는다면, 그중 어떤 것도 매우 진지하게 받아들여지지 않을 것입니다. 다행스럽게도, 이것은 열매를 맺습니다. 우리는 제자들을 만드는 작은 운동을 시작했습니다. 그리고 내 메시지를 생동감있게 해줄 사람들의 이야기가 많이 있습니다.

교수가 목사가 됨

근래에 나는 단순한 제자 만들기가 장기적으로 매우 가치있는 전형적 모범이 된 한 남자를 다시 우연히 만났습니다. 나는 그가 UCLA의 젊은 교수로 재직할때 처음 만났습니다. 그 당시 그는 우리 교회에 다니던 한 젊은 여자의 기독교신앙에 대해 사근사근 놀리는 취미가 있었습니다. 그녀가 다정한 괴롭힘을 받고 있다는 말을 들었을 때 나는 그녀에게 그가 나와 함께 커피 한 잔 하도록 해보라고 부탁했습니다. 그는 나의 믿음에 대해 논리적으로 토론할 준비가 되어있기에 즉시 나의 초청을 받아들였습니다.

우리는 여러 차례 만났고, 예수 그리스도를 믿는 것에 대해서 전투적인 논쟁을 흥미롭게 벌였습니다. 우리의 만남은 건강하게 바뀌었습니다. 하지만 그 교제는 그리 길게 가지는 않았습니다. 후에 나는 그의 연락처를 잃은 채 30년이라는 세월을 보냈습니다. 그러다 지난 3년 전에 목회자 컨퍼런스에서 그와 우연히 마주쳤습니다.

그는 자신이 아직 그리스도를 믿지 않았을 때 내가 그를 "제자로 만들어서" 그 결과로 그리스도를 따르는 사람이 되었다고 말했습니다. 그는 단지 그리스도를 따르는 것에 멈추지 않았습니다. 그는 다른 사람들을 주님의 제자들로 만들었습니다. 실제로 그는 결국 대학교 교수직을 그만두고서 상당히 큰 메시아닉쥬 교회예수님을 메시야로 믿는 유대인들의 교회—옮긴이를 인도하는 개척자가 되었습니다. 그리고 그의 교회는 여러 다른 교회들을 증식했습니다.

이 모든 것은 한 사람과 한 잔의 커피를 마시면서 기꺼이 시간을 보내고자 하는 마음에서 시작되었습니다.

어리석음이 열매를 많이 맺게 됨

나는 효과가 없는 교회 프로그램들이 나를 절망에 빠뜨려서 힘들게 했던 때를 기억합니다. 당시 나는 중고등부 담당 전도사였고, 그 교회의 주일학교를 지도했었습니다. 그러던 중에 성도들로 하여금 이웃 사람들을 교회에 데리고 올 수 있도록 상품이 많이 걸린 큰 콘테스트를 기획하는 일이 나에게 위임되었습니다.

우리는 그 콘테스트를 통하여 그들이 주님을 알게 될 것을 소망했습니다. 당시에 이것은 좋은 생각처럼 보였습니다. 그러나 이것은 교회 리더 팀의 비전에는 거의 미치지 못했습니다.

콘테스트는 매우 간단했습니다. 누구든지 가장 많은 사람을 교회에 데리고 오면 상을 탈 수 있었던 것입니다. 우리는 중학생들에게는 TV를, 고등학생들에게는 중고 볼보 자동차를 상으로 걸었습니다. 어른들은 식품점에서 7분 동안 원하는 물건을 카트에 담을 수 있는 상이 걸렸습니다.

우리 교회는 지난 5주 동안에 급속한 성장을 경험(5주 전보다 두 배 이상 성장)했다가 두 주 만에 원래 사이즈로 줄어들었습니다. 사람들에게 상이 돌아가자 사람들도 집으로 돌아갔습니다. 나는 절망했고, 필사적으로 진짜 영적 성공을 보고 싶었습니다. 콘테스트는 좋은 생각이기는 했지만, 하나님의 생각은 아니었음이 분명합니다.

나는 내 주변에 있는 사람들의 삶에 뭔가 실제적인 것이 일어나는 것을 보아야 한다는 것을 느꼈습니다. 나는 본질적인 교회 성장이 없는 상태로 사역자로서 완전히 자격이 없는 것처럼 느꼈습니다. 나는 고통스러워하면서 그 어리석은 콘테스트의 변변찮은 열매에 집착했습니다. 전체적인 긍정적 결과는 한 젊은 여자가 그리스도께 온 것이 유일했습니다. 하지만 그녀가 회심하기 전과 회심한 후에도 자신을 공산주의자로 여겼다는 것을 내가 언급했던가요?

우리는 그녀의 정치활동 때문에 그녀를 일요일에 교회에 오도록 할 수가 없었습니다. 이 일은 정치활동이 매우 활발했던 1960년대 말에 일어났습니다. 그리고 그녀는 피델 카스트로Fidel Castro, 쿠바의 정치인나 좌파 조직을 위해 돈을 모금하느라 일요일 아침에는 일반적으로 교회에 참석하지 않았습니다. 그녀는 세상을 더 나은 곳으로 만들기를 원했으며, 공산주의를 통해 그런 세상을 만들 방안을 찾았다고 생각했습니다. 그녀는 예수님과의 관계를 통한 구원은 자신으로 하여금 더 효과적인 공산주의자로 만들 것으로 생각했습니다.

그녀에게 복음을 가르치는 것은 마치 바람을 손으로 잡으려는 것과 같았습니다. 그 어리석은 콘테스트를 통해 얻은 한 회심자에게 시간을 투자하는 것은 몹시 좌절감을 주었습니다. 눈에 보이는 목회 상의 성공이 부족하다는 이유로 내가 그 교회에서 사역을 그만두어야 하는 기로에 서 있었을 때 문제는 더 확대되었습니다. 나는 연약함 속에서 그녀를 교회에 연결할 복잡한 계획을 창안했습니다.

내 아이디어는 그 콘테스트가 재연되는 것처럼 형편없었습니다. 하지만 이번의 아이디어에는 제자 만들기 개념이 포함되었다는 것이 다른 점이었습니다. 내 전술들은 순전한 좌절감에서부터 나온 것이라는 점을 이해하기 바랍니다. 당시 나는 제자 만들기에 있어 여전히 매우 얄팍한 수준이었습니다. 그 계획은 단순했습니다. 나는 서너 명의 강렬하게 생긴 젊은 남자 서퍼들과 함께 그녀를 토요일 아침마다 해변으로 초청하기 시작했습니다. 추측했겠지만, 그녀는 여자 친구를 데리고 해변으로 왔습니다.

그 해변 여행의 특성은 단순합니다. "수영복과 수건과 서핑 장비와 성경을 가져올 것." 우리는 종일 그곳에서 시간을 보내며 서퍼샌드위치(볼로냐소시지가 흰 빵 사이에 놓인 샌드위치)를 먹으면서 성경에 대해서 대화를 나누었습니다. 성경공부는 단순했습니다. 각 사람은 주중에 성경에서 읽은 것 중에서 뭔가를 나누도록 요구받았습니다. 다시 말해서, 성경을 조금 읽은 다음에 종일 해변에서 서핑을 즐기라는 것이었습니다.

이것은 상상을 초월할 정도로 좋은 결과를 냈습니다. 그녀는 주님 안에서 견고하게 성장했습니다. 그녀는 곧 일요일마다 교회에 참석하기 시작했고, 고등부 모임에도 참여했습니다. 심지어 그녀는 자기의 좌파 친구들 몇 명을 교회에 데리고 왔습니다.

우리는 곧 크리스천 그룹을 조성하여 그들이 다니던 고등학교 캠퍼스 안뜰에서 매일 점심시간에 모임을 했습니다. 그들은 그 그룹 안에서 공산주의자들 바로 옆에 앉았고, 기타를 치면서 노래했고, 하나님의 축복들을 간증했습니다. 대립은 매일 일어났습니다. 그러나 대화를 나누는 동안에 몇 명의 젊은 공산주의자들이 예수 그리스도를 따르는 사람들이 되었습니다. 영적 전쟁은 날마다 점심시간에 진행되었습니다!

물론, 교회 고등부는 성장했습니다. 실제로 고등부는 매우 강력하게 성장하여 교회 장로들에게서 왜 이런 거친 아이들을 교회에 데리고 왔느냐고 질책을 받기까지 했습니다. 이것은 영적 각성이었습니다! 그러나 이 사건은 제자 만들기의 능력을 보여줍니다.

당신이 그들의 수를 보면 이 이야기가 더 흥미롭게 들릴 것입니다. 그 한 소녀가 그 해에 12명을 예수님께로 인도했습니다. 그 12명은 몇몇 부모들을 포함하여 27명을 예수님께로 인도했습니다. 이것은 그 해에 40명이 회심했다는 것입니다. 우리의 실패하고 어리석은 주일학교 콘테스트는 엄청난 돈과 에너지를 소모했습니다. 그것은 겨우 1명의 영혼을 추수했을 뿐이었습니다.

하지만 그 1명의 회심자가 적극적인 제자 만들기를 통해서 1년 안에 39명의 영혼을 그리스도께로 오도록 했습니다. 이것은 하나님의 가족을 성장시키는 과정으로 우리를 적절히 이끌어줍니다.

하나님께 신실함

교회사가 도널드 맥가브란은 "기독교 교회들의 성장을 이해하고자 하는 사람은 하나님께 대한 교회의 신실함을 먼저 알아야 합니다. 하나님께서는 교회의 충실함을 갈망하십니다. 우리가 자신을 위해 뭔가를 얻으려 하기보다는 잃어버린 영혼을 찾는 것이 '그리스도를 위한 우리의 섬김'이 되어야 합니다."12)라고 기록했습니다. 그는 나아가 교회를 성장시키는 우리의 시도를 그리스도께 대한 우리의 신실함이라고 묘사했습니다. "하나님의 순종하는 종들은 교회성장을 인간성을 개선하는 활동으로서가 아니라 하나님을 기쁘게 하기 위해 추구해야 합니다. 교회성장은 신실함입니다."13)

당신의 친구들을 예수 그리스도를 따르는 제자들로 만듦으로서 신실한 삶을 살아갈 수 있습니다. 물론, 맥가브란의 논리는 우리가 제자 만들기를 하지 않는 것이 불순종이라는 것과 그리스도께 대한 우리의 신실함이 부족한 것을 인정하게 합니다. 그의 말은 우리의 모든 교회문화에 대한 강력한 고발입니다. 특히 미국의 교회들은 각 개인에게 투자하기보다는 군중들을 끌어모으는 데 더 많은 관심을 두고 있습니다. 우리는 모두가 제자 만드는 일에 부르심을 입은 사람들이라는 것을 기억해야 합니다!

Chapter 7

누구를 제자로 만들어야 합니까

이쯤 되면, 당신은 자신에게 "내가 누구를 제자로 만들어야 할까?"라고 물을 것입니다. 이것은 매우 좋은 질문입니다. 나는 모든 그리스도인이 제자로 만들어야 하는 사람들이 있다고 생각합니다. 그들은 대개 당신의 친구들과 가족으로 이루어져 있습니다. 이 사람들은 당신이 관심을 두는 사람들의 무리입니다.

제자 만들기는 자연스러운 과정이며, 자연스러운 과정이어야 합니다. 당신이 가장 신경쓰는 사람들을 제자들로 만드십시오. 제자 만드는 사역을 피하면, 그들은 그리스도 없는 삶으로 정죄 받을 것이며, 그들이 다른 사람들에게 해야 하는 잠재적인 사역을 완수하지 못할 것입니다. 제자 만들기는 개인적이라는 점을 기억하십시오. 만약 당신이 이것을 당신의 교회에 떠넘기면, 반드시 얻어야 할 기회들을 많이 놓치게 될 것입니다.

과정 지향적 사역

근래에 내 친구에게 생긴 이야기를 숙고해보십시오. 이 이야기는 제자 만들기가 이벤트가 아니라 과정이라는 사실을 보여줄 것입니다.

이 사람은 자기 직장의 사장과 의도적인 우정을 쌓았습니다. 그들은 자주 골프를 쳤습니다. 이 사람은 자기 사장에게 기독교를 믿으라고 강요하지 않았지만, 그렇다고 해서 자신이 기독교인이라는 것을 숨기지도 않았습니다. 그가 품은 은밀한 소망은 자기 사장을 예수님께 인도하는 것입니다. 그들의 우정은 건강했지만, 제자 만들기 부분에서는 그리 많은 열매를 보여주지 못했습니다. 적어도 지난주까지는 그랬다는 것입니다.

내 친구는 방문판매를 하러 가는 길에 자신이 비그리스도인 사장에게 말하고 있었다는 것을 망각했습니다. 그는 무슨 결과가 날지 생각해보지도 않고서, 사무실 문을 나서는 중에 자기 사장에게 자신을 위해 기도해 달라고 요구했습니다. 그러다 갑자기 그 사장이 아직 그리스도를 따르는 사람이 되지 않은 것을 기억하고서 기도 요청을 한 것에 관해 사과하려고 했습니다.

그 사장이 "나는 매일 밤 잠자리에 들기 전 기도하고 있다네."라고 대답했을 때 내 친구가 얼마나 놀랐을지 상상해보십시오. 그 사장은 머뭇거리다가 내 친구 바로 앞에서 기도 드렸습니다. 그 간단한 기도는 크고 경이로운 과정을 묘사해주었습니다. 그리고 이것은 천천히 의도적이고도 계획적으로 하는 제자 만들기 과정의 힘이 어떠한지를 보여주었습니다.

당신의 신앙을 자연스럽게 노출하기

나의 제자 만들기 그룹 중에 속해 있는 한 여자는 부동산 매매하는 방법을 교육받고 있습니다. 내 친구는 그 직장에 입사하기 전에 자기를 교육하는 트레이너와 한 번도 만난 적이 없었지만, 그 트레이너는 금방 우리 교회의 멤버가 되었습니다. 트레이너는 자신이 교육하는 사람들에게 자신의 신앙에 대해 자연스럽게 "새어나오게 했습니다" 이에 내 친구는 그녀의 능숙한 신앙 노출을 보고 놀랐다고 나에게 말해주었습니다. 트레이너는 그 과정에서 충분한 미끼를 던졌고, 이에 수습사원 중 몇 명이 그녀에게 신앙에 대해 듣고 싶다고 요구했습니다. 수습사원들이 그녀에게 신앙에 대해서 질문하기 시작하자 제자 만들기 과정이 시작되었습니다. 이것이 바로 제자 만들기가 진행되는 방식입니다. 제자 만들기는 점진적이며, 과정 지향적이며, 흔히 인내를 요구합니다.

자기 사장을 전도한 내 친구는 그 사장을 그리스도께 인도하기 위해 어떤 이벤트 곧 "5분 복음제시"와 같은 것을 할 필요가 없다는 것을 이해하게 되었습니다. 오히려 그가 한 일은 자신이 그리스도와 함께 누리는 관계를 그 사장도 누릴 수 있도록 천천히 끊임없이 제자로 만드는 것이었습니다.

이 "5분복음제시" 이벤트 전도event evangelism의 과정이 오히려 어렵다는 것을 이해한다면 스트레스가 없을 것입니다.

내 친구는 다른 사람 앞에서 이렇게 복음제시 하는 것에 큰 스트레스를 받습니다. (당신은 그렇지 않습니까?) 그래서 그는 한 사람을 제자로 만들기 위해 장기적인 관계의 과정으로 쉽게 들어갈 수 있었던 것입니다.

5분으로는 충분하지 않습니다

나는 당신이 이 점에 대해서 나와 언쟁하려 한다는 것을 압니다. 당신은 개인적으로 교회 집회에서 5분 복음제시를 듣거나, 또는 친구의 수고를 통해서 그리스도를 영접했습니다. 그러나 나는 당신이 예외의 경우이거나, 아니면 누군가가 이미 인내하며 당신을 그리스도의 제자로 만들고 있으므로 5분 복음제시를 통해 그리스도를 영접할 수 있었던 것이라고 주장하는 바입니다.

실제로 나는 당신이 예수님을 속성으로 찾거나, 또는 예수님을 따르는 하나님과 속성으로 관계를 맺도록 하는 것에 반대합니다. 침례 요한이 도전했던 사람들은 하나님에 대해서 많은 지식을 가졌던 종교적인 유대인들이었습니다. 예수님도 마찬가지였다는 것을 기억하십시오. 예수님께서는 종교적인 이스라엘의 집에 오신 것이었습니다. 또한, 오순절 날의 베드로를 생각해보십시오. 그는 예수님을 실제로 알았고 예수님을 십자가에 내어준 사람들에게 복음을 전했습니다.

만약 신약에 속사 전도의 달인이 있다면, 그 사람은 바울일 것입니다. 그렇지만 그는 회당에 참석하는 사람들이 신앙에 대해서 어떤 실제적인 반응을 보이기 전에, 일반적으로 복음의 진실성에 관해 논의하는 데 여러 날을 보냈습니다. 이 사람들은 이미 성경으로 매우 잘 교육받았고, 하나님께 대한 공통의 신앙을 가지고 있었습니다. 베드로와 요한이 성전 미문에 앉아있던 앉은뱅이를 고쳤을 때의 상황은 예외일 수 있지만, 그도 아마 예수님과 예수님께서 보여주신 것들도 이미 매우 잘 알고 있었을 것입니다. 한 사람의 회개와 믿음은 대부분 그가 하나님과 및 자기의 삶에 대한 하나님의 요구를 점점 더 의식하는 결과로서 옵니다.

전도는 과정입니다. 전도는 시간과 관계를 동시에 필요로 합니다.

나는 만약 우리가 그리스도를 따르는 모든 사람을 과정 지향적인 전도를 하도록 이끌 수 있다면, 우리는 예수님을 예배하는 사람들을 더 많이 보게 될 것이라고 믿습니다. 예수님께서는 우리를 소금과 빛이라고 부르신 것을 기억하십시오. 소금과 빛은 소리가 없으며, 항상 예고 없이 효과를 나타냅니다.

복음적인 제자 만들기는 소금과 빛과 매우 똑같이 효과를 나타냅니다. 이것은 조용하며, 한 사람이 주님을 실제로 만나기까지는 자신의 삶이 변화하는 것을 완전히 깨닫지 못합니다.

누가 나의 관심 범위에 있습니까

만약 우리가 사람들을 그리스도에게 연결하여 그들을 제자로 만들려 한다면, 우리 가까이에 있는 사람들을 먼저 찾는 것이 가장 좋습니다. 나는 누가 나의 관심 범위에 있는지 확인하기를 좋아합니다. 당신의 관심 범위 안에 있는 사람들은 다른 사람들보다 당신에게 더 가까운 동심원들 concentric circles입니다. 하지만 그들은 당신의 동심원들이기보다는 산발적으로 흩어져 있는 사람들일 수 있습니다. 즉 당신의 인생의 다양하고 폭넓은 분야의 여러 개의 관계 동심원이 있습니다.

당신은 등대들이 개발되기 전에 해난구조소들이 어떻게 일했는지 아십니까? 이 이야기는 흥미 있습니다.

누군가가 해난구조소를 고안해내기 전에는 몇몇 해안지대의 위험한 구간들에서 수많은 사람이 죽었습니다. 해난구조소는 몇 명의 자원봉사자와 한 대의 보트로 구성되었습니다. 이 자원봉사자들은 폭풍이 불어 배가 자신의 집 근처 바위로 부딪히려 할 때마다 자원하여 뱃사람들을 구조하는 일을 했습니다. 그들은 자원봉사자 소방국과 같은 것을 운영한 것입니다.

그들은 온 대양에는 관심을 두지 않았습니다. 그들은 오로지 자신들 근처에서 위험에 처한 사람들에게만 관심을 두었습니다. 당신은 그들의 영역을 관심원circle of concern이라고 불러도 됩니다. 지금은 화재감시탑과 등대가 해난구조소들을 대신하여 세워져 있지만 여전히 그 영역에 대한 개념이 남아있듯이 교회도 그렇다고 믿습니다.

진정으로 개인적입니다

당신의 개인적 관계동심원은 전 세계를 포함하지 않습니다(비록 전 세계를 관심원으로 두는 것이 여전히 당신의 교회의 일이라 할지라도, 교회의 관심원의 작은 부분은 당신에게 속해 있습니다). 당신의 관심원은 하나님께서 당신에게 개인적으로 제자로 만들라고 의무를 지워주신 지인들을 포함합니다.

동의하다시피, 당신의 관심원은 당신의 친구들과 가족을 포함합니다. 그러나 이것은 또한 당신이 잘 알지 못하는 식품점 종업원이나 당신의 자동차를 수리하는 정비사도 포함합니다. 그들은 당신이 자주 연락하는 사람들일 수도 있고, 매우 드물게 연락하는 사람일 수도 있습니다.

나는 이런 사람 중에서 흥미로운 경험을 한 적이 있습니다. 내 머리를 깎아주는 숙녀는 근래에 베트남에서 이민 온 사람입니다. 그녀가 어느 나라 출신인지 알게 된 후 얼마 되지 않아서, 어떤 사람이 베트남어로 번역된 릭 워렌의 『목적이 이끄는 삶Purpose Driven Life』을 한 권 주었습니다. 나는 그 베트남 숙녀에게 릭 워렌의 책을 주고 이에 대한 대화를 나누는 기쁨을 누렸습니다. 당신이 해야 할 일은 전도대상자가 주님과 관계를 맺기 전과 후에 그가 그리스도께 조금씩 다가가도록 하는 것입니다. 그야말로 이것이 제자 만들기입니다.

관심원은 당신이 나누고자 하는 것을 받고 싶어 하지 않는 사람들을 걸러내는 것도 포함되어있습니다. 우리는 마르지 않은 장작으로 불을 땔 수는 없습니다. 그러므로 예수님께서는 어떤 사람이 우리가 증거하는 생명의 메시지를 거부하면 우리 발에서 먼지를 떨어 버리라고 가르치신 것입니다. 하지만 마르지 않은 장작도 불 가까이에 있으면 시간이 지남에 따라 바뀔 수 있습니다. 여기에는 관계 형성과 시간 투자가 우선시됩니다. 당신의 메시지를 받아들일 준비가 가장 잘 되어있는 것처럼 보이는 사람들에게 더 열중합니다. 그러나 또한 시간을 두고 반응하는 사람들에게도 계속 관심을 둡니다.

사랑 맛보기

제자 만들기는 지식을 나눠주는 것이 부분적으로 포함되지만, 삶의 기쁨들과 슬픔들을 나누는 것이 비중이 더 큽니다. 당신은 예수님께서 어떻게 제자들을 만드셨는지를 생각해보면 이에 관해서 확실히 알 수 있습니다.

대다수 사람은 마음에 상처를 갖고 있습니다. 그 상처를 치유하는 깃은 다른 사람을 통하여 표현되는 하나님의 사랑입니다. 그들로 하여금 사랑을 맛보게 하십시오. 그리하면 그들이 그 사랑의 근원을 갈망할 것입니다. 비틀즈도 "당신이 필요한 것은 사랑이에요"를 불렀습니다. 사랑은 중요합니다. 이는 사랑이 강력한 결과들을 낳는다고 성경이 말씀하기 때문입니다. "그러나 이 모든 일에 우리를 사랑하시는 이로 말미암아 우리가 넉넉히 이기느니라"(롬 8:37).

우리는 사랑이 극도로 부족한 세상에 살고 있습니다. 이것은 우리가 사람을 낚는 어부들이 되기로 작정할 때 확실한 이점을 제공합니다. 목사의 설교나 당신의 메시지에 절대로 반응하지 않는 사람들일지라도 자신과 자신의 문제에 진정으로 관심을 두는 사람들에게 마음을 엽니다.

그렇게 하기 위해서 질문은 매우 유용합니다. 질문하기는 신학적인 말보다 훨씬 유용합니다. 모든 사람은 자신이 좋아하는 주제 곧 자신에 대해서 말하는 것을 좋아합니다. 그들은 자신들의 문제에 귀 기울여줄 사람들과 소통하는 데 시간을 투자할 것입니다. 만약 당신이 제자 만들기의 능력을 받기를 갈망한다면, 다른 사람들의 말을 경청하는 들어주는 기술들을 배우기 시작하십시오.

경청하기

모든 사람은 다른 사람이 자기 말을 진정으로 들어주기를 원합니다. 우리 각 사람은 아이디어들과 견해들과 느낌들로 가득합니다. 우리는 흔히 다른 사람들이 우리의 생각들과 느낌들을 받아주지 않는다고 느낍니다. 더 안타까운 것은, 우리의 생각들과 느낌들에 관심을 두지 않는 사람들의 말을 듣게 된다는 것입니다. 당신이 선택하는 어떤 주제에 대해서 당신 친구가 어떻게 생각하는지를 그에게 물어보고 그가 하는 말을 진정으로 들어주십시오. 그러면 당신은 그의 영혼이 빛을 볼 수 있도록 도와주게 됩니다. 하나님에 대한 말이나 하나님을 언급하는 주제를 대화로 끌어들이십시오. 그리고 당신의 입을 다물고 그가 하는 말을 끝까지 들으면, 그의 영혼으로 들어갈 창을 찾을 것입니다.

그러면 점차 더 나아지게 됩니다. 그 사람은 당신이 그의 말을 주의 깊게 들어주고 있다고 느끼면, 자신이 방금 말한 것에 대해 당신이 뭐라고 말하는지 듣고 싶어 하게됩니다. 이때 당신은 하나님께 대한 믿음과 생각, 또는 하나님에 관한 주제에 대해서 그에게 말할 기회를 얻게 됩니다.

아래를 내려다보십시오

사도 바울은 자기의 젊은 제자 디모데에게 몇 가지 좋은 조언을 주었습니다. 그는 "또 네가 많은 증인 앞에서 내게 들은 바를 충성된 사람들에게 부탁하라 그들이 또 다른 사람들을 가르칠 수 있으리라"(딤후 2:2) 라고 말했습니다. 당신은 이 구절에서 "설교하다" 또는 "증거하다"라는 단어들이 나오는 것을 발견했습니까? 사실 이 단어들은 이 구절에 나오지 않습니다. 다만, "가르치다"라는 단어는 등장합니다. 진정한 가르침은 대개 격식에 얽매이지 않습니다. 지혜로운 선생은 다른 사람으로 하여금 스스로 진리를 찾도록 코치하는 법을 압니다. 이 코치는 질문하는 것과 비판하지 않고 순수하게 들어주는 것이 포함될 때 가장 확실하게 효과를 보입니다.

내 아내는 자신이 인도하는 제자 그룹에 속한 한 여자가 예수님께 매우 가깝게 나아가는 것을 보았습니다. 이 일은 소수의 핵심 멤버가 그녀의 감정 표현을 들어주었을 때 주로 일어났습니다. 이 여자는 자기의 그리스도인 친구와 함께 그 그룹에 들어갔습니다. 그녀는 다른 교회에 적의를 품은 상태로 우리 교회로 왔습니다. 그녀는 그리스도인들이 그렇게 못됐다면 자신이 하나님을 믿을 수 있을지 확신이 없다고 말했습니다.

그녀는 다른 교회에서 일어난 일에 대해서 말하기를 거부했지만, 그녀가 그 정도로 강하게 반응할 정도였던 것을 보면 매우 나쁜 경험을 했음이 분명합니다.

그녀는 몇 주 동안 그 교회에서 실제로 일어난 이야기들을 늘 불완전하게 설명하기를 되풀이했습니다. 그러다가 어느 날 저녁에 한 숙녀가 그녀에게 스마트폰에서 사용할 수 있는 매일 묵상 앱을 구매하라고 제안했습니다. 그녀는 다음 주에 활짝 웃으면서 제자 그룹에 와서는 자기가 하나님과 얼마나 가깝게 느꼈는지, 그리고 하나님께서 매일 묵상 글을 통해서 자기에게 어떻게 말씀하셨는지를 간증했습니다.

그 그룹은 그녀의 말을 참을성 있게 들으므로 그녀의 신뢰를 얻었습니다. 그녀에게 매일 묵상 앱을 구매하라고 제안했던 여자는 그녀에게 조용히 도움을 주기까지 6주 아니면 7주를 아무 말 하지 않았습니다. 다른 사람의 말을 들어주는 것은 어려운 일이지만, 결국은 성공합니다.

하나님의 가족 안에서 제자 만들기

우리는 예수 그리스도를 자신들의 삶에 모셔 들이는 것에 대해 아직 결정하지 않은 사람들을 제자들로 만들어야 합니다. 하지만 하나님의 가족 안에 있는 사람들은 어떻게 해야 할까요? 여기서 관심원들에 대한 것이 마음에 떠오릅니다.

당신은 당신보다 예수님에 대한 지식을 적게 가진 사람을 알고 있습니까? 또는, 당신보다 하나님을 섬기는 것에 대해서 적게 가진 사람을 알고 있습니까? 당신보다 사역의 기술을 적게 가진 사람을 알고 있습니까? 그리고 가장 중요한 것은, 누가 당신의 제자 만들기 사역을 통해서 그리스도께 오고자 하는 중요한 결정을 했습니까? 당신이 그리스도를 따르는 것같이, 당신은 이 모든 사람을 그리스도를 따르도록 초청해야 합니다. 그들은 당신의 관심원입니다.

병원 교회

나는 건강한 교회를 색다른 병원과 같다고 생각하기를 좋아합니다. 병원은 환자들이 의료종사자들의 도움으로 결국 치료받는 곳입니다.

병원시스템에 비유하자면, 비그리스도인을 제자로 만드는 것은 구급차 운전자의 일과 매우 비슷하며, 환영하는 사람들은 입원수속 데스크와 비슷합니다. 이 병원 비유가 끝내주는 것은, 모든 환자는 의료팀에게로 오도록 초청받는다는 것입니다. 우리 교회는 모든 멤비에게 제자들을 만들라고 요구하며, 일상적으로 그들이 구원한 사람들은 그들이 침례를 주도록 합니다.

아이스크림콘

내 친구 중 하나는 관계동심원에 속해 있는 각 사람들을 바닥이 없는 큰 아이스크림콘에 비유하여 설명합니다. 그는 아이스크림이 당신의 삶에서 만나게 되는 모든 사람을 상징한다고 말합니다. 당신이 가장 먼저 핥아 먹는 윗부분은 정규적으로 쉽게 만날 수 있는 사람들을 상징합니다. 이들은 당신과 격식이 없는 사람들입니다. 당신은 이들을 매일 가볍게 만나서 교제합니다.

당신이 아이스크림콘의 더 깊은 곳으로 내려갈수록 더 중요한 관계들을 만나게 됩니다. 이들은 당신에게서 기꺼이 배우고 싶어 하는 사람들이며, 당신이 그들을 제자들로 만드는 시도를 할 수 있습니다. 그러나 아이스크림콘의 마지막 한 입은 그리스도를 따르는 것에 대해 가장 진지한 태도를 가진 사람들을 상징합니다.

이들은 또한 당신 개인의 관심원 안에 들어있는 가장 중요한 사람들입니다.

생수

당신은 그리스도를 건강하게 따르는 사람들의 삶을 사막의 시내에 비유할 수 있습니다. 사막의 시내 근처에는 웅덩이가 있을 것이지만, 동물들은 시내에서 흐르는 신선한 물에 끌릴 것입니다. 예수님께서는 "나를 믿는 자는 성경에 이름과 같이 그 배에서 생수의 강이 흘러나오리라"(요 7:38) 라고 말씀하셨습니다.

당신은 그 생수의 시내입니다. 그리고 예수님께서는 생수가 나오는 샘이십니다. 당신에게 끌리는 사람들은 당신이 제자 만들기를 하도록 붙여진 사람들입니다. 그들은 당신의 가장 중요한 관심원에 해당합니다.

가장 특별한 제자 만들기 상황

만약 당신이 아이들의 부모이거나 손주들을 둔 조부모라면, 당신의 위치는 제자 만들기에 가장 결정적인 상황에 있는 것입니다. 하나님께서는 제자 만들기의 영역에서 자신이 할 일에 대해서 다음과 같이 말씀하셨습니다. "여호와께서 이르시되 내가 그들과 세운 나의 언약이 이러하니 곧 네 위에 있는 나의 영과 네 입에 둔 나의 말이 이제부터 영원하도록 네 입에서와 네 후손의 입에서와 네 후손의 후손의 입에서 떠나지 아니하리라 하시니라 여호와의 말씀이니라"(사 59:21).

이 구절은 경이로운 약속을 제공해줍니다. 하지만 또한 우리가 하나님을 아는 것을 우리 자녀들과 손주들에게 알려주어야 한다는 것을 암시합니다.

우리는 우리 가정에 영적 기업을 상속하는 데 적극적으로 이어야 합니다. 또 다른 성경 구절은 "선인은 그 산업을 자자 손손에게 끼쳐도 죄인의 재물은 의인을 위하여 쌓이느니라"(잠 13:22) 라고 말씀합니다. 잠언은 재정의 이슈들에 대해 말씀하고 있지만, 자녀들과 손주들의 삶에 영적 기업을 남겨주는 선한 사람에 대하여 누가 반문할 수 있겠습니까?

최우선순위 전도

하나님께서 내 아내 외에 나에게 주신 최상의 선물들은 내 자녀들과 손주들입니다. 이 선물들이 나에게 주어졌을 때는 의무도 함께 주어졌습니다. 나는 "하나님을 섬기느라" 너무 바쁜 부모가 있는 가정을 불쌍히 여깁니다. 그들은 최우선 순위 리스트의 가장 높은 곳에 자녀들을 올려놓기를 꺼립니다.

내 자녀들이 어렸을 때 나는 아이들에게 징계가 필요할 정도로 충분히 잘못하기까지는 지켜보기만 했던 것을 기억합니다. 사실 이것은 아이들로 하여금 죄책감을 느끼도록 했습니다. 나는 율법의 "통례적인 죄책감"이 아니라 부모나 사회로부터 가해지는 진짜 죄책감에 대해서 말하는 것입니다.

내 아내와 나는 아이들이 도덕률과 그 모든 부담감을 경험할 때까지 기다렸고, 그 후에 복음을 완전하게 설명했습니다. 그런 후 하나님께 용서를 구하게 하고 그리스도를 자신들의 삶에 초청하도록 인도했습니다. 이것은 놀이가 아니었습니다. 우리는 아이들이 주일학교에서 배운 이야기들에 기초하여 실제로 예수님과 관계를 형성하도록 이끌어주었습니다. 우리는 아이들이 진정한 죄책감이 무엇인지 이해할 수 있게 되었을 때 곧바로 진정한 용서가 무엇인지를 가르쳐주었습니다.

물론, 우리는 아이들에게 밤마다 성경 이야기들을 읽어주면서 기도하는 법도 가르쳐주었습니다. 그리고 어린 자녀를 둔 젊은 교회 개척자들이 겪게 될 영적 위기들과 금전적 위기들을 조심스럽게 가르쳐주었습니다. 우리는 우리의 가장 힘든 문제들을 감당하기 위해서는 "자녀들의 믿음"을 세워야 한다고 확신했습니다. 이것은 대개 어른들에게나 합당한 정보들을 아이들에게 주는 것을 의미하기도 합니다. 우리는 우리 삶에 더 어려운 상황들을 겪을 때 가족으로서 항상 함께 기도했습니다. 그리고 우리는 아이들이 우리보다 더 큰 믿음을 소유한 것을 인식했습니다. 어린아이의 믿음은 흠이 없습니다. 우리는 아이들이 아직 어릴 적에 드렸던 가족의 기도가 현재 아이들로 하여금 사역에 적극적으로 임하도록 했다고 믿습니다.

계속 실용적으로 유지하기

우리는 우리 자녀들에게 성경적 시각으로 보는 삶의 실제적 측면들을 가르쳤고, 지금은 우리 손주들을 가르치고 있습니다. 현대 사회에는 자산관리에 관한 가르침이 몹시 부족하지만, 성경에는 자산관리에 관한 가르침이 가득합니다. 우리는 아이들이 돈을 모을 수 있도록 일할 기회를 만들어주었고, 아이들이 보통 장난감을 사기 위해 장기적으로 매주 예산을 세우도록 도와주었습니다. 우리는 1년간의 계획을 세웠으며, 새 학년이 시작될 때 가족규칙을 개정했습니다(아이들이 성장함에 따라 취침시간을 조정하는 등의 개정). 그 규칙은 항상 잠언에 근거했고, 항상 냉장고 문에 붙여놓았습니다.

가르쳐야 할 것은 그 외에도 많습니다. 우리 아이들이 성장하는 시기에 나는 자동차를 운전하여 많은 지역으로 다녔기 때문에 아들과 딸에게 자동차에 관한 것을 가르쳐주었습니다. 후에 나는 주택 리모델링 기술을 가르쳐주었습니다. 이것은 아이들이 훗날 돈을 아낄 수 있게 해주었고, 자아 존중감과 자립심을 세우는 것에도 도움을 주었습니다.

나는 자녀들을 훈련할 생각을 해본 적이 없는 부모들 때문에 자신들을 위해 건강한 삶을 대비할 수 없었던 청년들이 사역을 몹시 하고 싶어 하면 이와 같은 기술들을 가르쳐주어야 했습니다. 현재는 나의 손주들에게 알맞다고 여겨지는 기술들을 가르치고 있습니다. 손주들에게는 훌륭한 부모들이 있지만, 아이들의 삶에는 여전히 할아버지로서의 내 역할이 필요합니다.

당신에게 하는 질문들

당신은 다른 사람을 개인적으로 친밀하게 제자로 만들고 있습니까? 이것은 중요한 질문이며, 무엇보다 우선합니다. 우리는 많이 받은 자는 많이 요구받을 것이라고 말씀하는 누가복음의 구절을 자주 인용하기를 좋아합니다. 우리가 이 말씀을 인용할 때는 돈에 관하여 생각하는 것이 보통입니다. 당신이 돈이 많으면 아낌없이 베풀어야 한다는 것입니다. 하지만 이 구절은 돈에 관한 것만이 아니라 순종을 말하는 것입니다. "주인의 뜻을 알고도 준비하지 아니하고 그 뜻대로 행하지 아니한 종은 많이 맞을 것이요 알지 못하고 맞을 일을 행한 종은 적게 맞으리라 무릇 많이 받은 자에게는 많이 요구할 것이요 많이 맡은 자에게는 많이 달라 할 것이니라"(눅 12:47,48). 실제로 많이 받은 사람은 많이 요구받게 되는데, 이는 하나님을 아는 지식을 나누는 것도 포함합니다.

중요한 질문

나는 목회자 컨퍼런스에서 참가자들에게 펜과 종이를 준비하라고 자주 요구합니다. 그러고서 그들에게 생각나는 대로 가장 가까운 제자 3명의 이름을 바로 적어보라고 말합니다. 나는 즉시 이름을 쓰기 시작하는 목회자들을 볼 때마다 전율합니다. 하지만 또한 아무 이름도 쓰지 않고 그냥 자리에 앉아있는 소수의 목회자를 보면 마음이 슬퍼집니다. 그들은 그렇게 하므로 자신들이 아무도 제자로 만들지 않고 있다는 것을 고백하는 것입니다.

내가 당신에게 "지금 누구를 제자로 만들고 있습니까?"라고 묻는 것은 짧은 질문이지만, 하나님 나라에는 중요합니다.

다른 중요한 질문들

당신 자신에게 여기에 있는 두 개의 중요한 질문을 해보십시오. "나는 친한 친구들과 대화할 때 예수님을 언급한 적이 있는가?" "나의 지인들은 내가 그리스도를 따른다는 것을 알고 있는가?" 나는 신자들에게 그리하듯이, 비신자들과 대화할 때 주님에 대해서 말하기를 좋아합니다. 만약 내가 기도에 대한 비범한 응답을 받았다면, 나는 내가 좋아하는 프로미식축구팀이 챔피언 결정전에 나가는 것처럼 내가 받은 기도의 응답에 대해서 무심코 열정적으로 말할 것입니다. 나는 종교적 논쟁을 피하려고 하며, 단지 주님과의 관계가 내 삶에 끼친 영향이 어떠한지를 말하려고 합니다.

당신의 가족은 어떻습니까? 당신은 당신의 부모와 여자친구 또는 남자친구 또는 배우자에게 당신의 영적 통찰력을 나눌 기회를 찾습니까? 만약 당신에게 자녀들이 있다면, 당신은 자녀들에게 부모로서의 관계뿐만 아니라 영적 지도자로서의 관계를 형성하고 있습니까?

제자 만들기를 위한 기회를 잡으십시오

당신은 교회 안에서 제자들을 만들 기회를 얻을 수 있습니다. 나는 남다르게 주님을 섬길 가능성이 있는 청년들을 만나기를 항상 기대합니다. 나는 의도적으로 그들의 친구가 됩니다. 그러고서 우리의 삶의 양식이 어떠하든, 그들이 선호하는 것이 어떠하든 상관없이, 나는 내가 가르침 받은 것을 그들에게 가르치려고 시도합니다.

이렇게 함으로 우리는 그들을 교회의 스태프들로 세웁니다. 우리는 외부에서 스태프들을 거의 초청하지 않습니다. 대신, 우리가 효과적인 사역을 할 수 있도록 제자들로 훈련한 사람들을 선택하여 세웁니다. 우리는 스태프들을 목사들과 선교사들이 될 사람들로 보기 때문에 주중 모임을 통해 그들을 훈련하여 실제로 세상을 품습니다. 우리는 세미나 참석여부와 상관없이 제자훈련을 받은 목사들이 모든 대륙에 있습니다. 우리는 남극대륙에 세워진 과학연구소에 작은 교회를 개척하기도 했습니다. 우리는 우리 스태프들을 제자들로 만드는데 정말 많은 시간을 투자합니다. 제자 만들기 모임은 일반적으로 주중 업무회의보다 길게 진행합니다.

 나는 나 자신을 비롯하여 다른 사람에게 했던 질문 중에서 가장 냉정한 질문을 반복함으로 이 장을 마치려고 합니다. 다음은 내가 세미나들에서 목사들에게 하는 질문입니다. "당신과 가장 가까운 제자 3명의 이름을 즉시 말할 수 있습니까?"

Chapter 8
나의 유산 남기기

　나는 다음 세대를 위해 자기의 유산을 남기는 데 너무 집중한 나머지 자기 삶을 거의 망칠 뻔했던 친구가 있습니다. 나는 당신이 다른 사람들에게 평생 투자한 시간의 결과를 당신의 유산이라고 생각합니다. 당신이 은퇴를 앞두고 있을 때 갑자기 생각해내는 것이 유산으로 남겨지지는 않습니다.

　이 친구는 자기 삶 대부분을 매우 성공적인 목사로 살았습니다. 그러나 목회자로서 은퇴할 나이가 가까워져 오자 자기의 공적을 세우는 데 너무 마음을 크게 썼습니다. 그는 제자 만들기를 뒤로하고서 뭔가 눈에 띄는 것들을 하느라 정신을 빼앗겼습니다. 그는 여러 새로운 모험을 시작했지만, 과거의 사역처럼 성공하지는 못했습니다. 그에 따른 실패는 그의 명성에 오점을 남겼고, 자신의 감정을 상하게 했습니다.

　그는 말년에 출판사와 학교를 세웠고, 다른 사람은 크게 관심을 두지 않을 만한 프로그램을 만드느라 엄청난 힘을 쏟았습니다. 안타까운 것은, 그가 젊었을 때 최선을 다하여 자기 교회 스태프들을 제자들로 만들어서 큰 결실을 얻었다는 것입니다.

실제로 그의 사역 때문에 예수님을 진실하게 따르게 된 많은 사람이 모든 대륙에 있습니다. 이 사람들이 그의 참 유산입니다. 나는 그가 언젠가 "잘하였도다 착하고 충성된 종아"(마 25:21)라는 말씀을 듣게 될 것으로 믿습니다. 그가 이 말을 듣게 되는 것은 노년에 유산을 만들려고 노력했기 때문이 아닐 것입니다. 그는 젊은이들을 성실하게 제자로 만들어 적극적인 사역자로 만든 세월을 보상받게 될 것입니다.

당신 개인의 유산

당신은 어떻습니까? 당신의 유산은 무엇입니까? 당신은 당신 옆에 있는 사람보다 생명보험을 더 많이 판매한 것으로 인하여 사람들의 기억에 남을까요? 아니면 당신이 존스 가문보다 큰 집을 가지고 있는 것이나 토요일 아침마다 왁스로 BMW 자동차를 광내는 것을 그들이 기억해줄까요? 무엇이 당신의 유산이 될까요? 당신은 "나는 평범한 그리스도인일 뿐이며, 그렇게 많은 것을 남길 만한 사람이 못 된다. 나는 유산이 없으며, 그런 것에 관심을 두지도 않는다."라고 생각할 것입니다. 그러나 이것은 마귀에게서 온 거짓말입니다. 당신에게는 다른 사람들에게 남겨줄 엄청난 유산이 있습니다. 당신의 부르심은 당신이 관심있는 매우 유명한 그리스도인이 받은 소명만큼 중요하고 가치가 있습니다. 우리는 이 부르심을 함께 받았으며, 우리는 당신이 매우 필요합니다.

유산이란 무엇일까요

인터넷 사전에 따르면, 유산은 "개인의 돈과 같은 것을 유언에 의해 주는 것, 또는 조상이나 선임자로부터 과거의 것을 넘겨받음"[14] 입니다. 나는 우리가 여기에서 돈을 집중적으로 다루는 것이 아니라는 점을 다시 말하고 싶습니다. 하지만 유산에 관하여 말하려면 돈을 언급하지 않을 수가 없기에, 더 무거운 주제로 나아가기 전에 돈을 조금 논해야 할 필요가 있습니다.

근래에 나는 기억에 남을 만한 슬로건을 들은 적이 있습니다. 이 슬로건은 해외선교(해외에서 제자 만들기)의 과정에 관하여 말해줍니다. 이 슬로건은 이렇습니다. "어떤 사람들은 선교지로 가라는 부르심을 받았고, 어떤 사람들은 선교지에 돈을 보내라는 부르심을 받았습니다." 그러므로 선교지에 돈을 보내거나 당신의 교회나 교회사역에 십일조를 내는 것은 개인적인 유산을 남기는 한 가지 방법입니다. 당신의 돈은 당신이 갈 수 없는 곳으로 갈 수 있습니다. 만약 당신이 오래 지속하는 유산을 진정으로 남기고 떠나기를 원한다면, 당신의 돈은 더 많은 제자들을 만드는 제자 양육에 투자되어야 합니다.

인터넷 사전이 유산에 대해 정의한 두 번째 부분은 "조상이나 선임자로부터 과거의 것을 넘겨받음"[15] 입니다. 당신은 아직 조상은 아닐 것입니다. 적어도 지금은 아니라는 것입니다! 그러나 당신은 다른 사람이 도달해보지 못한 곳에 도달한 선임자이기는 할 것입니다. 당신의 유산은 당신이 하나님과 더불어 경험한 것을 다른 사람에게 넘겨주는 것입니다.

당신이 경험을 통해 얻은 지식과 학습을 통해 얻은 지식을 가능한 대로 많이 넘겨주십시오. 제자들로 하여금 다른 사람을 위해 기도하는 법을 가르치십시오. 그들로 하여금 성경과 기도생활을 통하여 하나님의 음성을 듣는 법을 이해할 수 있도록 도와주십시오. 만약 당신이 구제의 은사를 받았다면, 구제가 어떤 결과를 만들고 어떤 축복을 가져다주는지 다른 사람들에게 보여주십시오. 만약 당신에게 다스림의 은사가 있다면, 그 은사를 받지 못한 사람들로 하여금 자신들이 하나님에게서 받은 자원들을 더 잘 활용할 수 있도록 도와주십시오. 만약 당신이 리더라면, 다른 사람들이 또 다른 사람들을 지도할 수 있도록 도와주십시오. 만약 당신이 목사라면, 다른 사람들에게 하나님의 양 떼를 목양하는 것의 상세한 내용을 가르치십시오. 만약 당신이 다른 사람의 교회개척을 돕는 목사라면, 그가 교회를 개척하기 전에 그를 코치하는 것을 잊지 마십시오.

아브라함에게로 거슬러 올라가십시오

우리 각 사람에게는 유산이 있습니다. 이것은 당신과 하나님 사이에 개인적으로 맺어진 언약과 더불어 시작합니다. 우리가 하나님과 동행하는 것은 구약의 하나님께서 아브라함과 언약을 맺으신 사건으로 거슬러 올라갑니다. 이것은 성경이 언급할 정도로 매우 중요한 것입니다. "아브라함의 믿음에 속한 자에게도 그러하니 아브라함은 우리 모든 사람의 조상이라"(롬 4:16).

하나님께서는 아브라함에게 매우 관대하셨으며, 그의 후손들에게 후히 주실 것이라는 약속을 하셨습니다. "내가 내 언약을 나와 너 및 네 대대 후손 사이에 세워서 영원한 언약을 삼고 너와 네 후손의 하나님이 되리라"(창 17:7). 이 약속은 당신에게 적용됩니다. 당신은 믿는 사람으로서 아브라함의 영적 후손입니다. 하나님께서는 항상 당신의 하나님이 되실 것입니다. 이것은 하나님께서 당신과 맺으신 언약입니다. 또한, 하나님께서는 당신이 하나님께로 인도하는 제자들에게도 하나님이 되어 주실 것입니다. 당신의 언약 곧 당신 삶의 하나님에 관한 이야기는 당신의 유산입니다. 하나님의 비밀들에 관한 당신의 지식은 당신 유산의 일부입니다.

성경에는 당신이 매달려야 하는 약속의 말씀들이 있습니다. 그 약속들이 당신의 삶에 역사하는 데는 특정한 방법들이 사용됩니다. 당신은 마치 예수님께서 말씀하신 "진리의 새 보석들과 옛 보석들을 곳간에서 내오는 집주인"(마 13:52 참조)과 같습니다. 당신이 당신 개인의 곳간에서 성경 진리의 보석들을 내오는 것은 영적 생명의 유산과 축복을 다른 사람들에게 맡겨 두는 것입니다.

시편 기자는 이 진리의 비밀스러운 보석들에 관하여 다음과 같이 설명했습니다. "여호와를 경외하는 자 누구냐 그가 택할 길을 그에게 가르치시리로다 그의 영혼은 평안히 살고 그의 자손은 땅을 상속하리로다 여호와의 친밀하심이 그를 경외하는 자들에게 있음이여 그의 언약을 그들에게 보이시리로다"(시 25:12-14). 하나님께서는 당신을 가르치시겠다고 약속하셨습니다. 그분께서는 당신을 형통케 하시겠다고 약속하셨으며, 당신의 후손들이 유업을 얻을 것이라고 약속하셨습니다.

하나님께서는 자신의 비밀들이 당신과 같이 하나님을 경외하는 사람들에게 속한다는 것과 자신의 언약을 당신에게 보여주신다고 말씀하십니다. 나는 이것이 당신과 더불어 체결된 하나님의 언약이 이 구절들 속에 있는 다른 약속들을 보여준다고 생각합니다. 하나님과 함께한 당신의 비밀들은 하나님께서 당신이 당신 제자들에게 나누기를 원하시는 유산 중 일부입니다.

어려운 것이 아닙니다

제자 만들기에는 하나의 큰 문제가 있습니다. 나는 이 문제가 어렵다고 말하는 것이 아닙니다. 이는 그것이 실제로 어려운 것이 아니기 때문입니다. 문제는, 우리가 제자 만들기를 원래보다 더 신비롭고 복잡하게 만든다는 것입니다. 이 문제의 결과는 우리의 지휘봉을 다음 사람에게 넘겨주지 않는다는 것입니다. 왜냐하면, 우리가 이루어놓은 것이 대수롭지 않기에 그 사람에게 줄 것이 별로 없다고 느끼기 때문입니다.

근래에 한 친구가 우리 교회와 우리가 전 세계에 세운 지교회들에 관하여 언급했습니다. 그는 우리를 "단일교회 선교단체"라고 일컬었습니다. 그래서 나는 우리가 대규모 방식으로 제자 만들기 과정을 시도하는 사람들일 뿐이라고 말하여 그의 오해를 바로잡았습니다. 비록 우리 교회에 매 주일 수천 명이 모이기는 하지만, 우리는 많은 사람이 모이는 집회보다는 일대일 관계를 통해 제자 만들기를 하고 있다고 믿습니다. 그 결과로, 우리는 모든 사역에 증식의 경이로운 능력을 활용할 수 있었습니다.

한 사람이 두세 사람을 제자로 만들면, 제자 만들기 금자탑은 결국 우리가 모든 대륙에서 사역할 수 있을 정도로 성장합니다. 그러면서도 우리는 여전히 꽤 큰 무리를 교회 예배로 이끌고 있습니다. 우리는 지구 곳곳에서 사역하기 위해 가정을 희생시킬 필요가 없었습니다. 실제로 우리 교회의 주일예배는 부수적인 마케팅 활동들보다는 제자 만들기를 통해 형성한 관계들의 결과로 성장한 것입니다.

종교이원론

20세기의 마지막 10년과 21세기의 첫 10년은 미국 교회의 수적 성장이 거의 정지된 상태였습니다. 나는 미국 교회의 침체 문제는 우리가 교회를 그런 식으로 운영하기 때문에 발생한 것이라고 믿습니다. 우리는 교회에서 한 무리의 사람들이 나머지 사람들보다 월등히 뛰어난 종교이원론의 유형을 취하고 있습니다. 우리는 그들을 목사들, 감독들 또는 리더들이라고 부릅니다. 이들은 유효한 직함들이며, 이 직함들은 다양한 임무들을 설명하는 데 분명히 필요한 것들입니다. 그러나 우리는 이 직함들을 가진 사람들 외의 사람들을 그들보다 열등한 것처럼 생각하는 경향이 있습니다.

화려한 프로그램들은 방해물이 될 수 있습니다

우리의 교회들은 아름다운 음악과 화려한 그래픽과 하이테크로 성도들을 압도할 수 있습니다. 이런 것들은 제자 만들기를 매우 사소한 사역으로 격하시켜버릴 때에 발생합니다. 화려한 프로그램들은 성도들이 다른 사람들을 제자로 만들라는 부르심을 받은 것을 망각하게 할 수 있습니다. 아름다운 음악과 진리를 나타내는 매력적인 연극들은 경이롭기에 그것들을 십분 활용해야 합니다. 하지만 우리는 재능과 기술은 가서 제자 만들라고 하는 중요한 명령(마 28:19 참조)을 수행하게 하지는 못한다는 것을 알아야 합니다.

몇 년 전, 나는 한 아프리카 국가의 매우 큰 교회들의 목사들에게 다음과 같이 물은 적이 있습니다. "여러분의 교회에서 예수님께서 보여주신 것 중에 하나라도 빠진 것이 있습니까?" 그러자 그들은 한 목소리로 "예, 제자 만들기가 빠져있습니다."라고 대답했습니다. 심지어 어떤 목사는 나를 한쪽으로 데리고 가더니 아직 십 대 소년인 자기 막내아들을 제자로 만드는 방법을 가르쳐 달라고 했습니다. 그는 자기의 장성한 두 아들이 술과 여자에 빠져서 타락했다고 말했습니다.

이 사람은 1만 명이 넘는 교회를 담임하고 있지만, 사람들을 제자로 만드는 방법을 알지 못한다고 시인했습니다. 선교사들은 그에게 대형집회들을 여는 방법을 가르쳐주었고, 그는 그 방식으로 교회를 세웠습니다. 그는 자기 인생과 교회와 가족 이야기를 풀어놓는 동안 많은 눈물을 흘렸습니다. 나는 그와 함께 울었습니다.

제자 만들기는 매우 간단함에도 선교사들은 제자 만들기의 중요성이나 효과를 가르쳐주지 않았습니다. 그때로부터 1년 후에 그 나라보다 더 가난한 아프리카 국가를 방문한 것은 나에게 흥미 있는 일이었습니다. 그 컨퍼런스에 참석한 모든 목사는 각자의 교회에서 제자 만들기를 하고 있었습니다. 당신은 내가 세미나에서 물어보는 질문을 기억합니까? 내가 그 목사들에게 현재 제자로 만들고 있는 3명의 이름을 적어보라고 말했을 때 그들은 즉시 그 이름들을 적기 시작했습니다. 그들은 제자 만드는 사람들이었습니다.

나는 외부인이었기에 내가 본 것은 정확하지 않을 수도 있습니다. 하지만 그들의 극한 가난이 그들로 하여금 예수님께서 교회성장에 사용하신 제자 만들기를 그대로 따라 하게 한 것처럼 보였습니다. 그들은 큰 이벤트들을 주최할 만한 자원이 부족했지만, 제자 만들기를 하기에는 형편이 더 나았던 것입니다. 나는 또한 그 나라의 목사들이 제자 만들기의 자연적 성장 원리를 통하여 교회들을 증식하는 일에 깊이 헌신하는 것을 보았습니다.

내가 이 세미나에서 가르치는 동안 일어난 흥미 있는 일은 다른 것에 있습니다. 나는 새로운 교회를 개척하기 위한 도구로 가정교회를 사용하는 것에 대해 즉석에서 언급했습니다. 우리는 이미 세미나에서 배우지 않고서도 제자 만들기를 통하여 교회개척자들을 훈련하는 목사들에 대한 개념을 논의했습니다. 내가 그 지역에 오기 전 이미 그들은 제자 만들기를 통하여 교회개척자들을 훈련하는 개념을 실천하고 있었음이 분명합니다. 그러나 내가 가정교회들에 관해서 설명하자, 모든 목사가 열광적으로 노트에 필기하기 시작했습니다.

나는 통역자에게 왜 그들이 갑자기 매우 관심을 보이는지를 물어보았습니다. 통역자가 그들에게 그 이유를 물어보자, 그들은 "미국에서 온 강사에게서 돈을 들이지 않고도 교회를 개척하는 방법을 지금 배웠기 때문입니다."라고 대답했습니다. 아무튼, 그들은 다른 사람들로부터 교회를 개척하기 위해서는 건물과 땅이 필요하다고 "배웠습니다." 하지만 그들은 건물과 땅을 살만한 돈이 없었습니다. 그들은 교회를 증식하기 위해서 이 거짓된 재정 장애들을 극복하기 위해 미국 달러화가 들어오기만을 기다리던 중이었습니다.

내가 건물들과 땅은 거짓된 재정 장애들을 상징하는 것이라고 말하는 것에는 이유가 있습니다. 바울과 그의 친구들은 "안식일에 기도처가 있을 만한 곳을 찾아 성문 밖 강가로 갔습니다"(행 16:13, 쉬운성경). 후에 이 사람들은 루디아라는 이름을 가진 장수의 집에서 모였고, 강가에 모여서 침례를 베풀었습니다. 2,000년 전에 효과가 있었던 것은 지금도 효과가 있습니다. 실제로 우리는 해변 공원에 있는 나무 밑에서 교회를 개척했는데, 이는 누구도 건물을 교회에 임대하려 하지 않았기 때문이었습니다.

집이나 옥외를 예배 장소로 사용하여 교회를 개척할 목사들을 훈련하는 개념은 이 아프리카 목사들을 자유케 하였습니다. 나는 우리가 덥고 습한 날에 함께 보낸 시간들 덕분에 더 많은 위대한 교회가 탄생하기를 기대해봅니다.

신적인 지위

제자 만들기는 예수님께서 하신 사역의 일부이면서도 예언과 병 고침과 믿음과 가르침 같은 영적 은사들을 필요로 하지 않습니다. 그리고 앞서 말했듯이, 제자 만들기는 땅과 건물들을 요구하지도 않습니다. 당신이 효과적으로 제자들을 만들기 위해서는 이따금 커피 한 잔을 살 정도의 돈이 필요할 뿐입니다. 제자 만들기는 그리스도를 따르는 모든 사람이 할 수 있는 것이며, 또한 해야만 하는 것입니다. 제자 만들기는 교회를 세우는 재료입니다. 그렇지만 우리는 계속 이것을 무시하고 있습니다.

그 결과 우리는 초대 교회 때부터 이어진 고통을 당하고 있습니다. 고린도의 성도들이 바울과 아볼로와 베드로와 예수님 중에 누구를 따라야 할지를 논쟁했을 때 이 문제를 겪었습니다(고전 1:12 참조). 그들은 세 사람을 하나님의 아들과 같은 지위에 올려놓았습니다. 이에 바울은 고린도 교회의 이런 행위에 대해서 "이것이 바로 세상에 속한 것이고 세상 사람들처럼 행동하는 것이 아닙니까?"(고전 3:4, 쉬운성경)라고 물음으로 그들의 태도를 바로잡았습니다. 고린도 성도들은 소수의 사람을 높이므로 자신들이 하나님의 집에서 하는 역할을 무가치해 보이게 했습니다.

우리는 우리의 리더들을 초인적 지위나 극히 영적인 지위에 올려놓을 때마다 고린도 성도들을 그대로 답습하게 됩니다. 우리는 자신을 앉아서 구경하는 관중이 되게 하거나 종교적 상품을 구매하는 소비자로 남아있게 할 때 우리 자신의 가치를 떨어뜨립니다.

그 결과로, 우리는 각자가 하나님의 나라에 얼마나 귀한 존재인지를 보지 못합니다. 우리의 부족한 지식 때문에 하나님의 나라가 더 작아집니다.

연결하는 사람들

우리 각 사람은 연결하는 사람이 되도록 부르심을 받았습니다. 첫째로, 우리는 우리를 필요로 하는 사람들의 삶에 우리 자신들을 연결합니다. 그리고 그들이 풍성한 삶을 사는 데 필요한 도구들과 더불어 우리의 영적 비밀들을 나눔으로 그들을 하나님께 연결해줍니다. 또한, 교회를 통하여 그들을 그리스도를 따르는 사람들과 연결해줍니다. 마지막으로, 그들 대다수(모두가 아닐 경우)로 하여금 제자 만들기 사역에 참여하도록 연결해줄 것입니다.

그리고 우리는 한 세대를 다음 세대에 연결해주어야 한다는 것을 잊지 마십시오. 만약 우리가 이것을 하지 않으면, 앞으로 40년 후에는 교회가 이어지지 못할 것입니다.

이 모든 것은 우리의 개인적 유산입니다. 나는 제자 만들기야말로 모든 교회가 가장 집중적으로 해야 할 사역이라고 믿습니다. 모든 사람이 제자 만들기에 참여해야 합니다. 그렇지 않으면 경기에서 질 것입니다!

Chapter 9

제자 만들기 방법론

약 1년 전, 나는 매우 유력한 몇 사람과 만남을 계획하고 있었습니다. 그들과 대화하던 중에 "제자 만들기 연속체"라는 말을 언급했습니다. 그러자 그 말을 들은 한 사람이 즉시 끼어들었습니다. 그는 그것이 무엇을 의미하는지 알기를 원했습니다.

그는 유명한 크리스천 작가이자 유력한 리더였기 때문에, 나는 그에게 대답하는 것에 약간 겁을 먹었습니다. "나는 전문용어를 개발하는 사람이 아니지만, 이 단어들은 나에게 중요한 것으로서 우리 교회 DNA의 핵심을 형성해주는 것입니다. 12명의 청년으로 시작한 교회가 세계 전역에 수백 개의 교회(지금도 계속 늘어나고 있음)가 된 것도 바로 이 제자 만들기 연속체 때문이라고 믿습니다." 내가 이렇게 설명하자, 그는 고개를 끄덕이면서 긍정적인 반응을 보였습니다. 하지만 나는 여전히 내가 이 단어들을 사용하는 내 본심을 그에게 제대로 설명했는지에 대해서는 확신이 없습니다. 그러나 이제 당신에게 제대로 설명해보도록 하겠습니다.

제자 만들기 연속체는 무엇입니까

"제자 만들기 연속체는 무엇입니까?"라는 질문에 대한 대답은 간단합니다. 이것은 교회가 모든 다른 사역과 협력하여 의도적으로 모든 사람을 제자로 만드는 것입니다. 제자 만들기 연속체는 우리가 사는 도시의 경계를 넘어서 퍼져나갑니다. 제자 만들기 연속체는 우리가 제자들로 하여금 교회들을 개척하도록 지구 곳곳에 파송할 때 강력한 사명을 가진 군대로 성장하게 됩니다.

이에 따르는 이상적인 결과는, 우리 사역에 동참하는 각 사람이 자신을 기독교 역사를 잇는 거대한 체인으로 본다는 것입니다. 제자 만들기 연속체의 가장 기본적 전략은 가능한 대로 모든 사람이 의미 있는 사역에 참여하는 것입니다. 예수님께서는 한 무리의 사람을 불러모으시고는 "나를 따르라. 내가 너희를 영적으로 성장하도록 도와주리라."라고 말씀하시지 않았습니다. 주님께서는 그들을 개인적인 성장보다 훨씬 위대한 일을 도모하게 하려고 부르셨습니다. 주님께서 그들을 영적으로 성장하게 하신 것은 그들로 하여금 사람을 낚는 어부가 되게 하려 함이었습니다. 그들은 하나님의 일 곧 다른 사람들을 제자로 만들 만큼 강력한 사람들이 된 후에 자신의 제자들로 하여금 또 다른 사람들을 제자로 만들게 하려고 부르심을 입었습니다.

그들이 갈 수 있는 곳까지

나는 모든 교회가 아직 그리스도를 따르지 않는 모든 사람을 제자로 만들어서 그들로 하여금 열광적인 선교사가 되도록 불을 붙이는 일에 연합하고 집중해야 한다고 믿습니다. 예, 맞습니다. 나는 내가 만나는 모든 새신자를 다른 나라로 가서 사역하는 잠재적인 선교사로 보고 있습니다. 만약 주님께서 나에게 제자 만들기 사명을 주셨다는 것을 내가 진정으로 믿는다면, 제자 만들기 연속체는 나에게 큰 의미가 있는 것입니다.

제자 만들기는 종종 새신자들에 대한 기초적 성경 진리를 가르치는 것으로 격하되고 있습니다. 그러나 이 개념은 모든 민족을 제자로 만들기에는 매우 부족합니다. 우리는 궁극적인 승리 곧 전 세계적인 승리를 고대해야 합니다.

나는 바보가 아닙니다. 나는 대다수 사람이 선교사나 목사가 되는 것이 아니라는 점을 확실히 알고 있습니다. 내가 말하는 것은, 우리가 일관성 없는 프로그램들을 사용하는 무리가 아니라는 것입니다. 즉 우리는 제자 만들기 연속체(운동)를 쭉 이어가도록 우리 교회들을 체계화할 수 있을 뿐만 아니라 반드시 그렇게 해야 합니다. 모든 나라를 복음화하는 제자 만들기 사역에 모든 것을 집중하고 지원해야 합니다. 왜냐하면, 제자 만들기는 하나님을 사랑하고 이웃을 사랑하라 하신 계명들 다음으로 주어진 세 번째 큰 계명이기 때문입니다.

모든 교회와 모든 성도의 목표는 우리가 아는 모든 사람이 하나님과 조금씩 더 깊은 관계로 들어가서 결국 다른 사람들을 하나님과의 깊은 관계로 이끌어주어야 합니다. 우리는 모든 사람이 갈 수 있는 곳까지 가도록 하고, 그들이 받은 영적 은사들이 그들이 가는 곳까지 가게 해야 합니다.

제자 만들기에 자신을 드리십시오

이미 제자 만들기에 관해 말씀하는 성경 구절들을 살펴보았지만, 나는 이것들이 다시 살펴볼 가치가 있다고 생각합니다. 당신은 바울이 제자 디모데에게 무엇을 하라고 부탁한 것을 주목해보았습니까? "나의 아들이여, 그리스도를 위한 이 일에 그대 자신을 드리십시오. 그대가 내게서 들은 것을 다른 사람을 가르칠 역량있고 믿음직한 지도자들에게 전하십시오"(딤후 2:1,2, 메시지).

첫째로, 바울은 디모데에게 "그리스도를 위한 이 일"을 하기 위해 "자신을 드리라"고 말했습니다. 이 일은 무엇일까요? 제자 만들기입니다. 바울은 디모데가 바울 자신에게서 들은 것을 믿을 만한 사람들 곧 다른 사람들을 가르치는 일에 능숙한 사람들에게 넘겨주라고 가르쳤습니다. 나는 당신은 어떠한지 모르지만, 이 구절들에 다섯 단계의 제자들이 있음을 봅니다. ① 바울(바나바의 후배), ② 디모데, ③ 믿을 만한 지도자들, ④ 다른 능숙한 교사들, ⑤ 이 교사들로부터 배우게 될 사람들. (그렇지만 "교사들"이라는 말에 압도되지 마십시오. 바울은 당신처럼 평범한 사람이 알고 있는 것을 다른 사람에게 가르치는 것에 관하여 말하는 것입니다.)

바나바가 되십시오

디모데와 우리 중 다수가 따라야 할 좋은 본보기는 바나바와 바울의 관계입니다. 우리는 바나바가 가난한 교인들에게 유익을 주기 위해 예루살렘에서 땅을 팔아 헌금했을 때 그에 대하여 처음 알게 되었습니다. 후에 우리는 예루살렘에 있던 장로들이 바울을 신뢰하지 않았을 때 바나바는 바울을 신뢰한 것을 보게 됩니다. 그러고서 그는 바울을 안디옥교회의 리더로 세웠습니다(또 하나의 신뢰 이슈). 그리고 그는 바울을 이끌고 제1차 선교여행을 떠났습니다. 이 이야기를 다루는 구절들은 항상 바나바의 이름을 먼저 언급하여 그가 리더의 위치에 있었다는 것을 시사했습니다. 그러나 결국 바울이 명백하게 바나바보다 영적으로 더 강한 리더로 성장하자 바나바는 바울에게 자리를 양보했고, 그 후의 구절들에는 이 두 사람의 이름이 언급될 때마다 바울의 이름이 먼저 등장하게 되었습니다.

이것은 바나바의 행복한 사역이었습니다. 당신이 제자 만드는 사람으로서 받을 수 있는 가장 큰 선물은 당신의 제자가 당신보다 뛰어나게 되는 것입니다. 그러나 안타깝게도 바나바와 바울은 두 번째 선교여행을 시작할 때 서로에 대해서 몹시 화가 나서 각자 선교여행을 떠나므로 헤어지게 되었습니다. 그들이 헤어지게 된 동기는 선교여행에 마가 요한을 데리고 가는 문제 때문이었습니다.

바울은 제1차 선교여행 때 마가 요한이 자신들을 떠났던 것을 용서하지 않았지만, 위로하는 사람이었던 바나바는 자신이 바울을 신뢰했던 것처럼 마가 요한도 끝까지 신뢰해주었습니다. 바울은 복음을 증거하는 일에 바나바를 능가했지만, 은혜를 베푸는 일에는 아직 성숙하지 않았던 것입니다.

바울은 바나바가 바울 자신에게 베풀었고 마가 요한에게 계속 베풀려고 했던 은혜를 마가 요한에게 베풀지 않았습니다. 바울이 바나바와 헤어진 후 바나바가 불안정한 마가 요한을 제자로 만드는 동안 바울은 실라와 디모데를 제자로 만들었습니다. 아무튼, 그들의 다툼은 바울이나 마가 요한에게 아주 잘못된 것은 아니었습니다.

바울은 신약의 3분의 2를 기록했고, 마가는 마태와 누가와 요한으로 하여금 각자의 복음서를 기록하도록 고무한 첫 번째 복음서를 기록했습니다. 그렇다고 바나바가 바울이나 마가보다 매우 뒤떨어진 사람은 아니었습니다. 만약 바나바의 제자 만들기 사역이 없었다면, 당신은 지금 들고 있는 이 책을 읽지 못했을 것입니다.

나는 바나바를 세계 최고의 제자 만들기 사역자였다고 말하고 싶습니다. 나는 바나바가 예수님께서 모든 민족을 제자로 만들라고 명령하신 것을 실제로 했기 때문에 이것이 가능했다고 믿습니다. 바울은 바나바에게서 제자 만들기 과정을 배웠습니다. 만약 바나바가 오직 바울과만 사역하고 그 외 사람과는 사역하지 않았더라도, 여전히 큰 결실을 얻었을 것입니다.

그러나 바울은 많은 세월이 흐르고 많은 시련을 당한 후 마가를 사역에 동참하라고 불렀습니다. "네가 올 때에 마가를 데리고 오라 그가 나의 일에 유익하니라"(딤후 4:11). 나는 이 말씀이 흥미롭다고 생각합니다. 바울이 일찍이 마가의 일로 바나바와 헤어졌기 때문에 그가 이렇게 기록한 것에는 용기를 냈다는 것을 보여줍니다. 그는 디모데에게 마가를 데리고 오라고 부탁했을 때 자기의 자존심을 억눌렀습니다. 그는 로마서와 갈라디아서에 은혜에 관하여 매우 장대하게 쓸 정도로 진정으로 은혜를 배웠던 것입니다.

당신은 어떻게 제자들을 만들고 있습니까

이 부분은 매우 단순합니다. 당신은 다른 사람들과 시간을 보내는 중에 대화 속에 의도적으로 예수님을 언급합니다. 당신의 목표는 당신이 하나님과 더불어 누리는 삶을 당신이 제자로 만들고 있는 사람도 누리도록 하는 것입니다. 이것은 의도적으로 그 사람과 시간을 보내는 것을 의미합니다. 나는 이런 삶을 반복적으로 살았습니다. 이제 이에 관해서 좀 더 구체적으로 설명하기를 원합니다.

언젠가 나는 흥미로운 경험을 한 적이 있습니다. 한 여성도의 남편은 자인한 무신론자였습니다. 그는 뛰어난 사람이었지만, 함께 하기에는 쉽지 않았습니다. 그의 거친 외모는 그의 결혼생활에 악영향을 미쳤고, 몇몇 이웃과의 관계를 망쳐놓았습니다.

나는 이 사람을 위해 수년간 기도했습니다. 그러던 어느 날 그가 갑자기 나에게 전화를 걸었습니다. 그는 나에게 기독교에 대해서 몇 가지 물어볼 것이 있어서 나와 이야기하고 싶다고 말했습니다. 그래서 우리는 그다음 주중에 아침을 같이 먹으면서 이야기하자고 약속했습니다. 이 일이 일어났을 때 나는 C.S. 루이스가 쓴 『순전한 기독교Mere Christianity』를 읽고 있었습니다. 그 책은 우리가 시간을 보내는 데 큰 역할을 했습니다.

이 사람은 하나님에 관한 질문들을 종이 두 장에 타자로 쳐서 준비한 다음 식당에 나타났습니다. 나는 그의 지적 능력으로 말미암아 완전히 놀랐으며, 그가 준비한 위협적인 질문들 때문에 더 놀랐습니다. 몹시 똑똑한 무신론자가 떡 앉아 있었고, 나는 개인적으로 복음을 증거하는 데 그리 열정적인 전도자는 아니었습니다. 그가 그날 토의하기에 적당한 주제를 찾느라 질문 리스트를 훑어 내려가는 모습을 두려운 마음으로 지켜보았습니다.

그리고 나는 놀랐습니다. 그가 나에게 질문한 것은 내가 바로 전날 밤에 C.S. 루이스의 책에서 읽은 것을 단지 그대로 읊기만 하면 되는 것이었습니다. 우리는 그의 질문과 그 질문의 숨은 뜻에 관하여 이야기하느라 1시간을 보냈습니다. 나의 대답은 그에게 만족을 주었습니다. 그는 내가 자기 질문에 그렇게 쉽게 대답하여 기분이 매우 좋아졌습니다. 그는 하나님께서 우리의 대화를 계획하셨다고 믿으면서 식당을 나섰습니다. 그 대화는 그를 그리스도를 따르는 사람으로 만들어주지 못했지만, 그의 관심을 끈 것은 확실했습니다.

그다음 화요일에도 같은 일이 일어났습니다. 그는 자기의 질문 리스트를 가지고 나왔고, 나는 신속히 그의 어려운 질문에 만족스러운 대답을 해주었습니다. 나는 내가 전날 밤에 『순전한 기독교』에서 그의 질문에 대한 대답을 얻었다는 것을 말해주었습니다. 그는 그날 그 책을 구매했고, 그다음 주일에 교회에 와서 주님을 영접했습니다. 그는 오늘까지 그리스도를 열정적으로 따르고 있습니다.

결론을 말하자면, 나는 하나님의 큰 드라마에 출연하는 한 연기자일 뿐입니다. 나는 제자 만들기 사역을 마음에 품은 채로 잠에서 깨어나는 것 외에 많은 일을 할 필요가 없습니다. 그렇지만 이 사람과 나는 몇 달 동안 화요일 아침마다 만남을 이어갔습니다. 나는 그가 던진 몇 개의 질문에 더 대답해주었습니다. 그러나 그는 주로 자기의 변화된 태도와 예전에 지은 죄들에서 회복하려는 노력에 대해 논의하기를 원했습니다. 이런 우정의 시간이 내 인생에 즐거움을 주고 있습니다.

아직 그리스도를 따르지 않는 사람들을 제자 만들기

제자 만들기 과정은 한 사람이 주님과 동행하고자 결심하기 전에 시작합니다. 당신이 이 과정을 이행하기 위해서는, 아직 그리스도를 믿지 않는 사람들과 시간을 보내야 합니다. 만약 당신이 그리스도를 따르는 사람들과만 시간을 보낸다면, 당신의 개인적 관심원의 꽤 큰 부분이 묻힌 채로 있을 것입니다.

근래에 우리 교회에 다니는 한 숙녀가 자신이 다니는 직장에 관한 흥미로운 이야기를 해주었습니다. 그녀의 직장 동료 중 한 남자는 주님께서 곧 오시기 때문에 우리가 세상적 인맥을 다 끊어야 한다고 말했다고 합니다. 그는 우리가 예수 그리스도를 따르지 않는 사람들에게서 멀리 떨어져야 한다고 말한 것이었습니다.

이것은 그녀의 신앙에 생소한 것이었기에, 그녀는 실제로 그의 말을 믿기 시작했습니다. 그리고 그녀는 다른 한 친구를 기억해냈습니다. 그 친구는 뉴에이지 사상에 깊이 빠져있지만, 우리 교회에 다니는 친구와 시간을 보낸 결과로 예수님을 영접하는 기도를 드리게 되었다고 고백했습니다.

그녀는 마지막 나팔이 울릴 때 자신이 비그리스도인들과 함께 시간을 보내기를 원하기 때문에 세상 사람들을 피하지 않기로 했다고 나에게 말해주었습니다. 그녀는 전도의 은사를 가지고 있든지, 아니면 혹 대다수 사람보다 더 나은 제자 만들기 아이디어를 가지고 있을지도 모릅니다.

만약 당신이 시간을 보내고 있는 사람이 아직 그리스도를 따르는 사람이 아니라면, 당신은 분명히 그 사람과의 관계에 있는 모든 것을 주님과 연관시키지 않으면서 그에게 하나님을 전하기 위해 그가 감지하기 어려운 방법들을 찾을 것입니다. 아마도 당신은 기도를 통하여 일어난 기적에 대해서 말할 수 있을 것입니다. 당신이 소유하는 장신구나 당신이 읽고 있는 책이나 당신의 개인적인 경험들을 대화의 출발점으로 만들 수 있습니다. 이 과정은 당신이 복음을 공개적으로 전하지 않고서도 하나님에 대한 당신의 믿음을 드러내는 데 도움을 줍니다. 만약 당신의 친구에게 문제가 있다면, 당신은 그를 위해 기도해줄 수 있습니다. 당신은 심지어 그들에게 당신을 위해 기도해달라고 부탁할 수도 있습니다. 모든 사람은 기도합니다. 그리고 당신이 그들에게 기도를 부탁하면, 그들은 당신에게서 존중받는다는 느낌을 받습니다.

모든 상황들이 당신의 살아있는 믿음을 드러내는 데 연관되게 하십시오. 신앙의 지식적인 면만을 지나치게 강조하는 덫에 걸리지 않도록 하십시오.

최근에 그리스도인이 된 사람들을 제자 만들기

우리는 기독교 신앙의 기초를 다루는 알파코스를 우리 교회 전체에 적용하고 있습니다. 알파코스는 관계 지향적인 제자 만들기의 실제적인 모델입니다. 우리는 30분 동안 저녁을 먹은 다음에 30분 동안 비디오를 봅니다. 마지막으로, 45분에서 1시간을 할애하여 비디오에서 보고 들은 것에 관하여 모든 사람의 의견을 듣습니다. 이런 식으로 몇 주를 모인 후, 그룹들은 이제 심각한 문제들의 해결을 위해 기도하기 시작합니다. 즉 우리는 75분의 관계 지향적인 시간과 30분의 지적인 조언을 하는 시간으로 보낸다는 것입니다. 우리는 친밀한 관계를 통해서 사람들을 그리스도께로 가도록 도와주고 있습니다.

나는 여기에서 알파코스를 선전하는 것이 아닙니다. 이런 시스템은 새 신자들을 제자로 만드는 출발점이 될 수 있습니다. 당신은 이런 시스템을 가동할 준비가 되어 있는지 점검해야 합니다. 그러나 알파코스가 당신 교회의 프로그램이 될 필요는 없습니다. 당신의 몇몇 친구와 더불어 당신이 개발한 시스템을 사용하여 시작할 수 있습니다.

나는 사람들이 "우리 교회는 알파코스 같은 것을 하기에는 너무 작습니다."라고 말하는 것을 들을 때마다 항상 놀랍니다. 왜냐하면, 이런 시스템은 많은 사람보다는 소수의 사람으로 구성된 그룹들에 더 효과가 있기 때문입니다. 알파코스는 소그룹에 매우 효과적이라서, 우리는 교인들로 하여금 집이나 직장의 컨퍼런스홀에서 알파 모임을 인도하는 데 도움을 주기 위해 DVD들을 구매했습니다. 우리 교회에 다니는 한 형제는 미 해군과 더불어 태평양을 순찰하는 동안에 동료 선원들에게 알파코스를 인도했습니다.

지적 측면과 관계적 측면의 균형

당신과 나는 너무 많은 지식에서 나오는 교만에 빠지게 하는 유혹을 물리쳐야 합니다. 바울은 이에 관해서 다음과 같이 경고했습니다. "우상의 제물에 대하여는 우리가 다 지식이 있는 줄을 아나 지식은 교만하게 하며 사랑은 덕을 세우나니"(고전 8:1).

성경은 사람들과의 관계보다 지식을 우선시하는 것에 대해서 분명하게 경고하고 있습니다. 그렇지만 우리는 매우 많은 제자 만들기 프로그램이 지식을 쌓는 목적으로 모이는 것을 봅니다. 당신은 사랑 없는 지식이 어떻게 생명 없는 결과를 만드는지를 주변 교회들 속에서 볼 수 있습니다. 몇몇 자칭 신학자들이 사이버공간에 피력하는 글들을 읽어보면 더 심각합니다. 그래서 미국의 교회가 성장하지 않는 것이 이상한 일이 아닙니다.

우리는 제자 만들기의 관계적 측면에 초점을 맞춰야 합니다. 왜냐하면, 관계적 측면이 교회를 실제로 더 튼튼하게 해주기 때문입니다. 만약 당신이 사도행전 2장의 모델 교회를 묘사해주는 활동들의 리스트를 주의해서 보면, "사도들의 가르침" 다음에 "교제"가 열거된 것을 알 수 있을 것입니다. 심지어 기도는 이 리스트의 마지막에 등장합니다(42절 참조). 나는 건강하고 성실한 기도들은 선하고 순수한 교제나 의도적인 관계로부터 나온다고 생각합니다.

예수님께서 "진실로 다시 너희에게 이르노니 너희 중의 두 사람이 땅에서 합심하여 무엇이든지 구하면 하늘에 계신 내 아버지께서 그들을 위하여 이루게 하시리라 두세 사람이 내 이름으로 모인 곳에는 나도 그들 중에 있느니라"(마 18:19,20)라고 말씀하신 것은 상호관계에 관하여 언급하신 것이라는 점을 기억하십시오. 우리가 예수님의 이름으로 교제하며 시간을 보낼 때 주님께서 우리의 교제를 즐기시기 위해 나타내십니다. 그렇게 하시면 기도가 강력하게 됩니다.

교제는 항상 중요합니다. 제자 만들기는 관계 지향적일 때에 건강하게 지속합니다. 다른 것이 관계를 대신하면, 교회에 나오는 사람들에 비하여 적은 수가 제자훈련에 참여하게 됩니다.

의도적으로 돌아다니십시오

나는 의도적으로 돌아다니지 않고서 건강한 "제자 만들기 관계"를 맺어본 적이 없습니다. 실제로 우리의 자리를 떠나는 것이 내가 말하는 것의 핵심입니다. 의도적으로 돌아다니지 않으면 제자를 만들 좋은 기회들을 놓치게 됩니다.

사람들의 현실은 혼란스럽습니다. 그들의 현실은 대답들보다는 물음들로 가득합니다. 그리고 그들은 다른 무엇보다 사랑이 필요합니다. 이런 까닭에 비생산적인 일들은 제자 만들기 과정에 매우 중요한 것들이 됩니다.

나는 미리 정한 주제로 제자 만들기 관계들을 세우기를 좋아합니다. 우리는 보통 한 권의 책을 읽고서 한자리에 모여 우리가 읽은 것을 논의합니다. 가정 모임들이나 "작은 교회들"에서는 주일 설교로 책을 대신합니다. 그러나 가장 생산적인 대화들은 우리가 택한 자료로부터 우리가 벗어나도록 하는 생각을 일으키는 책이나 설교의 두서너 마디에 국한됩니다.

사람들은 이것들을 토의할 때 개인적으로 말하게 되고, 자신들이 진정으로 알아야 하는 것들에 대해 물어봅니다. 내가 이런 복잡한 순간들을 좋아하는 이유는 그 순간들이 흔히 인생의 생장점들이기 때문입니다. 삶의 즐거움을 얻는 곳은 다정하고 주의 깊은 관계가 형성된 곳입니다.

만약 당신이 제자 만들기에 능숙한 사람이 되고자 생각한다면, 당신이 생각하는 대로가 아니라 제자 만들기에 필요한 대로 대화가 진행될 수 있도록 분위기를 매우 느슨하게 유지해야 한다는 것을 잊지 마십시오. 실제 대화가 진행되기 전에 상대방의 말을 경청하는 법을 배우십시오. 그것에 관하여 물어보십시오. 그리하면 당신이 제자로 만들려고 시도하는 그 사람에 관하여 많은 것을 배울 수 있게 될 것입니다.

이야기들을 해주는 것을 잊지 마십시오

"이야기"를 들려주는 것이 "그것을 하지 마세요!"라고 가르치는 것보다 낫습니다. 당신은 이것을 매우 조심해야 하는데, 이는 우리가 규칙과 종교에 매우 쉽게 빠지기 때문입니다. 당신은 유익한 정보들로 위장된 규칙들로 그 사람을 도와주려 함으로써 오히려 그에게 부담을 주기가 쉽습니다.

누군가가 당신에게 뭔가를 해주기를 바라며 당신을 조금 귀찮게 한 적이 몇 번이나 됩니까? 그는 세상에서 가장 좋은 의도를 가지고 있었지만, 당신은 불편하게 느꼈을 것입니다. 또는, 그가 당신을 궁지에 몰아넣어 당신이 그와의 우정을 외면하고 싶어 할 정도로 이상하게 느끼게 했을 수도 있습니다.

이야기들은 효과가 있습니다. 그래서 예수님께서는 이야기들을 매우 많이 하셨습니다. 사람들은 이야기로 들려지는 진리를 훨씬 쉽게 이해하고 받아들입니다. 당신이 실제로 경험한 이야기들이나 다른 사람의 신앙 간증이 특히 좋습니다.

당신의 요점을 제대로 설명해줄 만한 실제 이야기가 없는 경우에는 항상 적절한 이야기를 만들어서 사용할 수 있습니다. 이야기들을 만들어서 사용하는 것은 타당합니다. 예수님께서는 자기의 생각을 밝히시기 위해서 비유들을 만들어서 사용하셨습니다. 예수님께서 만드신 이야기들은 지속되고 있습니다. 그것들은 2,000년간 지속되었고, 모세의 도덕률보다 이해하기가 훨씬 쉽습니다.

간단한 비유는 경탄할 만한 일을 만들 수 있습니다. 그러나 당신의 이야기를 듣는 사람이 그 비유를 익히 알고 있어야 합니다. 얼마 전, 나는 한 남자가 급성장하는 교회를 대나무 숲에 비유하여 말하는 것을 들었습니다. 누구든지 자기의 마당에 대나무를 심어본 사람은 그가 말하는 것이 얼마나 좋은 비유인지를 알 것입니다. 하지만 대나무가 자라지 않는 기후 속에서 사는 사람들은 그가 설명한 것을 이해하지 못합니다.

그러나 "더운 여름날의 보도 위에 떨어져 녹는 얼음과 같은 마음" 또는 "선한 사람들은 종려나무처럼 무성하며… 늙어서도 강건할 것입니다"(시 92:12,14, 메시지)와 같은 말들은 모든 사람에게 잘 이해되고 받아들여집니다.

사역의 시간을 많이 확보하십시오

건강한 제자 만들기 관계들을 형성하기 위해서는 사역의 시간이 필요합니다. 이것은 실생활 문제들에 관한 진솔하고 열린 대화들을 의미합니다.

때로 문제들은 열린 대화의 빛에 노출되므로 해결되기도 합니다. 문제의 해결은 사람들이 합심하여 기도할 때 더 자주 옵니다. 나는 합심하여 기도하는 시간이 중심이 되지 않는 제자 만들기를 상상할 수 없습니다. 당신의 제자들에게 기도를 가르치십시오. 하나님께서 당신의 기도에 응답하시는 것같이 그들의 기도에 응답하신다는 것을 깨달으십시오.

나는 성인 자녀들로부터 22년이나 떨어져 산 한 남자를 기억합니다. 어느 날 밤, 우리의 제자 만들기 그룹이 집으로 가기 위해 모임을 파하려고 했을 때 그가 즉석에서 이 말을 꺼냈습니다. 그는 기도해달라는 요구를 하지는 않았습니다. 다만, 언젠가 자기 아들들을 볼 수 있으면 좋겠다고 말했습니다. 실제로 그 당시 그는 그런 것을 위해 기도할 만큼 영적으로 성장한 상태는 아니었습니다. 그는 하나님께서 자기의 문제보다 더 시급하게 해결하셔야 하는 중요한 문제들이 있으므로 하나님을 귀찮게 하지 않는 것이 좋다고 말했습니다.

한 여자가 그의 문제를 듣고서 그가 아들들과의 관계를 회복할 수 있도록 하나님께 기도드리자고 우리에게 제안했습니다. 그가 그녀의 제안을 거절하지 않았기에 우리는 외투와 성경을 내려놓고서 그의 상황을 위해 기도했습니다. 그는 자기의 큰아들이 두 살이었을 때 마지막으로 보았습니다. 그리고 막내아들이 아직 태어나지도 않았을 때 이혼했습니다. 그래서 그가 아들들과 재회하는 것은 강력한 기적이나 마찬가지였습니다.

매우 놀라운 것은, 우리가 수요일에 그를 위해 기도했는데, 이 남자가 일요일에 캘리포니아에서 전화를 받았다는 것입니다. 전화를 건 사람은 그 남자가 22년 동안이나 대화하지 못했던 큰아들이었습니다. 그는 월요일에 자기 아들을 방문하기 위해 캘리포니아로 갔다가 수요일에 있는 제자 만들기 그룹에 참여하기 위해 하와이로 돌아왔습니다.

우리는 그가 큰아들을 만나고 돌아온 것을 기뻐했습니다. 그러나 우리는 그의 작은아들이 아버지를 만나고 싶어 하지 않는다는 것을 곧 알게 되었습니다. 그래서 이제 그 작은아들의 마음을 누그러뜨려 달라고 하나님께 기도드렸습니다. 당신이 추측했듯이, 그 일요일에 큰아들이 다시 전화를 걸어와서 "아빠, 제 동생과 대화하고 싶으세요?"라고 물었습니다. 그들은 대화했고, 매우 놀란 이 아버지는 기뻐하면서 다음 날 두 번째로 캘리포니아로 날아가서 며칠을 보냈습니다. 현재 그들은 좋은 관계를 유지하고 있습니다. 이 남자의 현재 아내는 그의 전처와 친구가 되었습니다. 현재 이 두 가정은 모두 예수님을 따르고 있습니다.

나는 이 극적인 사건을 통해 얻은 교훈이 있습니다. 하나님께서는 그 남자를 위해 기도하자고 말했던 그 여자처럼 관계 중심적인 제자 만들기를 성실하게 감당하는 사람들의 기도를 응답하십니다. 그리고 그 응답받은 기도는 다정한 교제로부터 나옵니다.

읽고 실천하십시오

　나는 자동차를 고치는 일을 하면서 배웠던 방법을 사용하여 사람들을 사역의 자리로 이끄는 일을 하는 데 많은 시간을 보내고 있습니다. 나는 한동안 자동차를 복원하는 일을 했습니다. 나는 몇 대의 앤티크 자동차를 복원했지만, 집중적으로 복원한 것들은 약간 노후된 포르셰와 벤츠와 재규어였습니다. 나는 머스탱 머슬카부터 복원하기 시작했는데, 경험이 거의 없다 보니 시간이 오래 걸렸습니다. 후에 우리 교회에 다니는 한 남자를 만났는데, 그도 매우 비싼 자동차들을 복원하는 일을 하는 사람이었습니다. 그의 차고에는 페라리와 람보르기니가 몇 대씩 있었습니다. 내가 그의 집을 처음 방문했을 때 두 눈이 머리에서 튀어나오는 줄 알았습니다.

　이 남자는 차체와 내부를 복원하는 기술을 나에게 전수해주었습니다. 그가 나에게 가르쳐준 방법은 이랬습니다. 첫째로, 그는 나에게 한 권의 책을 주면서 읽으라고 했습니다. 그 책을 다 읽고 나서 나는 그에게 질문했고, 그는 나와 더불어 자기 차고로 가서 내가 읽은 내용대로 자동차를 복원하는 방법을 보여주었습니다. 그는 나를 지켜보면서 코치하는 동안에 내가 새로운 복원법들을 직접 적용하도록 했습니다. 마지막으로, 그는 복원 연습용으로 사용할 고물차를 몇 대 구매할 것을 나에게 조언했습니다. 나는 값이 싼 자동차들을 복원하면서 책의 내용과 그의 가르침과 실질적 실험을 통해서 매우 심하게 손상된 부분을 복원하는 것을 배울 수 있었습니다. 내 목표는 자동차를 수리하는 법을 배우고, 실제로 복원하는 능력을 갖추는 동안에 복원된 자동차들을 팔아서 조금의 돈을 버는 것이었습니다.

나는 이 자동차 복원 전문가를 만나기 전 적어도 10년간 목사로 사역했지만, 그에게서 제자 만들기 방법을 많이 배웠다고 인정하지 않을 수가 없습니다. 나는 성경에서 제자 만들기에 관하여 읽고 수년 동안 경험했지만, 제자 만들기 과정의 실제 부분을 놓치고 있었던 것입니다.

어떤 이유에서인지 책의 내용을 배우고 제자 훈련을 받는 사람들과 시간을 보내는 것만으로는 충분하지 않았습니다. 제자 만들기가 진정으로 완전하게 기능하기 위해서는 "행함"의 요소가 필요합니다. 우리는 제자훈련에 충실히 임하는 사람이 필요하며, 어느 정도의 지적 조언과 배우는 것을 행함으로 옮기는 것이 필요합니다. 일단 이런 상황에 부닥치게 되면, 나는 예수님께서 내 상황이었다면 하셨을 일을 하려고 최선을 다해 노력합니다.

오늘날 우리는 제자 만들기 과정을 이렇게 하고 있습니다. 만약 우리가 어떤 사람을 사역자로 만드는 훈련을 하고 있다면, 일제히 책들을 읽거나 전술한 바와 같이 주일 설교를 주제로 논의하므로 시작합니다. 내 제자들이 책을 읽는 중에 성령님께서 그들 마음에 말씀하시는 데 사용하시는 문장들이나 아이디어들이 발견되면 밑줄을 쳐서 표시하는 것은 중요한 일입니다.

그러고서 우리는 밑줄 치거나 노트에 기록한 설교 내용을 가지고 논의하는 시간을 갖습니다. 하지만 가장 기본적인 질문은 항상 동일합니다. "성령님께서 이 자료를 통하여 당신에게 말씀하신 것은 무엇입니까?" 당신이 상상할 수 있듯이, 우리는 많은 이야기를 나눕니다. 90분을 함께 보내도, 실제로 우리가 읽은 것들을 서로 나누는 시간은 10분도 채 되지 않습니다. 나머지 시간은 우리가 읽은 것들이 실생활에 어떻게 적용될 수 있는지를 놓고 토의하는 데 사용합니다.

마지막으로, 책을 읽은 후에 해야 하는 숙제가 있습니다. 이 숙제는 제자 만들기 과정의 실천적 부분입니다. 우리는 우리가 배우고 있는 것을 다른 사람들과의 관계 속에서 행하도록 서로를 자극합니다. 만약 우리가 다른 사람들과 기도하는 것을 배우고 있다면, 우리는 실제로 그들과 기도할 기회들을 만듭니다. 만약 우리가 영적 은사들을 논의하고 있다면, 우리는 은사들을 겸손하게 사용하는 방법들을 찾습니다. 만약 우리가 재정관리를 공부하고 있다면, 우리는 우리가 배우고 있는 것을 개인의 재원을 관리하는 데 사용합니다. 우리는 우리가 배우고 있는 것을 다른 사람들에게 가르칠 기회들을 찾습니다. 그리고 우리의 사역이 어떤 결과를 냈는지를 서로 질문하는데, 이는 제자 만들기에는 책임의 요소가 있기 때문입니다.

제자들은 제자 만드는 사람들이 됩니다. 제자들이 다른 사람들을 제자로 만드는 실천은 배우는 과정의 기능이 됩니다. 각 제자는 자기 삶의 교훈들을 자기 제자들의 삶에 관련시킬 수 있어야 합니다. 우리가 배우는 것을 실천함은 그것을 진정으로 배울 수 있도록 도와줍니다.

제자들이 일지를 기록하도록 가르치십시오

사람들은 항상 일기를 씁니다. 적어도 소수는 그렇다는 말입니다. 나는 몇 년 전까지만 해도 일기를 쓴 적이 없었습니다. 내가 경험한 것들을 기록하는 습관은 한 친구가 가르쳐준 것입니다. 그는 자기 제자들에게 사역 일지를 쓰라고 가르쳐서 강력한 사역을 일으킨 사람입니다. 그는 자기가 인도하는 대다수 사람의 삶에 이 강력한 개인적 훈련법을 세우므로 외부 자원을 활용하여 교회 사역의 많은 부분을 진행하는 법을 배웠습니다. 그의 모범을 따른 결과로, 나는 내가 제자로 만드는 모든 사람에게 이와 동일한 것을 하도록 격려합니다.

나는 일지를 기록하는 중에 하나님께서 성경을 통해 나에게 개인적으로 말씀하시는 것이라고 믿는 약속들을 정확히 포착할 수 있습니다. 나는 절실히 필요한 것들을 기도하기 시작한 날짜를 응답받은 날짜와 더불어 기록합니다. 심지어 나는 우리 집을 건축하는 데 필요한 투자계획이나 아이디어를 적습니다.

나는 과거에 일기를 써본 적이 없었기 때문에 일기나 일지는 십 대 소녀들에게나 속하는 줄 생각했습니다. 일지 쓰기는 남자가 해야 할 일이 아니라고 생각했던 것입니다. 그러나 지금은 일지를 쓰지 않고서는 살 수가 없습니다. 이 책에 기록한 많은 아이디어는 먼저 일지에 갈겨쓴 것들이었습니다. 그리고 스마트폰의 출현과 더불어 어디를 가든지 일지를 쓸 수 있는 완전히 새로운 도구를 발견하게 되었습니다.

일지 쓰기는 내 인생에 중요한 자리를 차지하게 되었기에, 나는 내 제자들에게 자연스럽게 일지 쓰기를 소개하고 있습니다. 나는 일지를 쓰지 않는 사람들보다 쓰는 사람들에게 더 강력한 영적 성장의 요인이 있음을 보게 되었습니다.

이제 내가 일지 쓰기 과정에 관하여 더 말하기 전에 몇 가지를 설명하고자 합니다. 성경 어디에도 일지 쓰기를 장려하는 말씀은 없습니다. 하지만 성경은 우리에게 하나님의 말씀을 묵상하라고 분명히 고무합니다.

묵상하기는 일지 쓰기가 아닙니다. 그러나 당신은 하나님의 말씀을 먼저 묵상하지 않고는 영적 식견들을 기록할 수 없습니다. 그래서 일지 쓰기는 제자들로 하여금 묵상하기의 생산적인 토양을 얻을 수 있도록 도와주는 도구가 됩니다.

시편 1편은 하나님의 말씀을 묵상하는 사람에 대해서 다음과 같이 묘사하고 있습니다. "오직 여호와의 율법을 즐거워하여 그의 율법을 주야로 묵상하는도다 그는 시냇가에 심은 나무가 철을 따라 열매를 맺으며 그 잎사귀가 마르지 아니함 같으니 그가 하는 모든 일이 다 형통하리로다"(시 1:2,3).

당신은 어떻게 생각할지 모르지만, 나는 내가 하는 모든 것이 형통할 것이라는 말씀을 좋아합니다. 그 이유로 성경 묵상하기와 내 생각들을 기록하는 것은 내 인생과 내가 제자로 만들고 있는 사람들의 삶에 강력한 요소가 되었습니다.

당신이 말하는 대로 행하십시오

나는 여행을 많이 합니다. 그리고 대부분은 해외로의 여행입니다. 나는 대개 개발도상국들의 몇몇 이상한 지역으로 여행한 적이 있습니다. 하지만 나는 유럽으로의 여행들이 가장 두려웠습니다.

하와이에서 유럽으로 갔지만, 아무도 공항에 마중 나오지 않은 적이 두 번이나 있었습니다. 첫 번째 사례는 내가 벨기에 브뤼셀에 도착했을 때였습니다. 그때 나는 공항에서 목적지로 가는 차량을 제공해줄 사람과 통화가 되기까지 2시간이나 기다려야 했습니다. 아마 네덜란드의 터널에서 발생한 사고가 나를 브뤼셀에서 몇 시간 동안 꼼짝 못 하게 만들었던 것 같습니다. 물론, 그 상황을 알게 되자 내 속의 불안이 가라앉았습니다. 그리고 결국 모든 것이 정상으로 진행되었습니다.

두 번째 사례는 더 좋지 않았습니다. 나는 포르투갈 리스본의 세관을 통과했을 때 나를 마중 나온 사람이 없다는 것을 알게 되었습니다. 그래서 이제 막 도착한 사람처럼 보이기 위해서 세관 출구 주변을 1시간 동안 빙빙 돌았습니다. 나는 누군가가 내 사진을 들고서 내 얼굴을 확인하는 사람을 발견할 수 있기를 소망했습니다. 그러나 그것은 쓸모없는 일이었습니다. 나는 전화번호를 찾기 위해 서류가방을 뒤졌습니다. 하지만 서류가방에는 전화번호가 없었습니다. 그래서 하와이에 있는 교회 사무실로 전화를 걸었습니다. 그러나 이번에는 공휴일이라서 교회 문을 닫은 상태라 통화를 할 수가 없었습니다.

결국 나는 우리 스태프 중 한 사람의 집으로 전화를 걸었습니다. 그녀는 이 여행을 준비한 사람이었으며, 내가 동역하는 리스본의 교회 전화번호를 가지고 있었습니다. 그러나 그 번호로 전화를 걸었을 때, 그것은 교회가 사무실로 임차하여 사용하는 유아원의 전화번호인 것을 알게 되었습니다. 나는 그 유아원에서 일하는 여자와 통화했고, 그녀는 그 전화가 교회 전화가 아니라고 말해주었습니다. 그러고는 퇴근할 시간이 되었다면서 "굿바이"라고 말했습니다. 그녀가 전화를 끊으려고 했을 때 나는 정말로 자제력을 잃을 뻔했습니다. 이 여자는 내가 포르투갈에서 연락할 수 있는 유일한 사람이었지만(약 사십 초 정도), 이제 수화기를 내려놓고서 나를 절망적인 상태에 남겨놓으려고 했습니다. 그래서 나는 나를 강사로 초청한 사람들에게 연결해달라고 그녀에게 간청했습니다.

20분이 지난 후, 그녀는 내가 사용한 공중전화로 전화를 걸어서 나를 마중할 사람들이 자동차를 몰고 공항으로 가는 중이라고 말해주었습니다. 세미나 주최자들은 공항의 세관 출구 앞에서 나를 2시간도 넘게 기다렸습니다. 그들은 내가 탄 비행기가 착륙한 시각과 거의 같은 시각에 기다리기를 포기하고 공항을 떠났습니다. 아마 우리 사무실의 스태프가 그들에게 내 여행일정을 잘못 가르쳐준 것 같았습니다.

여행일정의 와전은 당신에게 많은 문제를 가져다줄 수 있습니다. 이와 마찬가지로, 당신이 다른 사람에게 잘못된 정보를 주는 것은 그의 삶을 잘못 인도할 수 있습니다. 나는 근래에 이에 관해 설명해주는 공항 이야기를 다른 사람에게서 들었습니다. 내가 그랬던 것처럼, 한 목사는 비행기에서 내린 후 세관 출구 앞에서 발이 묶였습니다. 그는 한 사람이 그에게 조심스럽게 다가오기 전까지 1시간이 넘게 기다렸습니다. 그 목사가 운전자에게 무엇 때문에 그렇게 늦었냐고 물어보자, 그는 "목사님의 실제 모습이 사진과는 다르게 보입니다."라고 말했습니다. 그 사람이 가지고 있었던 사진 속의 모습은 실제보다 몇 년 더 나이가 들어 보이는듯했고, 그 목사는 그 사이에 외모를 바꾸었던 것입니다.

내가 당신에게 묻고 싶은 것은 바로 이것입니다. "당신은 당신의 사진과 똑같아 보입니까?" 당신은 그리스도를 따르는 사람이기에, 당신의 사진은 사도행전에 기록된 제자들의 모습과 같아야 합니다. 어떤 사람들은 이 초대교회 그리스도인들로 인하여 치유받았고, 또 다른 사람들은 사탄의 영향으로부터 자유하게 되었습니다. 그들의 문화권에 살던 사람들은 그들과의 교제를 통하여 강력하신 성령님을 경험했습니다. 삶을 변화시키는 순간들의 연속은 하나님께서 성도들의 삶에 그려주시고자 하는 그림을 그려줍니다. 우리는 하나님을 경험하는 삶을 사는 동안에 우리의 영적 사진과 우리의 본모습이 같아지도록 해야 합니다. 우리는 우리가 가르치는 것을 실천해야 합니다. 물론, 또한 우리가 경험한 하나님을 우리의 제자들도 경험하도록 해야 합니다. 만약 그들이 하나님에 관해서 알기는 하지만 경험하지 못한다면, 우리는 우리의 사명을 감당하지 못한 것입니다.

연속체를 구축하십시오

교회가 제자 만들기 연속체가 되기 위해서는 제자 만들기를 위한 통일된 계획이 필요합니다. 우리는 이에 대한 간단한 한 가지를 발견했습니다.

우리는 그 통일된 계획이 중등부 작은 교회 리더들로부터 시작하여 장년부 작은 교회 리더들로 나아가도록 합니다. 앞서 말한 바와 같이, 이것과 우리의 작은 교회들 사이의 유일한 상이점은 우리의 리더 그룹들은 함께 책을 읽는다는 것입니다. 우리는 소그룹들 안에서 전 주에 증거된 목사의 설교를 논의합니다. 그리고 데이터를 모아서 삶에 적용하고, 기도와 개인적인 격려를 통하여 서로 적용하도록 지원합니다.

당신이 자료에 관하여 논의하는 방식들이 있는가 하면, 논의해서는 안 되는 방식들도 있습니다. 그 시간은 주일에 설교하는 목사나 책을 쓴 저자의 특징을 비판하는 시간이 아닙니다. 또한, 그 시간은 한 사람이 목사의 설교나 책의 내용을 반복하여 말하기 위한 시간도 아닙니다. 목사가 주일에 한 설교를 소그룹이 반복하는 것은 모든 사람의 시간을 낭비하는 것입니다. 마지막으로, 그 시간은 더 진보한 가르침을 통해서 우리의 지식을 드러내 주는 데이터를 구축하는 시간이 아닙니다. 우리가 함께하는 시간은 관계 형성과 사역을 위한 것입니다. 그 시간은 이미 얻은 자료를 공부하고서 하나님의 말씀을 우리 삶에 적용하는 데 집중하는 시간입니다. 또한 성령님을 통하여 하나님과 교통하기 위한 시간이기도 합니다.

우리는 리더 그룹이나 평신도 소그룹을 진행할 때 약 30분 동안 음식을 먹으면서 시작합니다. 나는 모임 시에 음식을 준비하는 데 지출하는 돈을 줄이기 위해 사람들에게 각자의 집에서 음식을 가지고 오라고 격려합니다. 그들이 집에서 가져오는 음식에는 항상 그들 나름의 이야깃거리가 있습니다. 그들의 이야기는 다른 사람들과의 관계를 형성하는 데 도움이 됩니다.

교제하고 음식을 먹은 후에는 각 사람으로 하여금 설교에 관하여 한두 마디 말을 하도록 합니다(실제로 한두 마디만 하게 합니다). 이렇게 함으로 우리는 자료에서 지적인 하드드라이브를 떼어서 우리 마음의 데스크톱에 장착하게 됩니다. 그러고서 우리 각 사람은 "목사님께서 설교하는 동안에 성령님께서 당신에게 말씀하신 것은 무엇입니까?"라는 질문에 대답합니다. 리더 그룹들은 같은 질문에 대답하지만, 그들은 자신들이 읽고 있는 책을 자료로 삼습니다.

이 질문은 중요합니다. 왜냐하면 성령님께서 각 사람에게 다른 것들을 말씀하시기 때문입니다. 성령님께서는 말씀들을 그분의 목적들에 맞게 바꾸는 방법을 가지고 계십니다. 이해한 것들을 나눈 후, 우리는 성령님께서 말씀하신 것을 어떻게 행할 것인지를 놓고 토의합니다. 그런 다음에는 그룹들 안에서 서로를 위해 기도함으로 모임을 마칩니다. 우리의 기도 형식은 전형적인 교회들이 하는 방식과는 약간 다릅니다. 우리는 절대로 기도 제목들을 받지 않습니다. 대신, 우리가 토의하다가 얻은 이슈들을 놓고서 기도합니다. 이 "기도 범위"는 성령님께서 우리 삶의 중요한 이슈들에 지시하시는 것을 적용하는 데 집중하도록 유지해줍니다. 만약 그것이 그 이른 저녁에 표면화되기에 충분히 중요한 것이 아니면, 개인의 기도 시간으로 미루어둡니다. 우리는 삶의 더 긴급한 필요들을 위해 합심하여 기도하는데 우리의 시간을 사용하기를 원합니다. 우리는 기도할 때 이렇게 약속합니다. "만약 제가 이 모임에서 당신을 위해 소리 내어 기도한다면, 앞으로 한 주 동안 당신을 위해 기도하기로 약속하는 것입니다."

그다음 주, 우리는 음식을 나누는 동안에 "우리가 당신을 위해서 기도한 후로 무슨 일이 일어났나요?"라고 서로에게 묻습니다. 당신은 우리가 응답 받은 기도들의 결과들을 나눌 때 우리의 교제가 더 두터워진다는 것을 알 수 있을 것입니다. 그리고 응답된 기도의 결과들은 대개 경이롭습니다. 사람들이 서로를 위해 진지하게 기도할 때 그들 가운데 사랑이 자라납니다.

내 아내는 머리글자로 RAP를 사용하여 제자 만들기 사역을 요약하기를 좋아합니다. 이 머리글자는 Review(검토하라), Apply(적용하라), Pray(기도하라)를 의미합니다. 당신은 자세히 살펴보기로 동의한 자료를 검토하고, 그것이 당신의 삶에 어떻게 적용되는지 말하고, 그것을 적용할 수 있도록 서로를 위해 기도하면서 하나님의 도움을 구합니다. 이것은 매우 단순하지만, 대단히 효과적인 도구입니다. 이 단순한 과정은 우리의 모든 조직된 제자 만들기 그룹들의 중심에 있습니다. 이 과정은 지난 40년 안에 700개가 넘는 교회를 탄생시켰습니다.

현장연수를 잊지 마십시오

뭔가를 배우는 가장 좋은 방법은 그것을 직접 하는 것입니다. 우리 자녀들이 아직 어렸을 때 우리 부부는 자녀들이 연장들을 사용하는 데 익숙해져서 성인이 되어서도 일하는 것을 두려워하지 않게 하려고 집안일이 있을 때마다 그들에게 "도움"을 요청했습니다.

결과들은 긍정적인 면과 부정적인 면을 보여주었습니다. 어느 날, 우리의 네 살배기 아들이 자기의 세발자전거를 분해하여 엄마를 경악하게 했습니다. 그리고 우리 부부가 집에 들어왔을 때 우리 십 대 딸이 자기 자동차의 헤드라이트들을 조용히 조정하는 모습을 보게 된 행복한 순간이 있었습니다. (딸은 그 어려운 일을 처음 시도해서 성공했습니다.)

내가 말하고자 하는 것은, 우리 부부가 자녀들의 손을 더럽히도록 했기 때문에 그들이 일하는 법을 배웠다는 것입니다. 때로 그 결과들은 엄청났으며, 때로는 호감 가지 않는 경우도 있었습니다. 그러나 만약 당신이 조금의 실수를 저지르지 않고서는 인생에 많은 것을 배우지 못할 것입니다. 현재 우리 자녀들은 사역에 깊이 참여하고 있으며, 건강한 크리스천 가정들을 이루고 있습니다. 그들이 그렇게 된 것은 우리가 자녀들이 어릴 적부터 사역에 참여하도록 했기 때문이라고 생각합니다.

현장연수on-the job-training는 우리 문화에 생소한 것이 아닙니다. 현장연수는 가장 복잡한 기술 중 몇 가지를 가르치는 방법입니다. 비행기를 만들고, 뇌를 수술하고, 미국 프로미식축구리그에서 공을 패스하는 것은 모두 현장에서 가르쳐지고 개선됩니다.

현장에서의 제자훈련에 관한 또 하나의 이야기는 사실 두 수준에서 작용합니다. 내 친구 중 하나는 일본 고베에 세워진 한 대형교회에서 목회하고 있습니다. 근래에 그는 교회가 전도와 제자 만들기 사역을 하기 위해서 오래된 가옥을 커피숍으로 개조하는 것을 도와줄 자원봉사자들에게 도움을 구했습니다.

자원봉사자 중 하나는 일본인 엄마와 미국인 아빠에게서 난 8살짜리 소년이었습니다. 일본문화에 익숙한 사람은 누구나 이 아이가 근본적으로 어려운 상황에 있다는 것을 알 것입니다. 외국 혈통 출신의 사람들이 일본문화 속에서 잘 자라는 것은 어려운 일입니다. 더 나쁜 것은, 아이의 아버지가 가족을 떠나버림으로써 아이가 청소년기의 위험한 강을 지나갈 수 있게 할 강한 남자의 롤모델을 보여주지 않았다는 것입니다.

내 친구 목사는 건축일 중 상대적으로 간단한 일에 그 아이가 협력하도록 하고서 곧 제자로 만들 기회를 잡았습니다. 그러자 교회 스태프 중 한 사람이 아이가 그렇게 어린데 어떻게 그 일을 시킬 수 있느냐고 즉시 질책했습니다. 그는 아이가 건축에 장애가 되리라 추정했습니다.

아이가 맡은 일은 어른에게는 쉬운 일이었지만, 아이에게는 힘든 일이었습니다. 아이는 건물 기초에서 철거한 콘크리트 파편들로 커다란 구멍을 메워야 했습니다. 그 구멍은 후에 야외식사를 위한 새 테라스를 만들기 위해 콘크리트로 덮일 예정이었습니다. 이 어린아이의 일은 구멍을 메우는 데 필요한 여분의 콘크리트를 구매하는 데 사용될 교회 재정을 절약해주었습니다.

그 혹평가는 아이가 8시간 동안 열심히 일한 것과, 또 내 친구가 아이에게 가르쳐준 것과 칭찬한 것을 보고서 뭔가를 배웠습니다. 그는 내 친구가 그 아이의 삶에 아버지의 역할을 하는 것을 보았습니다. 그리고 그는 아이가 그 일을 하면서 자부심을 느끼는 모습을 보았습니다. 당신은 아이와 혹평가가 모두 그날 현장연수를 통하여 제자훈련을 받았다고 말할 수 있을 것입니다. 아이는 자기 가치관의 뭔가를 배웠고, 아버지 같은 존재를 얻었습니다. 그 스태프는 제자훈련을 받기에 너무 어린 사람은 없다는 교훈을 얻었습니다.

현장연수는 제자훈련을 받는 사람들이 그리스도를 만나면 성공합니다. 당신이 제자로 만들고 있는 사람에게 당신이 하고 있는 어떤 사역을 도와달라고 하는 것은 항상 유익합니다. 만약 당신이 사역을 이끌고 있다면, 당신의 제자가 그 사역을 도와줄 수 있도록 하십시오. 만약 당신이 고난당하는 사람을 위해 기도하고 있다면, 당신의 제자도 그를 위해 기도하도록 초대하십시오. 우리는 행함을 통해서 가장 잘 배우게 됩니다.

이제 나는 다음의 경고를 하고자 합니다. 당신의 제자들에게 너무 많은 사역을 맡겨서 지치게 하지 마십시오. 당신은 당신이 무슨 일을 하든지 기꺼이 도와주고자 하는 제자가 몇 명 있을 것입니다. 만약 당신이 그들에게 과도히 사역하게 하면, 그들은 지치도록 일하다가 포기하고 말 것입니다. 나는 사역하다가 지쳐버린 사람 중 몇몇이 다시는 사역의 자리로 돌아오지 않는 것을 보았습니다. 현장연수를 질서 있게 하십시오. 그리하지 않으면, 비싼 대가를 치르게 될 것입니다. 당신의 시간과 제자들의 시간을 지키십시오.

이것은 나를 교회라고 불리는 하나님의 경이로운 창작물로 데려다 줍니다. 당신이 알고 있는지 모르겠지만, 신약은 우리에게 교회를 세우라고 말씀하지 않습니다. 신약은 오직 제자들을 만들라고 말씀할 뿐입니다. 그러나 사도들은 항상 제자들을 교회가 되도록 조직한듯합니다. 바울은 가는 곳마다 네 가지 일을 했습니다. 첫째로, 그는 복음 메시지를 선포했습니다. 둘째로, 그는 제자들을 만들었습니다. 셋째로, 그는 자기 제자들 가운데서 장로들을 세웠습니다(이것은 바울이 교회를 세웠다는 것을 암시함). 넷째로, 후에 그는 교회들과 리더들을 코치하기 위해 서신들(당시에는 이메일이 없었음)을 썼는데, 이는 교회 개척이 그의 사역 절차였다는 것을 증명해줍니다.

현장연수에 대한 좋은 사례는 바울이 교회 모임에 관해 설명한 말씀에 들어있습니다. "그런즉 형제들아 어찌할까 너희가 모일 때에 각각 찬송시도 있으며 가르치는 말씀도 있으며 계시도 있으며 방언도 있으며 통역함도 있나니 모든 것을 덕을 세우기 위하여 하라"(고전 14:26).

당신은 바울이 고린도의 성도들에게 기대한 것이 무엇인지를 봅니까? 그는 모든 고린도 성도가 사역을 하는 사람이라고 믿었습니다.

고린도전서 14장에 기록된 바울의 방언에 관한 가르침들은 그들이 실수할 것을 예견했다는 점을 시사합니다(20-31절 참조). 그는 예언들을 분별하는 것에 관해 가르쳤을 때 사역으로 들어가는 걸음마를 위한 공간을 만들어주었습니다. 또한, 바울은 그들에게 선지자들이 아니라 예언들을 분별하라고 가르친 것에 주의하십시오. 바울의 가르침들은 당신이 행함으로 배울 때 실수들을 예상하는 견제와 균형 시스템을 요구합니다.

당신의 교회에는 현장연수를 위한 자리가 있어야 합니다. 그렇지 않으면, 당신의 교회는 신약의 기준에 달하지 못하는 것입니다.

그룹 단위로 제자들을 만들려고 하십시오

이것에 관해서는 이미 언급했지만, 여기서 다시 취급할 만큼 중요합니다. 그룹 단위로 제자들을 만드는 것은 매우 단순하므로 말할 필요가 거의 없습니다. 당신이 일대일보다 그룹 단위로 제자들을 만들면 시간을 더 잘 활용할 수 있습니다. 예수님께서 그렇게 하셨고, 바울도 그렇게 했습니다.

하지만 모든 원칙에는 항상 예외가 있습니다. 바나바는 바울과 일대일로 시간을 보냈음이 분명합니다. 베드로와 요한은 사도행전의 첫 몇 장에서 갈라놓을 수 없는 사람들처럼 보입니다. 나는 그룹 단위로 제자들을 만들려고 노력하지만, 상황에 따라서는 일대일을 위해서도 시간을 투자합니다. 나는 즉시 새신자를 그룹에 속하게 하며, 항상 그룹들 안에 있는 전도유망한 리더들을 제자들로 만듭니다. 그러나 내 또래의 사람과 시간을 보낼 때는 일대일로 만나는 것을 선호합니다.

때로 어떤 사람은 사사로운 관심을 받아야 하는데, 이는 그가 특별한 가능성을 가지고 있거나 독특한 사역을 시작할 준비를 하고 있기 때문입니다. 나는 교회를 개척할 준비가 되어 있는 각 사람과 함께 매주 몇 시간을 보내려고 노력합니다. 그 후 그들이 새 교회를 섬길 때 짬을 내서라도 그들과 함께하려고 합니다. 교회를 개척하기 전과 후에 개척자들을 코치해주는 것은 극히 중요합니다. 모든 상황은 조금씩 다르지만, 나의 시간이 제한적이기 때문에 여전히 그룹 단위로 제자들을 만드는 것을 선호합니다.

나는 또한 내 개인적 제자훈련을 의미 있는 사역을 이미 하고 있는 사람들에게 국한하려고 노력합니다. 나는 우리 교회 안에서 새롭게 그리스도를 따르게 된 사람 중 몇몇과 계속 교통하기 위해 알파코스를 정규적으로 인도합니다. 하지만 그 외의 모든 제자 만들기 사역은 이미 리더들이 된 사람들에게 국한됩니다. 이것은 단지 나의 우선순위들을 위한 스케줄의 문제일 뿐입니다. 나는 내 제자들을 코치하고, 내 제자들은 자신들의 제자들을 코치합니다.

나는 내 제자 그룹들 안에 있지 않은 사람들에게 상담해주는 것도 거절합니다. 사람들이 상담을 받으려고 우리 사무실에 전화를 걸면, 우리는 그들이 속한 작은 교회로 가게 하거나 여느 제자 만들기 그룹에 연결해줍니다. 당신이 추측하듯이, 어떤 사람들은 제자 만들기 그룹에 참여하고 싶어 하지 않습니다. 만약 한 사람이 우리 교회 안에 있는 제자 만들기 그룹에 참여하기를 거부하면, 우리는 그를 우리 지역에 있는 기독교 상담자에게 소개해줍니다. 그들은 상담비를 지급하고서 상담을 받거나 자신들을 사랑해주고 세세하게 섬겨줄 사람들의 그룹에 들어가서 그들과 시간을 보낼 수 있습니다.

그 그룹은 아주 많은 시간을 들여서 그 사람을 사랑할 수 있습니다. 이것은 전문 상담사가 할 수 없는 것입니다. 내 시간의 대부분은 제자 만들기에 사용되고, 나는 내 스태프들을 가장 우선적으로 제자들로 만듭니다. 나에게는 설교 계획과 설교와 교회 행정보다 제자 만들기 모임이 더 중요합니다. 나는 초신자들을 위한 알파코스를 인도합니다. 나는 목사가 되고자 하는 사람들을 위해 주중에 제자 만들기 그룹을 진행합니다. 그리고 한 주에 한 사람을 만나는데, 이는 내가 일대일 우정이 필요하기 때문입니다. 나에게는 이 활동들이 내 시간을 가장 잘 활용하는 것입니다. 시간은 모든 사람의 삶에 가장 중요한 요소입니다.

내 우선순위들은 모든 의미 있는 방법으로 사역에 참여하는 것입니다. 사람들이 사역에 참여하는 방법을 나에게 물어보면, 나는 대개 그들에게 작은 교회나 여느 사역에 참여하라고 말해줍니다. 또는, 자신이 리더팀에 들어와 달라는 초청을 받을 정도로 유익한 사람들이 되라고 말해줍니다.

나는 당신이 여기서 내 생각을 터득하기를 소망합니다. 나는 매정한 사람이 아닙니다. 나는 세상을 그리스도께 인도하는 사명을 감당하는 중입니다. 나에게는 제한된 시간이 있고, 그 시간을 잘 활용하고 싶을 뿐입니다.

이것은 매우 간단합니다. 당신은 하나님을 사랑하고, 사람들을 사랑합니다. 그러나 그들을 목적을 두고 사랑합니다. 당신은 그들을 제자로 만들기 위한 목적을 우선순위에 둡니다. 이 우선순위는 예수님께서 "가서, 모든 민족을 제자로 삼아라"(마 28:19, 쉬운성경)라고 말씀하셨을 때 정하신 것입니다.

만약 내가 내 우선순위들을 설명해야 한다면, 다음과 같을 것입니다.

1. 내 아내와 가족
2. 내 제자들
3. 내가 할 수 있는 대로 최상의 설교를 준비하고 전하기(집단적 제자 만들기 사역)
4. 교회 사무 및 다른 사람들이 제자들과 교회들을 증식시키게 하도록 가르치기 위해 여행하기
5. 내가 한 번도 만난 적이 없는 사람들의 마음에 씨앗을 심으려는 소망을 가지고 이 책과 같은 책들을 쓰기

당신은 내가 여기에 제시한 우선순위에 내 제자들이 내 설교보다 더 중요하다는 것을 보았습니까? 그리고 설교가 교회 사무나 책 쓰기보다 더 중요한 것을 보았습니까?

Chapter 10

사방이 어장입니다

예수님께서는 자기 제자들에게 "나를 따라오라 내가 너희를 사람을 낚는 어부가 되게 하리라"(마 4:19)라고 말씀하셨습니다. 이 말씀은 또한 우리에게도 밀접한 관계가 있습니다. 우리는 예수 그리스도를 따르는 사람들로서 사람들을 "낚으라" 하신 부르심을 자동적으로 물려받았습니다. 우리는 다른 사람들에게 예수님을 증거하여 그들로 하여금 하나님과 관계를 형성하도록 할 사명을 받았습니다. 그리고 이것은 절대로 어려운 사역이 아닙니다. 이 사역은 보통 당신 주변에 있는 사람들을 둘러보고서 당신이 친밀감을 느끼는 사람들을 친구로 만드는 것으로부터 시작됩니다.

많은 교회는 큰 외부 이벤트들을 제자 만들기를 위한 "어장"인양 말합니다. 이것은 교회가 외부인들을 이벤트에 참여하게 하려고 열심을 내고서 그들과 대화를 시작하여 관계를 형성한다는 아이디어입니다.

당신은 이것이 어떤 식으로 진행되는지 볼 수 있습니다. 이 새 사람은 상대적인 낯선 사람의 위치에서 그 그룹과 주님께로 옮겨가게 되고,

그를 제자로 만들려는 소망을 둔 새 친구들의 모임으로 들어갑니다.

이 접근법의 문제는 두 부분으로 나뉩니다. 첫째로, 교회들은 사람들의 마음을 끄는 프로그램들을 제공합니다. 이 방법은 제자 만들기를 통하여 가까이에 있는 멤버들을 준비시키는 데 써야 할 에너지를 자주 소진합니다. 둘째로, 그 이벤트가 어떤 것이든지 대다수 사람은 자신의 친구들에게 자연적으로 끌리게 되어있습니다. 그리스도를 따르는 사람들이 즐거운 어장 이벤트에 참여하여 재미있는 시간을 보내는 동안 외부인들은 여전히 외부인들로 남아있게 됩니다.

이런 일은 매우 자주 일어납니다. 그리고 이 문제에 대한 반응으로 교회 리더들은 걱정하면서 교인들에게 밖으로 나가서 새로운 사람들과 접촉하라고 으릅니다. 이런 일이 일어나면, 교인들은 절대로 자신들의 동료들과의 교제를 진정으로 즐기지 못하게 됩니다. 교회 중심의 어장 운영을 성공시키기 위해서는 모든 사람이 까다로운 균형 잡기 행위와 엄청난 에너지를 쏟아야 합니다.

그러나 큰 그룹들은 제자 만드는 사람들을 위한 큰 "어장들"을 만들어 줄 수는 있습니다. 그러나 우리는 이 접근법은 교회 안에서보다는 교회 밖에서 하는 활동들에 더 적합하다는 것을 확인했습니다.

모든 교회는 선교하는 교회입니다. 당신의 국가적 문화와 지역적 문화는 하나님의 나라와 상관이 없습니다. 선교사는 모든 선교 상황에서 영적 침투를 시도하는 중에 지역적 문화를 품고 받아들여야 할 필요가 있습니다.

만약 당신이 외국 문화 속에서 작전을 벌이고 있다면, 당신의 이웃들이 당신이 말하는 것을 들으러 올 것이라고 기대할 수는 없습니다. 또한, 그들이 당신의 가치관을 즉각적으로 받아들이는 것을 기대할 수도 없습니다. 당신과 나는 우리로 하여금 그리스도의 나라를 모르는 세상에 침투할 수 있도록 해주는 선교적 사고방식이 필요합니다. 우리가 주변의 세상에 적응하는 것은 우리의 의무입니다. 바울은 "내가 여러 사람에게 여러 모습이 된 것은 아무쪼록 몇 사람이라도 구원하고자 함이니"(고전 9:22)라고 말하면서 이에 관해 적절히 설명했습니다.

우리는 복음을 전할 상대가 있는 곳으로 가서 그들의 지역에서 시간을 보내야 합니다. 그리고 그들에게 하나님의 사랑과 능력을 소개할 때 비심판적 태도를 유지해야 합니다. 우리는 그들의 가치체계를 비판할 수 없습니다. 우리는 하나님께서 그들의 가치관을 바꾸실 때까지 인내해야 합니다. 일단 사람들이 자신들의 문제들에 대한 당신의 기도와 관심을 통해서 하나님의 사랑과 능력을 알게 되면, 당신이 가지고 있는 하나님에 관한 관점들을 더 알기를 원할 가망성이 높습니다. 당신은 물고기의 입에 낚싯바늘을 건 후에야 릴을 감기 시작할 수 있는 것입니다.

당신은 당신의 새로운 친구들에게 하나님 나라의 가치관을 천천히 소개하는 중에 이 일을 합니다. 만약 당신이 너무 이르게 당신의 가치관을 강조하면, 그들의 눈에는 강직한 그리스도인이 다른 사람들의 삶의 양식을 공격하는 것으로 보일 것입니다. 하지만 만약 당신이 성령님께서 그 사람을 변화시키실 때까지 그와 좋은 관계를 유지하면, 그가 하나님 나라의 가치관과 기준에 대해 깊이 갈망하는 모습을 보게 될 것입니다.

나는 의도적인 우정을 쌓아서 다른 사람들로 하여금 서핑과 골프 대회 또는 정치 유세에 합세하는 것과는 다른 활동들을 통해서 그리스도께 오도록 한 사람들을 알고 있습니다. 성도는 각자의 환경에서 망보는 곳에 서서 사람들을 낚기 위해 기다리는 어부이며, 전도 대상자들은 그에게 자연 어장이 되어줍니다. 직장과 학교와 스포츠팀들과 학과 프로젝트와 골프 출전은 민첩한 어부들에게 이미 만들어진 어장들입니다.

4년 프로젝트

나는 13살 때 중학교에 들어갔습니다. 그 생소한 신세계로 들어갔던 첫날의 내 몸무게는 52kg이었습니다. 그리고 매일 아침 첫 시간에 내 옆에 앉았던 아이의 몸무게는 120kg에 육박했습니다. 그 아이의 사이즈는 위협적이었지만, 그는 내가 만난 사람 중에서 가장 친근한 사람이었습니다.

우리가 1학년 때 그는 제1군의 미식축구 대표팀에서 디펜시브 태클 defensive tackle, 일반적으로 가장 크고 가장 강한 수비수—옮긴이로 뛰었습니다. 그는 경기를 정말 잘해서 14살에 첫 번째 팀의 주(州) 대표가 되었습니다. 그뿐만 아니라, 1학년 때 오리겐 주 중학교 대표팀에서 헤비급 레슬링 챔피언이 되기도 했습니다. 그는 나이가 훨씬 많은 학생들과 경험이 많은 아이들을 어김없이 이겼습니다. 내 친구는 중학교 4년 내내 두 분야에서 우수한 성적을 유지했습니다. 그 기간에 나의 몸은 마르고 약하고 왜소했습니다.

하지만 우리는 친구가 되었습니다. 우리는 1학년 내내 복도에 있는 개인 물품 보관함을 같이 사용했습니다. 우리는 같은 방과 후 사교클럽에 가입했습니다. 그는 나를 괴롭히는 아이들로부터 나를 보호해주었습니다. 우리는 오후에 같은 회사에서 아르바이트를 했습니다. 요컨대, 우리는 4년 내내 함께 지낸 것이었습니다.

우리의 우정은 중학교 시절을 더 유익하게 만들어주었습니다. 모든 면에서 좋은 우정이었습니다. 물론, 우리는 장난기가 없었던 것은 아닙니다. 4학년 때는 우리가 향수병에 걸렸다는 것을 우리 어머니들에게 전화로 말할 수 있도록 서무실의 허락을 받기도 했습니다. 그런 후 우리는 각자 복도에 설치된 전화를 사용하여 갑자기 기분이 좋아졌다고 말했습니다. 학교에서 해방되자 우리는 아르바이트하러 가서 몇 시간 동안 용돈을 벌었습니다. 그 당시 우리는 버스요금을 아끼기 위해서 학교에서 아르바이트하는 곳까지 3.2km를 자주 걸어갔습니다.

그 친구가 그리스도를 영접한 것은 우리가 걸어서 아르바이트하러 가던 어느 날에 일어났습니다. 우리는 시시때때로 하나님에 관해서 이야기했지만, 나는 그날이 되어서야 그에게 삶에 그리스도를 모셔 들이고 싶은지를 물어보아야 한다고 느꼈습니다. 우리가 포틀랜드의 윌래메트 강의 다리를 건널 때 내 친구는 예수 그리스도를 따르는 사람이 되었습니다.

그날부터 우리의 관계는 변했습니다. 나는 그의 코치나 멘토가 되었습니다. 나는 최종적으로 결실을 볼 때까지 거의 4년 동안 그에게 주님을 소개하는 일을 했습니다. 그는 내가 다니던 교회에 온 적이 없습니다. 조직화된 종교가 아니라, 그 친구와 나의 관계가 그를 주님 안에서 성장하도록 한 열쇠였고, 실제로 결실을 얻게 했습니다. 그는 굳건한 그리스도인의 삶을 살았습니다.

이제 나는 항상 매우 성공적이지는 않았다는 것을 시인해야 할 때가 된 것 같습니다. 나는 중학교 시절에 그 친구보다 더 친한 친구가 있었습니다. 이 친구도 운동선수였고, 거의 모든 수업시간에 내 앞자리에 앉았습니다. 그 이유는 학생들의 성姓의 알파벳순으로 자리가 정해졌기 때문입니다. 우리는 4년간 거의 매일 점심을 같이 먹었습니다. 우리는 좋아하는 과목들은 A 학점이나 B 학점을 받으려고 노력했습니다. 그와 동시에 우리가 좋아하지 않았던 과목들은 거의 공부를 하지 않으면서 C 학점을 받기 위해 부정행위를 "매우 열심히" 했습니다. 우리는 태만한 교사는 우리의 성의 없는 태도를 보는 것이 마땅하다고 여겼습니다. 하지만 그렇다고 해서 합법적으로 더 높은 학점을 받는 것보다 불법으로 C 학점을 받으려고 애썼던 것은 아니었습니다. 범죄는 보상받을 수 없습니다.

　그러나 이것이 문제였습니다. 나는 그에게 내 신앙에 대해서 말한 적이 한 번도 없었습니다. 왜 그랬는지는 모르겠습니다. 다만, 나는 그 친구와 이런 관계 때문에 겁을 먹었던 것 같습니다. 내가 대학에 다니기 위해 로스앤젤레스로 이사한 후에는 훨씬 더 안타까운 소식이 들려왔습니다. 나의 어머니는 세상사를 얘기해주는 4인치짜리 신문 조각을 나에게 편지로 보냈는데, 그 신문 조각에는 그 친구가 자동차사고로 사망했다는 기사가 실려 있었습니다. 이 사건은 우리가 졸업한 지 1년 후에 일어났습니다. 나는 지금도 그 친구에게 복음을 전하지 않은 것에 대해 애통해 합니다.

　여기서 내가 말하고자 하는 바는 하나님께서 우리 삶에 거의 매일 어장에서 물고기를 낚을 기회들을 주신다는 것입니다. 그 기회들을 가장 잘 사용하는 것은 우리에게 달려있습니다. 만약 당신과 당신의 교회가 아웃리치와 제자 만들기의 문화를 일으킬 수 있다면, 모든 과정이 훨씬 더 자연스럽고 덜 강제적으로 느껴지기 시작할 것입니다. 그뿐만 아니라 이것은 실제로 효과가 있습니다.

서핑 이야기들

나는 첫 목회를 서던 캘리포니아 비치 타운에서 했습니다. 청년들로 구성되었던 우리 성도들은 주로 서핑 문화 속에 사는 사람들이었습니다. 그들은 복음을 가지고 세상으로 들어갔습니다. 우리의 형제들은 서핑용 파도들이 밀려오기를 기다리는 동안에 자신들의 신앙에 대해서 자연스럽게 이야기했습니다. 그 결과로 많은 서퍼들이 우리의 제자 만들기 네트워크에 들어오게 되었고, 그중 몇 명은 목사가 되었습니다.

나는 일요일 이른 아침마다 서핑한 후에 아직 마르지 않은 머리를 하고서 오전 예배에 참석했던 청년들을 기억합니다. 그러나 한 사건은 다른 모든 사건보다 두드러졌습니다. 나는 새신자 하나가 어느 날 아침에 울면서 교회에 온 것을 기억합니다. 그는 비그리스도인이었을 때 폭력적인 사람이었습니다. 그가 폭력적이었다는 것을 알게 된 것은 내가 베니스비치에서 그의 친구들을 만났을 때였습니다. 그와 내가 그의 지인들에게 다가갈 때마다 모든 사람이 말을 멈추고서 그에게 존중보다는 두려움 때문에 인사하는 모습을 보여주었습니다.

이야기의 원점으로 돌아갑시다. 이 남자는 우리 교회의 젊은 서퍼 중 하나의 제자였고, 주님을 영접한 지 겨우 두 주밖에 되지 않았습니다. 그런데 그 일요일 아침에 예배가 시작되기 전 그가 타던 파도 위로 다른 서

퍼가 끼어들었습니다. 그는 그 사람과 작은 파도 위에서 경쟁하던 중에 반사적으로 그 사람에게 주먹을 날려서 코를 부러뜨렸습니다.

후에 그는 울면서 교회에 왔는데, 그 이유는 그가 그 사람의 코를 부러뜨려서 그리스도를 영접시킬 수 없었기 때문이었습니다. "저는 그가 물에서 나올 수 있도록 도와줬고, 피를 닦는 것도 도와주었어요. 하지만 그는 내가 예수님에 대해서 말하려고 했을 때 내 말을 들으려 하지 않았어요." 이것은 그리 좋은 이야기는 아닙니다. 하지만 이 사건은 최근에 거듭난 사람을 제자로 만드는 과정은 인내를 요구한다는 것을 보여줍니다.

우리는 서던 캘리포니아에 있는 서퍼들을 제자들로 만드는 사역을 매우 잘 감당했습니다. 하지만 내가 하와이로 이주했을 때 나는 서퍼들을 제자화하는 것이 내가 꿈꾸던 것보다 훨씬 더 광범위한 것을 보게 되었습니다. 우리의 가장 큰 교회 예배 중 하나는 금요일 밤마다 작은 집에서 모인 서퍼들의 성경공부를 통해 시작되었습니다.

어느 날, 나는 우리 아이들(그들은 내 나이의 거의 반 정도였음)과 함께 서핑하러 갔습니다. 그들은 모두 물가에 서서 서핑 시간을 안전하고 즐겁게 보낼 수 있도록 기도드렸습니다. 우리는 그 짧은 시간에 그리스도인들뿐만 아니라 비그리스도인들을 위해서 기도드렸습니다.

나는 이와 같은 것을 전에 본 적이 없습니다. 그 전에 내 동료들과 나는 아마도 같은 것을 기도드렸을 것이지만, 매우 비공식적으로 했습니다. 우리는 전에 비그리스도인 서퍼들을 위해 그때처럼 공식적으로 기도하지 않았음이 분명합니다. 그러나 이제 이 젊은이들은 좋은 시간을 보내기 위해 기도하므로 사람들을 낚는 어부들이 되기로 한 것이었습니다.

이것은 교회 밖에서 더 큰 그룹과 프로그램들을 사용하여 사람들에게 그리스도를 소개하는 것에 대한 또 하나의 사례입니다. 해변에서의 기도는 모든 사람으로 하여금 "왜 그렇게 한 것이죠?"와 같은 당연한 질문들을 하도록 했습니다. 이런 질문들은 어떻게 하면 사람들을 주님께로 이끌어줄 수 있는지에 관한 논의로 인도해줍니다. 이것은 어장에서 하는 제자 만들기입니다.

나는 우리 교인들에게서 들은 골프장과 낚시터에서 일어난 이야기가 많지만, 다른 책을 쓸 때 사용하기 위해 아껴두려 합니다.

일터에서의 분투

내 친구 중 2명은 내가 아는 가장 좋은 사람들에 속합니다. 그러나 그들은 심각하지는 않았지만 원수지간이었으며, 만난 첫날부터 서로의 잘못을 비판했습니다.

더욱이 그들은 함께 매우 친밀하게 일해야 하는 사이였습니다. 그중 하나는 그들이 일하는 회사의 CEO였고, 다른 사람은 그 회사의 부사장이었습니다. CEO는 그리스도를 따르는 사람이었습니다. 하지만 부사장은 그렇지 않았습니다. 수년 동안 일하면서 충돌을 겪은 후, 한 사람이 다른 사람의 친구가 될 수 있도록, 그리고 그가 예수 그리스도를 통해 하나님과 관계를 맺을 수 있도록 기도드렸습니다.

현재 그들은 우리 교회에서 중요한 프로젝트를 맡아 협력하고 있습니다. 흔한 말로 그들은 우리 교회의 기둥입니다. 나는 내가 아는 그어떤 사람보다도 이 두 사람에게서 도움을 받고 있다고 생각합니다. 만약 한 사람이 자기의 일터를 어장으로 여기지 않았더라면, 또한 일이 잘 풀리지 않는 상태에서도 자신을 사람들을 낚는 어부로 여기지 않았더라면, 나는 나 자신이 목사의 직분을 어떻게 감당했을지 상상할 수 없었을 것입니다.

청년들의 맥주 한 잔

일본에 있는 한 친구 목사는 자신이 돕고 있는 큰 교회에 다니는 몇몇 청년을 밖으로 데리고 나가서 이따금 맥주를 마시기 전까지는 진정으로 그들의 삶으로 스며들 수 없었다고 나에게 말해주었습니다.

음주는 일본 남자들의 문화입니다. 이 목사가 청년들과 맥주를 마시는 자리에 참여하자, 예전과는 다르게 청년들이 그에게 곧 마음을 열었습니다. 그는 또한 하나님과 성경에 관한 많은 질문에 대답해주는 자신을 발견했습니다. 당신이 알코올에 대해 어떻게 생각하는지 모르겠지만, 이 청년들은 그 교회의 영적 리더들로 성장했습니다. 그리고 만약 내 친구가 일본 청년들을 데리고 밖으로 나가지 않았더라면 이런 일은 아예 일어나지 않았을 것이 분명합니다. 실제로 그들 중 하나는 몇 년이 지난 지금 그 교회의 부목사로 사역하고 있습니다.

그리고 나에게는 두 달에 한 번씩 외국산 치즈와 빵과 포도주를 마시는 곳으로 비그리스도인 친구들을 데리고 가는 친구가 있습니다. 그는 자기 신앙에 대해 항상 친절한 놀림을 받으면서 여러 해 포도주 시음회에 다니고 있습니다.

근래에 그의 친구 중 하나가 결혼생활의 문제에 빠지자, 그의 전략은 성공을 거두었습니다. 그 사람은 자기가 아는 단 하나의 한결같은 그리스도인 친구에게 전화를 걸어서 "내 결혼생활에 문제가 생겼어요. 내가 주님을 만나지 않으면 이혼할 거 같아요."라고 말했습니다. 다른 사람들과 시간을 보내는 것은 언젠가 성과를 올리게 됩니다.

우리는 우리 주변의 자연적인 어장을 쉽게 발견할 수 있습니다. 우리는 제자 만들기가 교회 건물 밖에서 가장 흔하게 시작된다는 것을 깨달을 때 전도에 성공할 수 있습니다. 전도는 우리의 일상이 되어야 합니다.

더 조직적인 제자 만들기

한 사람이 그리스도를 따르기로 하면, 당신과 그 사람과의 관계는 바뀌게 됩니다. 그래서 나는 교회에서 그리스도를 영접하는 기도를 드린 사람에게 "당신을 위해 기도하거나 복음을 전한 분이 있습니다."라고 항상 말하는 것입니다. 나는 그가 영접 기도를 한 지 24시간 안에 자신을 위해 기도해주었거나 복음을 전해준 사람에게 그 사실을 말하기를 원합니다. 왜냐하면, 그가 그 사람에게 가서 그렇게 말하면, 그 사람이 자동적으로 그를 제자로 만드는 코치를 해줄 사람이 되기 때문입니다.

내가 이렇게 하는 이유는 제자 만들기가 좀처럼 우연히 일어나지 않기 때문입니다. 사람들을 제자들로 만드는 사역은 대개 관례적인 격려가 필요합니다. 이 중요한 영역에서 주님께 순종하기로 결심하도록 만들어주는 교회에 대한 계획과 체계와 의도가 있음이 분명합니다.

우리는 사람들을 낚는 사역을 할 수 있는 어장이나 장소에 관하여 논의하면서 이 장을 시작했습니다. 조직된 교회 이벤트들은 일반적으로 효과가 있지만, 우리는 제자 만들기 사역을 직접 하기 위해서 이벤트들이 일어나기만을 기다릴 필요는 없습니다. 당신이 날마다 이 어장들(또는 내가 일찍이 말한 관심원들) 사이를 지나다니는 당신의 모습을 상상해보십시오.

당신 주변에는 당신이 소유하는 것을 필요로 하는 공허한 심령들이 있습니다. 그 기동력은 당신의 담임목사가 아니라 당신에게 속해있습니다. 비유들을 섞어서 말하자면, 사람들을 낚는 어부들인 우리는 예수님께서 "희어져 추수하게 되었도다"(요 4:35)라고 말씀하신 밭들을 보아야 합니다.

추수를 기다리는 밭들이나 자발적인 어부들을 기다리는 어장들에 관하여 말하는 동안에, 우리는 예수님께서 이 일을 기꺼이 완수하는 데 사람들이 충분하지 않을 것이라고 예견하신 것을 기억해야 합니다. 그래서 주님께서는 외부인들의 영적 결핍을 보고 슬퍼하신 후에 자기 제자들에게 그 문제에 관하여 말씀하신 것입니다. 주님께서는 "추수할 것은 많되 일꾼이 적으니 그러므로 추수하는 주인에게 청하여 추수할 일꾼들을 보내 주소서 하라"(마 9:37,38)라고 말씀하셨습니다.

나는 우리 교회에 제자 만들기 사역이 시들해지는 것을 볼 때마다 단지 주님께 나아가서 일꾼들을 더 보내달라고 구합니다. 그들을 추수할 일꾼들이나 어부들이라고 부르십시오. 우리는 의도적으로 제자 만드는 사역자들이 더 많이 필요하며, 우리가 해야 할 것은 오직 그들을 보내달라고 구하는 것입니다.

Chapter 11

그냥 서 있지만 말고 뭔가를 하십시오

몇 년 전, 몹시 추운 겨울에 일본 삿포로를 방문했습니다. 산으로 가는 길 양편으로 제설되어 눈이 내 키 반쯤 쌓여있는 광경은 나에게 깊은 인상을 주었습니다. 눈은 아름다웠으며, 연중 얼음축제를 위한 준비는 매우 흥미로웠습니다.

그곳의 낮은 화창하고 따뜻했지만 밤에는 기온이 매우 낮아서 모든 것을 얼려버리는 것을 보고서 나는 놀랐습니다. 매일 아침 새로운 눈이 쌓였고, 낮에는 눈을 질척거리게 할 정도로 햇빛이 비치는듯했습니다. 매일 밤 기온은 질척거리는 눈을 얼음 덩어리로 만들 정도로 떨어졌습니다. 이야기는 여기에서 시작됩니다.

하늘에 날리는 눈송이들은 친숙해 보였습니다. 눈송이들은 세상을 사랑스러움의 담요로 덮었으며, 일상생활의 힘겨운 소리들을 잠잠하게 했습니다. 눈이 당신을 휴식하도록 진정시키는 것은 어렵지 않습니다.

나는 그곳에서 눈 더미에 파묻혀 있던 자전거 두 대를 발견했습니다. 자전거들은 흙받이 높이까지 쌓인 얼음 더미에 매립된 채로 얼어붙어 있었습니다. 얼음 더미를 깨거나 녹이거나 부수지 않고서는 자전거들을 빼낼 수 없을 것 같았습니다.

자전거 주인들은 눈이 내리기 시작했을 때 결정적인 실수를 했습니다. 아마도 눈이 맞붙지 않았던 날이 며칠 이어졌던 것 같습니다. 아니면 그들이 태만했을 수도 있습니다. 어느 쪽이든, 다른 사이클리스트들은 제설 된 길을 가로질러서 자신들의 일터로 가고 있는 동안에 무기력 상태에 빠진 그들의 자전거들은 아무 데도 쓸모없이 그곳에 박혀있었습니다.

그러나 자전거들이 얼음에 덮인 것만이 문제가 아니었습니다. 그것들은 영원히 되찾을 수 없게 될 수도 있었습니다. 제설차들이 정규적으로 흰 눈을 길 양편에 높이 쌓인 눈 더미 위로 뿌린 다음에 공원들이나 비포장 된 장소들로 밀어버렸습니다. 공원의 눈에 덮인 자전거들은 결국 빙산 밑으로 들어가게 됩니다.

이것이 당신과 나에게 무슨 상관이 있을까요? 때로 우리는 새로운 아이디어들을 생각해냅니다. 그 아이디어들은 우리를 안심하게 하여 잠이 들게 할 정도로 매우 좋습니다. 그것들은 우리를 무기력에 빠지도록 유혹합니다. 그것들의 새로움은 매혹적입니다. 우리는 문화적 온도의 변화에 무신경하게 될 만큼 혁신의 달콤한 담요에 싸여있는 우리 자신을 보게 됩니다.

요컨대, 우리의 새로운 아이디어들은 얼마 가지 않아서 점점 변합니다. 만약 우리가 조심하지 않으면, 그것들은 관습의 눈 더미 속에서 얼어붙을 수 있습니다. 실제로 당신이 이 책을 읽어도 그런 일이 일어날 수 있습니다.

당신은 읽은 것을 분석하고 지적으로 처리하므로 무기력하게 얼어붙을 수 있습니다. 당신은 이 지식에 너무 빠지게 될까봐 혹은 다른 어떤 이유로 두려워하므로 제한될 수 있습니다. 그러면 이 책에 인쇄된 정보를 소유할 수는 있지만, 그것은 누구에게도 아무런 도움이 되지 않을 것입니다.

삿포로의 자전거 주인들에게 문제가 있다면, 그것은 그들이 자전거들을 소유하기는 했지만 타고 다니지는 않았다는 것입니다. 그들은 조랑말에서 내린 다음에 조랑말이 얼어 죽도록 내버려둔 것과 같았습니다.

나는 당신이 그리스도에 대한 개인적 지식을 행동으로 옮기는 것에 관심을 둡니다. 판에 박힌 생활은 그 자전거들의 운명과 비슷한 영적 마비를 일으킵니다. 나는 제자 만들기를 성공하게 하는 열쇠는 소유하기보다는 행동하기를 선호하는 것이라고 생각합니다. 우리가 얼음 더미 속에 갇히지 않기 위해서는 계속 움직여야 하는 것입니다.

결정적인 첫걸음

당신은 조직체들이 절대로 아무것도 스스로 하지 않는다는 것을 아십니까? 그 조직체 안에 있는 사람들이 아이디어를 행동에 옮기지 않고서는 아무 일도 일어나지 않을 것입니다.

성경은 하나님께서 아브라함을 부르셨을 때 아브라함이 믿음으로 나아갔다고 말씀합니다. "믿음으로 아브라함은 부르심을 받았을 때에 순종하여 장래의 유업으로 받을 땅에 나아갈새 갈 바를 알지 못하고 나아갔으며"(히 11:8).

이 구절은 당신이 좀 더 생각하기 전에는 별로 중요하지 않은 것처럼 보일 수 있습니다. 아브라함은 우상숭배자 무리 속에서 매우 고독했습니다. 그 우상숭배자 중에는 그의 아버지도 포함되었는데, 이는 하나님께서 아브라함에게 아버지 집과 그의 우상들을 떠나라고 말씀하신 것으로 인하여 알 수 있습니다. "우상숭배"라는 말 속에는 아마도 아브라함의 아내와 그의 조카 롯도 포함되었을 것입니다. 그들은 아브라함이 본토를 떠날 때 마침내 그를 따라 나왔습니다. 아브라함도 하늘의 음성을 듣고서 하나님을 경험하기 전에는 우상숭배자였을 것입니다.

어떻게 생각해도, 하나님께서 아브라함에게 하라고 요구하신 것은 미지의 세계로 떠나라는 것이었습니다. 아브라함은 몇 마디 말씀으로 약속받은 축복 꾸러미를 위해 자신이 익숙했던 모든 것을 등지고 떠나야 했습니다! 아브라함은 하나님께서 자신에게 말씀하신 사실로 말미암아 기뻐하면서도, 다른 사람들이 그러하듯이 하나님의 말씀대로 하지 않았을 수도 있었습니다. 그는 그 말씀을 그저 자신이 우상들을 버리고 하나님과 친밀하게 동행하라는 의미라고 합리화해서 많은 사람이 저지르는 실수를 반복하거나, 또는 그곳에서 빠져나오기 위해 준비했을 수도 있었습니다.

나는 아브라함이 주님께 순종하기로 한 것은 이미 첫걸음을 내디딘 것으로 생각합니다. 다시 말해서, 그는 마음과 생각으로 이미 첫걸음을 떼었다는 것입니다. 그러나 두 번째 걸음은 이보다 더 겁나는 것이었습니다. 그는 자신이 본토를 떠날 계획을 자기 아내에게 말해야 했습니다. 이 두 행동이 없었다면, 나머지는 역사에 남지 않았을 것이며, 당신은 이 책을 읽지 못했을 것입니다.

첫걸음이 중요합니다. 아브라함은 믿음으로 발을 내디뎠기 때문에 큰 민족의 아버지가 되었고, 큰 부자가 되었고, 하나님께서 예언하신 대로 모든 민족에게 복이 되었습니다. 이처럼, 만약 바울과 바나바가 안디옥에서 기도회를 하던 중에 성령님께서 그들에게 말씀하신 것에 "예"라고 대답하지 않았더라면, 현재의 세상은 매우 다른 곳이 되었을 것입니다. 순종은 행동을 요구합니다. 그러나 그 행동은 항상 하나님께서 우리에게 어떤 말씀을 하시든지 그것을 행하려는 마음으로부터 시작합니다.

실수를 피하는 확실한 방법

내가 당신의 전 생애에 절대로 또 다른 실수를 하지 않을 방법을 보장해주는 비결을 가르쳐주겠다고 약속한다면, 당신은 어떻게 말하겠습니까? 당신은 아마도 나를 미치광이(또는 천재)라고 생각할 것입니다. 하지만 이것은 사실입니다. 나는 당신이 모든 실수를 피할 방법을 가르쳐줄 수 있습니다.

실수를 피하는 방법은 간단합니다. 어려운 것은 절대로 하지 않으면 됩니다. 그러나 당신이 실수를 피하느라 바쁘다면, 중요한 것은 하나도 이루지 못했다는 것을 깨닫게 될 것입니다.

만약 당신이 이생에서 뭔가 색다른 열매를 맺기를 소망한다면 위험을 각오해야 합니다. 당신은 중요한 것을 성취하는 중에 실수할 수밖에 없습니다. 포워드 패스를 해본 적이 없는 쿼터백미식축구 공격팀의 리더-옮긴이은 챔피언 결정전에서 이긴 적이 없습니다. 메이저리그 베이스볼의 홈런왕들도 계속해서 삼진을 당합니다. 그들은 펜스를 넘기는 타구로 자주 스코어를 얻지만, 많은 공을 놓치기도 합니다.

이것이 제자 만들기와 무슨 관련이 있다는 것일까요? 관련이 많습니다!

뭔가를 읽고 그것에 대해서 말하는 것은 그 내용을 실제로 행동에 옮기는 것과는 다릅니다. 나는 하와이에 있는 크고 역사적인 기독교 단체에서 사역하는 친한 친구 2명 있습니다. 그들의 단체는 하와이에서 사역한 지 100년이 넘었습니다. 이 두 사람은 자신들의 교회에 제자 만들기 연속체를 구축하는 방법에 대해서 간절히 물어보았습니다. 한 사람은 우리 제자 만들기 그룹 중 몇 개를 방문하기까지 했습니다. 이 두 사람은 제자 만들기 사역이 실제로 이루어지기를 바란다고 말했습니다.

하지만 몇 년이 지나서도 두 사람 중 하나도 제자 만들기 연속체를 실행에 옮기지 않았습니다. 이유는 무엇이었을까요? 두려움입니다! 그들은 자신들이 그 단체의 감독들을 불쾌하게 하는 것을 두려워했던 것입니다. 나는 그들의 자전거들이 눈 더미 속에 갇혀버렸다고 말하고 싶었습니다.

만약 당신이 그리스도를 따르는 것처럼 다른 사람들에게 당신을 따르라고 말한다면, 어느 시점에서는 그들에게 오해를 받을 것입니다. 어떤 사람들은 당신을 따르다가도 나중에 떨어져 나갈 것입니다. 당신은 어떤 논쟁에 휩쓸리게 될 것이며, 다른 그리스도인들에게서 당신 자신의 왕국을 건설한다는 비방을 듣게 될 것입니다.

하지만 그중 가장 나쁜 것은, 당신이 몇 가지 실제적인 실수를 저지르게 될 것이라는 점입니다. 당신은 비그리스도인이 하나님과 삶에 대해서 진솔한 질문을 할 때 대답해줄 수 없는 자신의 모습을 보게 될 수도 있습니다. 당신은 자신과 당신을 따르는 사람들에게 치명적인 결과를 끼칠 리더십의 실수들을 범할 수도 있습니다. 자신이 잘못했다는 것을 발견하고 뭔가를 설명해야 하며, 제자들 앞에서 자신의 잘못을 바로잡아야 할지도 모릅니다. 그래서 그게 어쨌다는 것입니까? 적어도 당신은 아무것도 하지 않는 것이 아니며, 뭔가를 하고 있는 것입니다. 그러므로 당신의 손에 공을 쥐고 가만히 서 있지만 말고, 누군가를 제자로 만드십시오.

하나님의 비전과 당신

분명히 하나님께서는 온 세상을 자기 아들과의 관계로 이끌 수 있다고 생각하십니다. 예수님께서는 자신이 모든 권세를 받으셨는데 우리가 모든 나라로 가서 제자로 만들어야 하는 이유가 무엇일까요?

나는 이 구절을 해석하는 데 문제가 있었습니다. 나는 이 구절이 내가 사는 마을에서 소수의 제자를 만들려고 노력해야 한다는 의미라고 생각했습니다. 만약 내가 작은 부분을 감당하면, 다른 사람이 세상의 나머지 공백을 채우리라 추정했던 것입니다. 실제로 나는 과거 수백 년간 선교사들이 거의 모든 나라에 복음의 씨앗을 심었기 때문에 "선교 시대"는 지나갔다고 가르치는 잘못을 저지른 적이 있습니다. 나는 다른 나라들에 사는 사람들은 외부 세상으로부터 도움을 받지 않고서도 자신의 나라에 있는 사람들을 제자로 만들어야 할 모든 책임이 있다고 잘못 생각했습니다.

나중에 나의 비전은 모든 민족에 복음을 전하는 선교를 하여 주님의 재림을 재촉하는 것까지 확대되었습니다. 다시 말해서, 만약 우리가 각 문화권에서 몇몇 제자를 만든다면, 우리는 하나님의 나라에서 임무를 맡은 것입니다. 나의 한정된 비전에 대해서 말하자면, 나는 예수님께서 실제로 모든 나라로 나아가서 그들을 제자로 만들라고 말씀하신 것이라는 점을 볼 수가 없었습니다. 그러나 예수님의 말씀은 실제로 그것을 의미합니다. 우리는 세상 끝까지 나아가서 모든 나라를 제자로 만들어야 합니다. 하나님께서는 개개인에 관심을 두시지만, 모든 민족이 돌아오는 것에 더 큰 관심을 두고 계십니다.

몽골의 고대 속담 중에는 이런 말이 있습니다. "당신은 당신의 창으로 하늘을 측정할 수 없으며, 당신의 양동이로 대양을 측정할 수 없습니다." 나는 이에 "당신은 당신의 비전으로 하나님의 부르심을 측정할 수 없습니다."라고 더하고 싶습니다. 나는 나의 한정된 비전으로 하나님의 부르심을 측정하려는 시도를 멈추었을 때 나의 가능성에 제한이 없다는 것을 깨달았습니다.

나는 젊은 사람으로서 작은 교회를 개척하여 제자 하나를 만드는 것이 하나님께서 나에게 주신 부르심이라고 생각했었습니다. 그리고 그 제자를 신학교에 보내서 훈련받게 하여 졸업하면 우리 교회에 초청하여 나를 대신해 목회하도록 하고서 나는 다른 도시로 자유롭게 가서 다른 교회를 개척할 생각이었습니다. 이런 식으로 내 일생에 다섯 번에서 일곱 번 개척하는 일을 완수할 수 있을 것으로 생각했습니다.

또한 내가 개척할 수 있는 교회들은 전부 교인의 수가 50명 미만이어야 한다고 생각했습니다. 그래서 다섯 개 또는 일곱 개의 작은 교회는 내가 한정된 은사를 갖는 데 영향을 주었습니다. 당신은 우리의 삶을 위한 우리의 비전이 얼마나 한정적이 될 수 있는지를 아십니까?

대개 우리는 유능한 리더들을 카리스마가 있는 사람들로 여기는데, 나는 그렇지 않고 말을 부드럽게 하는 사람이기 때문에 내 계획은 어느 정도 합리적인 것처럼 보였습니다. 그러나 하나님께서는 내 생각보다 더 좋은 생각을 가지고 계셨습니다. 나는 나 자신이 첫 목회에서 동시에 몇 개의 제자 만들기 그룹을 인도할 수 있다는 것과 나의 제자들이 다른 제자들을 재생산하고자 하는 열망을 불어넣어 줄 수 있다는 것을 깨달았습니다.

결국, 한 사람이 제자 만들기 그룹 하나를 교회로 성장시켰고, 우리는 교회 증식에 신이 났습니다. 우리는 제자 만들기 그룹들을 교회들로 만들어서 결국에는 하나의 운동으로 발전시켰습니다. 우리는 제자 만들기 그룹이 무한히 재생산할 수 있다는 것과 제자 만들기 연속체는 사실상 멈추게 할 수 없다는 것을 배웠습니다. 그래서 우리의 사역이 현재 모든 대륙에서 일어나고 있는 것입니다. 또한 이것은 우리 교회의 생기 넘치는 청년들이 우리가 가본 적이 없는 장소들로 가서 교회를 증식하기를 간절히 바라는 이유입니다.

그러나 나의 모든 이야기가 당신과 무슨 상관이 있습니까? 이에 관해서 우리는 아브라함의 사례를 숙고해야 합니다. 하나님께서 말씀하시는 모든 것에 "예"라고 대답하는 간단한 단계가 없이는 누구도 어디로 가서 제자를 만들 수 없습니다. 당신이 전체 그림을 아직 마음속에 그릴 수 없을지라도 이것은 진리입니다.

누구에게 당신을 따르라고 말해야 할지를 모르고 있습니까? 불안해하지 마십시오. 그저 하나님께서 당신에게 누구를 지명하시든지 그 사람을 제자로 만들겠다고 하나님께 말씀드리십시오. 이것을 두려워하는 것이 완전히 잘못된 것일까요? 아닙니다. 몇 가지 실수를 해도 괜찮으니까 일을 저지르십시오. 그러면 그것을 극복하게 될 것입니다. 어쨌든 당신은 아기 때 넘어짐을 통해서 걷는 법을 배웠습니다. 당신은 당신의 통통하고 작은 손가락들이 당신을 더는 지탱하지 못하여 당신의 몸이 바닥에 큰 대자로 뻗게 하기까지 가구를 붙잡았습니다. 나는 당신이 실수한 것들을 만회하게 될 것이라고 약속하는 바입니다. 우리는 성공보다는 실수를 통해서 더 많은 것을 배웁니다. 그러므로 실수한 것에 대한 죄책감이나 창피함을 버리고 계속 나아가십시오.

테스트, 테스트, 테스트

만약 나의 관심원에 있는 사람 중 한 사람이 전망이 좋기는 하지만 겁나는 아이디어를 내놓으면, 우리는 그것을 테스트해보려고 합니다. 그렇다고 해서 우리가 그것을 테스트하기 위해 두 발로 물속으로 뛰어드는 것이 아닙니다. 테스트는 단지 발가락 하나만 물속에 넣어보는 것을 의미합니다. 우리는 우리의 비전이 하나님의 아이디어인지, 아니면 단지 우리가 생각해낸 좋은 아이디어인지 아직도 자신이 없습니다.

우리는 모든 아이디어가 작은 성공을 하든 작은 실수를 하든 상관없이 테스트해봅니다. 멋진 것은 우리의 작은 걸음들이 큰 성공들을 자주 만들어준다는 것입니다. 이것은 주식시장에서 성공하기를 원하는 사람들에게서 지혜를 얻는 것과 같습니다. 그들은 주식시장에서 주식을 살 때 소액부터 시작합니다. 그들은 그렇게 하여 큰 위험을 무릅쓰지 않고서도 주식이 오르거나 떨어지는 것을 지켜볼 수 있습니다. 위험을 제한하므로 뭔가 정상적으로 작동되도록 하는 것이 중요합니다. 당신은 작게 시도하기 전에는 그 아이디어가 하나님에게서 왔는지 알지 못할 것입니다.

내가 이제부터 말할 몇 마디가 당신으로 하여금 큰 프로젝트들을 시도하도록 하지는 마십시오. 우리는 여전히 다른 사람에게 "내가 그리스도를 따르는 것처럼 나를 따르십시오."라고 말하는 것에 관하여 말하고 있습니다. 다른 사람으로 하여금 당신의 제자 만들기 과정에 들어오도록 하는 첫 걸음을 떼는 것은 하나님의 인도하심과 예비하심의 문도 열어줍니다.

당신은 이것을 하기로 동의합니다. 하지만 당신이 그 목표를 완수하는 데 필요한 모든 것을 주님께서 인도하시고 예비하실 때에만 성공할 수 있습니다. 만약 당신에게 뭔가가 부족하면, 하나님께서 그것을 예비하실 것이라고 확신할 수 있습니다. 하지만 당신이 하나님께서 요구하시는 것은 무엇이든지 "예"라고 대답해야 예비될 것입니다.

다르게 믿기

내가 중학교에 다닐 때 나의 사고를 형성해준 책을 아직도 기억하고 있습니다. 그 책은 로저 배니스터영국의 육상선수-옮긴이의 전기였는데, 그는 최초로 1마일을 4분 안에 달린 사람입니다. 그가 기록을 깨기 전에는 그렇게 빠르게 달릴 수 있는 사람이 없다고 생각하던 때였습니다. 그렇지만 배니스터는 자신이 4분 안에 1마일을 뛸 수 있다고 믿었습니다. 그리고 그는 그 장벽을 무너뜨렸습니다. 재미있는 것은, 그가 기록을 깨고 나서 몇 달 안에 여러 사람이 그 동일한 장벽을 무너뜨렸다는 것입니다. 오늘날의 유망한 중학교 운동선수들에게는 4분 안에 1마일을 뛰는 것이 일상이 되었습니다.

이 모든 것의 요지는, 불가능하다고 믿는 사람들의 마음속에만 거의 모든 장벽이 있다는 것입니다. 우리가 무엇을 믿든지 그것은 우리 주변에 있는 다른 것에 영향을 미치는 것이 아니라 우리의 태도에 영향을 미칩니다. 만약 당신이 하나님께서 당신으로 하여금 제자들을 만들도록 사용하실 수 있다고 믿는다면, 당신은 실제로 제자들을 만들 수 있다는 것을 여러번 확인하게 될 것입니다.

그러나 나는 당신이 제자 만들기 과정을 하는 동안에 실수들을 처리하게 될 것이라고 약속합니다. 배니스터는 그냥 경기에 나가서 기록을 깬 것이 아닙니다. 그는 아마도 달리다가 한 번이나 두 번은 넘어져 경기에서 졌을 것입니다. 만약 우리가 실수하거나 바보같이 보이는 것을 두려워한다면, 많은 것을 기대할 수 없습니다. 만약 우리가 우리를 얼어붙게 만드는 모든 것을 뚫고 지나갈 수 있다면, 우리 삶뿐만 아니라 다른 사람들의 삶에도 승리를 기대할 수 있습니다.

얼어버린 두 대의 자전거를 기억하십니까? 그들은 소홀함 때문에 꼼짝 못 하게 되었습니다. 만약 그들이 자신들의 자전거를 계속 사용했더라면, 눈이 그 자전거들을 쓸모없는 상태에 가두지는 않았을 것입니다. 이것은 당신도 마찬가지입니다. 우리에게 필요한 것은 하나님 나라의 일을 성공적으로 하기 위해 우리에게 다가온 기회들을 붙잡는 것입니다.

Chapter 12

누가 나를 제자로 만들어주어야 할까요

나는 누군가가 나를 적극적으로 제자로 만들었다고 말할 수가 없습니다. 나는 좋은 멘토가 몇 명 있지만, 의도적으로 나를 제자로 만들기 위해서 주기적으로 시간을 내준 사람은 없었습니다.

나의 멘토 중에는 내가 11살 때 여름수련회에서 만난 한 여자가 포함됩니다. 그녀는 내 삶에 위대한 조언을 해주었고, 나는 지금도 그녀를 알고 지내고 있습니다. 그러나 독신이었던 그녀는 나를 가까이에서 제자로 만들어주지는 않았습니다. 특히 내가 더 성장한 후에는 더더욱 그랬습니다.

나는 여러모로 나를 강하게 만들어준 한 목사와 7년 동안 사역했습니다. 그는 사역에 대해서 경이로운 식견들을 나누어주었습니다. 하지만 그 당시 우리 사역에는 의도적으로 진행하는 제자 만들기라는 개념이 없었습니다. 그는 나에게 많은 것을 가르쳐주었지만, 제자 만들기가 우리 교회의 문화의 일부였다면 더 많은 것을 가르쳐주었을 것입니다.

대다수 교회에는 제자 만들기의 문화가 거의 없습니다. 언젠가 한 친구가 나에게 신학생의 거의 95%가 신학교를 졸업한 후 2년 안에 유급 사역을 하지 못한다고 말했습니다. 내가 한 비공식적인 조사에 의하면, 이것이 사실이라고 믿을 수밖에 없습니다. 아마도 그 이유는 다양할 것인데, 그중 하나는 목양사역에 필요한 은사가 없는 사람들이 신학교에 들어가는 것입니다. 그러나 나는 이 낙오자 비율의 일부분은 신학교 졸업자들이 자신들을 옹호해주고 교회의 문제들을 해결할 수 있는 더 좋은 식견들을 사용하여 그들을 제자로 만들어주는 사람이 없이 사역으로 떠밀리기 때문이라고 생각합니다. 우리는 리더가 될 사람들을 위해 코치해주어야 합니다. 이 코치는 신학생들이 교실에서 경험할 수 없는 것들을 경험하게 해줍니다.

나는 우리나라에서 가장 좋은 신학교 중 하나를 졸업한 사람과 어제 저녁에 제자 만들기에 관하여 논의했습니다. 그는 자신이 원하는 것은 청년들을 제자로 만드는 것이라는 점과 평생 청년들을 상대하는 목회를 하고 싶다고 말했습니다. 그는 중년의 나이에 청년 목회자, 선교사, 교회 선교회 이사, 그리고 마지막으로 교회 개척자로서 섬기고 있습니다.

그가 개척한 교회는 그의 기대에 미치지 못하며 성장하지 않고 있습니다. 나는 그에게 교회에서 청년들을 몇 명 선택하여 개인적으로 제자훈련을 하라고 조언해주었습니다. 다시 말해서, 나머지 날들은 장년 교인들이 행복하도록 돌보는 사역을 하면서 금요일에는 청년 담당 목사의 자리로 돌아가라는 것이었습니다.

나의 새로운 친구는 즉시 내 생각을 좋아했습니다. 하지만 그는 자신이 신학교에서 배운 모든 지식과 내가 말한 것이 얼마나 다른지 생각하느라 몇 시간을 보냈습니다. 이 사람은 나보다 훨씬 뛰어난 교육을 받은 극히 총명한 사람이었지만, 자신이 가고 싶은 곳으로 갈 수가 없었습니다. 나는 그가 마땅히 본받을 만한 그를 제자로 만들어준 사람이 없었기 때문에 혼란스러워하는 것이라고 믿습니다. 그는 좋은 것을 많이 알고 있지만, 그에게 사역을 코치해준 사람은 하나도 없었습니다. 바울이 "내가 그리스도를 본받는 자가 된 것 같이 너희는 나를 본받는 자가 되라"(고전 11:1)고 한 말씀에는 위대한 지혜가 있습니다. 즉 당신은 본받을 만한 사람이 필요하다는 것입니다.

안타깝게도, 교회는 매우 업무와 프로그램 중심적이 되어서 소수의 목사만이 자신을 주 훈련자로 여기고 있습니다. (당신은 내가 목사들이 자기 스태프들을 제자로 만들어야 할 의무가 있다고 믿는 이유를 이제 말할 수 있겠습니까?) 담임목사들은 대개 교회의 문화적 범위를 형성하기 때문에, 많은 교회가 제자 만들기의 사고방식이 부족한 것입니다. 제자 만들기는 지상명령의 중심이기는 하지만, 그들의 공통된 DNA는 아닙니다.

만약 당신이 다니는 교회가 이런 모습이라면, 당신은 자신을 제자로 만들어줄 누군가가 절실히 필요합니다.

누가 당신을 제자로 만들어야 하는 걸까요

몇 가지 질문해봅시다. 당신을 그리스도께로 인도한 사람은 누구입니까? 당신보다 그리스도와 더불어 더 가까이 동행하거나 사역하는 사람들은 누구입니까? 당신의 특정 사역팀 속에서 당신이 보고해야 하는 사람은 누구입니까? 마지막으로, 당신을 흔쾌히 제자로 만들려는 사람은 누구입니까?

나를 그리스도께 인도한 사람은 누구입니까

당신이 예수 그리스도와 관계를 맺는 데 도움을 준 사람은 당신을 제자로 만들어줄 가능성이 가장 큰 사람입니다. 만약 그가 도움을 주지 않으면, 그에게로 가서 도와달라고 요구하십시오. 아마도 그는 기뻐할 것입니다.

누가 나보다 더 신앙이 성숙한 사람입니까

만약 당신을 제자로 만들어줄 사람을 찾고 있다면, 당신이 좋아하고 존경하고 당신보다 하나님과 더 깊이 교제하는 사람이 필요할 것입니다.

그 사람에게 1주에 1시간 정도 당신이 주님 안에서 성장할 수 있도록 시간을 내줄 수 있는지 물어보십시오. 제자훈련을 받기에 좋은 곳은 당신이 다니는 교회의 소그룹입니다. 혹 당신이 아직 학교에 다니고 있으면 캠퍼스 선교회도 좋습니다.

어쩌면 그 사람이 너무 바쁠 수도 있을 것입니다. 그렇지만 그는 당신을 제자로 만들어줄 다른 사람을 찾는 데 도움을 줄 수 있을 것입니다. 이것은 나에게 흔히 있는 일입니다. 사람들은 내가 제자 만들기에 관해서 말하는 것을 듣고서 나에게 자신들을 제자로 만들어달라고 부탁합니다. 나는 내가 인도하는 그룹 중 하나에 그들을 들어오게 하든지, 다른 사람과 관계를 맺도록 인적 네트워크를 형성해줍니다.

즉 내가 말하고자 하는 것은, 당신이 누군가에게 당신을 제자로 만들어 달라고 부탁하는 것은 괜찮다는 것입니다.

내가 누구에게 보고해야 합니까

만약 당신이 한 지역 교회나 어떤 선교회에서 주님을 섬기고 있다면, 당신의 활동들을 감독해줄 사람이 있을 것입니다. 그 사람은 당신을 제자로 만들어야 하며 주님과 깊은 관계를 맺도록 해주어야 합니다.

나는 사역팀들이 제자 만들기 그룹들처럼 활동하는 몇몇 교회들을 알고 있습니다. 이 사람들은 주님 안에서 강건하게 자라는 성향을 보이며, 일반적으로 시간이 지남에 따라 더 큰 사역으로 나아갑니다. 그러나 나는 제자 만들기 그룹으로서의 사역팀에 말로만 아이디어를 제공하는 사람들을 보았습니다. 새신자들은 자신들이 사역을 어떻게 해야 하는지에 관한 비결을 배우지만, 자신들의 개인적 삶과 예수 그리스도와의 관계에 대해서는 제자훈련을 받지 못합니다. 이런 상황들에서는, 사람들이 끊임없이 에너지를 소진하여 자신들을 대신할 사람들을 필요로 하게 됩니다.

만약 당신이 누군가를 섬기고 있다면, 당신은 그 사람에게 당신이 하나님과 동행할 수 있도록 제자훈련할 시간을 내달라고 부탁할 권리가 있습니다. 그렇게 하는 것은 당신의 삶을 향상시켜줄 뿐만 아니라 그 사람의 삶도 나아지게 합니다.

누가 흔쾌히 나를 제자로 만들어주려 합니까

그 사람은 다른 사람에게서 제자훈련을 받아본 적이 없을 수 있습니다. 하지만 만약 그가 당신에게 관심을 보인다면, 그 사람을 붙잡으십시오.

나는 모세와 여호수아, 엘리야와 엘리사, 바나바와 사울에 관하여 생각해봅니다. 각각의 사례를 보면, 이 "형님들"은 다른 사람들에게 제자훈련을 받았다는 흔적이 없습니다. 그렇지만 그들 각 사람은 제자 만들기의 가치를 알았습니다.

당신은 다른 사람들을 제자로 만드는데 분주한 누군가에게 다가갈 수 있습니다. 나는 다른 사람들을 제자로 만드는 사람들은 일반적으로 한 사람을 더 제자로 만들기 위해 시간을 내거나 한 생명을 더 돌보기 위해 자기의 스케줄을 조정할 수 있다는 것을 알게 되었습니다. 어느 쪽이든, 만약 한 사람이 그 과정을 이해하고 기꺼이 시간을 내주고자 한다면, 그가 당신을 제자로 만들어줄 가망이 있는 사람입니다. 당신의 신앙이 성장하고 다른 사람들에게 개인적으로 사역할 수 있도록 도와달라고 그 사람에게 부탁하십시오.

제자 만들기의 대가

이것을 기억하십시오. 만약 누군가가 당신을 제자로 만들기 위해 시간을 내준다면, 당신은 그 은혜를 다른 사람들에게 전달하라는 부르심을 입은 것입니다. 당신이 받은 것을 다른 사람들에게 전달하는 것은 제자훈련에 대한 대가입니다. 우리는 이 책에서 이 한 구절을 몇 번 읽었지만, 다시 숙고해보기를 원합니다. 바울은 제자 디모데에게 "내 아들아 그러므로 너는 그리스도 예수 안에 있는 은혜 가운데서 강하고 또 네가 많은 증인 앞에서 내게 들은 바를 충성된 사람들에게 부탁하라 그들이 또 다른 사람들을 가르칠 수 있으리라"(딤후 2:1-2)라고 썼습니다.

이 가르침의 첫 부분은 하나님께서 주시는 은혜를 통하여 받은 개인적 견고성을 보존하라고 합니다. 그리고 가르침을 받은 사람은 다른 사람들에게 전달하라고 말씀합니다. 하지만 단순히 전달하는 것에서 멈추는 것이 아니라, 그 사람의 제자들이 다른 사람들을 제자들로 만들도록 해야 한다고 합니다.

나는 근래에 싱가포르에 있는 신학교에서 이틀간의 강의를 마쳤습니다. 학생 중 하나는 400명이 넘는 고등학생들을 목양하는 목사입니다. 그는 자기가 사용하는 제자 만들기 패턴은 다음의 네 가지 질문에 입각한다고 나에게 말해주었습니다.

1. 어떻게 지내세요?
2. 하나님께서 성경을 통해 당신에게 보여주시는 것은 무엇인가요?
3. 당신은 하나님께서 보여주신 것에 대해서 무엇을 하려고 하나요?
4. 당신의 제자들은 다른 사람들을 제자들로 만드는 사역을 어떻게 감당하고 있나요?

나는 이 젊은 목사가 바울이 분부한 것을 이해하고 있다는 느낌을 받았습니다.

그다음에 바울은 그리스도를 신실하게 따르는 사람들에게 찾아오는 고난에 관해서 설명했습니다. 이 고난은 당신이 뭔가 다른 일을 하게 될 때 시간을 투자해야 하는 것을 포함합니다. 또는 박해도 포함할 수 있습니다.

근래에 나는 정부로부터 끊임없는 감시를 받으며 사는 성도들이 있는 나라를 방문했습니다. 나는 그 나라에서 다른 사람들을 그리스도께로 인도한다는 이유로 자신들의 집과 도시에서 일곱 번이나 추방당한 가족을 만났습니다. 그 나라 정부가 그들을 간섭한 결과로 그들은 그 나라에 일곱 개의 비합법적인 교회를 세웠습니다. 만약 그들이 첫 지역에 그냥 남아있었다면, 한 교회에서만 사역했을 것입니다. 그 정부는 한 교회를 일곱 개로 증식시킨 것에 대한 실제적 책임이 있습니다. 박해는 개인적으로 고통스러울 수 있지만, 때로 하나님의 나라에 기막힌 결과들을 초래합니다.

바울은 제자 만드는 사람이 되는 것의 가장 힘든 부분에 관해서 다룬 후 디모데에게 우선적으로 해야 할 일에 관하여 충고했습니다. 바울은 "병사로 복무하는 자는 자기 생활에 얽매이는 자가 하나도 없나니 이는 병사로 모집한 자를 기쁘게 하려 함이라 경기하는 자가 법대로 경기하지 아니하면 승리자의 관을 얻지 못할 것이며"(딤후 2:4,5)라고 기록했습니다. 이 구절은 예수님께서 하신 말씀을 기억나게 합니다. "알지 못하고 맞을 일을 행한 종은 적게 맞으리라 무릇 많이 받은 자에게는 많이 요구할 것이요 많이 맡은 자에게는 많이 달라 할 것이니라"(눅 12:48). 만약 누군가가 당신을 제자로 만들고 있다면, 당신은 다른 사람을 제자로 만드는 것을 당신의 삶에서 더 높은 우선순위가 되게 해야 합니다.

바울이 디모데에게 전한 메시지는 당신이 치러야 할 대가에 관한 것만이 아닙니다. 그는 또한 그 대가에 따르는 기쁨들에 관해서도 설명했습니다. 그는 "수고하는 농부가 곡식을 먼저 받는 것이 마땅하니라"(딤후 2:6)라고 기록했습니다. 충실한 제자 만들기 사역에는 상급이 있습니다. 충실한 제자 만들기에 대한 주요 상급은 세상과 세상의 간계로 말미암아 파멸될 수밖에 없는 사람이 생명을 얻는 모습을 보는 것입니다. 바울은 상급 받는 것에 매우 관심이 많았기에 "내가 택함 받은 자들을 위하여 모든 것을 참음은 그들도 그리스도 예수 안에 있는 구원을 영원한 영광과 함께 받게 하려 함이라"(딤후 2:10)라고 기록했습니다.

건강한 교회는 바울이 이 구절들에서 말한 가치들을 드러낼 것입니다. 목사는 주 훈련자의 기능을 하면서 사람들을 직접적으로 제자로 만들어서 그들로 하여금 자신들이 배운 것을 다른 사람들에게 전수하도록 하는 사람입니다. 나는 목사가 자기의 스태프들이 다른 사람들을 제자로 만들게 하려고 그들을 적극적이고 의도적으로 제자로 만들어야 한다고 믿습니다. 이것은 제자 만들기 연속체의 핵심을 분명하게 밝혀 줍니다.

이 모든 것은 전통적인 교회의 프로그램들과 강좌들의 행렬에서 분리된 채로 일어납니다. 우리는 지금 지역 교회의 주된 구조적 요소로서의 제자 만들기 연속체에 관하여 말하고 있는 것입니다. 만약 목사가 제자 만들기를 주요 우선순위로 삼으면, 그리스도를 따르는 건강한 성도가 이와 같은 것을 하게 되는 결과를 가져다줍니다. 이것에 가능성이 있는 것입니다. 그러므로 비록 교회들로 하여금 제자 만들기를 하도록 해야 할 필요가 있을지라도, 당신은 자신을 제자로 만들어줄 누군가를 찾으십시오. 혹 당신의 교회가 무의미한 활동에 거의 모든 시간을 투자하기 때문에 당신을 제자로 만들어줄 수 없다면, 당신을 기꺼이 제자로 만들어줄 사람이 있는 다른 교회로 옮길 필요가 있습니다.

당신을 제자로 만들어줄 사람을 발견하면, 그에게 달라붙으십시오. 그 후(당신이 여전히 누군가의 제자로 훈련받는 동안에), 다른 사람들을 제자들로 만들 사람들에게 제자 만들기의 은혜를 베푸십시오.

Chapter 13

나는 나의 스승에게 무슨 빚을 지고 있는 것일까요

근래에 다녀온 해외여행에서 나는 제자 중 하나로부터 제자는 그의 스승에게 무슨 빚을 지고 있는지에 관한 말을 들을 기회가 있었습니다.

이것은 마음이 따스해지는 경험이었습니다. 그는 나의 이전 제자 중 하나가 목회하고 있는 교회에서 강연했습니다. 내 이전 제자는 많은 교회를 개척한 사람으로서 내가 개인적으로 깊이 존경하는 사람입니다. 그의 메시지는 그 교회의 교인들을 상대로 한 것이었으며, 그 성장하고 있는 교회에서 제자훈련을 받고 리더들이 된 사람들을 특별히 겨냥한 것이었습니다. 그러나 그의 강의에 가장 크게 축복받은 사람은 바로 나 자신이었습니다.

그는 디모데가 바울에게 축복을 돌려준 것에 관해서 설명했습니다. 당신은 바울이 디모데에게 투자한 것이 다시 바울에게 돌아온 것을 마치 주식에 투자한 돈이 자신에게 돌아오는 것과 같다고 생각할 수 있습니다. 물론, 당신은 사역이 성장함에 따라 당신에게 돌아오는 축복이 있는 것을 보게 됩니다. 나는 이것을 주식의 가치가 상승하면 돌아오는 수익 같은 것으로 생각합니다. 또한, 주주에게 돌아오는 배당금에 의해 발생하는 수익도 있습니다. 제자 만들기에서는 상관적인 수익이 나에게 돌아오는 배당금과 비슷합니다.

그의 메시지는 제자가 자기 삶에 가장 큰 영향을 끼친 스승에게 돌려주어야 하는 다섯 가지에 대한 것이었습니다. 각각은 한 사람을 제자로 만들기 위해서 자기 삶을 투자한 사람에게 격려가 되는 강력한 원천입니다.

충성하십시오

첫 번째 배당금은 개인적인 충성심입니다. 나는 디모데가 그때 바울처럼 선교사로 여겨질 수 있었다는 것을 이해하고, 그가 분명히 바울의 뒤를 이어 에베소 교회의 목사가 되었다는 것을 기억하는 것은 중요하다고 생각합니다.

에베소는 로마의 중요한 영토로서 20만 명이 넘는 인구가 살던 도시였습니다. 에베소는 로마의 다른 경제 중심지들 사이를 이어주는 전략적 교차로에 서 있었으며, 외양으로 3마일 떨어진 강기슭에 있는 아름다운 항구 주변에 세워졌습니다.16) 에베소는 로마의 아시아 지방의 수도였으며, 숭배받는 그리스 여신 아르테미스(또는 로마의 다이애나)의 신전이 있는 곳이었습니다(행 19:23-27 참조). 아르테미스 여신에 대한 숭배는 바울과 그의 동료들이 에베소에서 사역했던 초기에 모든 문제를 야기했습니다. 당신은 사도행전 19장에서 이에 관하여 읽을 수 있습니다.

흥미로운 것은, 아르테미스는 역사에 중요한 흔적을 남겼다는 것과 아직도 그 지역에서 존중받고 있다는 것입니다. 바울과 디모데가 그 지역에서 사역한 지 2,000년이 지났지만, 내가 근래에 이스탄불에서 묵은 호텔의 이름이 아르테미스 호텔일 정도로 그 영향은 지금도 이어지고 있습니다.

바울은 그곳에 교회를 세웠으며, 3년 동안 담임목사로 사역했습니다(행 20:31 참조). 우리는 바울이 루스드라에 있는 동안에 디모데가 바울의 팀에 합류했다는 것을 읽게 되므로 디모데가 에베소에서 바울과 동역했음을 알 수 있습니다(행 16:1-3 참조).

바울은 디모데에게 보낸 서신들과 그에 관하여 쓴 서신들에서 디모데를 자기 아들이라고 세 번 묘사했고, 자기의 형제라고 두 번 묘사했습니다. 이 두 아름다운 추억은 이 두 사람 사이에 충성심이 있었다는 것을 말해줍니다. 디모데는 바울에게 충성했는데, 에베소에서 담임목사직을 이어받은 후에도 그랬습니다. 구약에는 충성에 관해 잘 정의해주는 구절이 있습니다. "친구는 항상 충성하고, 형제는 위급한 때에 도와주기 위하여 났다"(잠 17:17 역자역).

충성스러운 제자는 스승이 위급한 때에 스승을 위해 그곳에 있을 것입니다. 나는 바울이 자기의 가르침에 대해 공격을 받을 때마다 디모데의 충성심과 격려가 필요했다고 상상할 수 있습니다. 당신은 다른 사람들이 당신의 스승에 대해 험담하거나 공격하면 그의 곁에 견고히 서 있어야 합니다. 당신을 주님과 동행하게 도와주었거나 당신이 사역할 수 있도록 해준 사람과 항상 연합하기 위해 당신의 말을 조심하십시오.

스승은 흔히 제자보다 나이가 많습니다. 이것은 바울과 디모데도 마찬

가지였습니다. 그러나 당신의 스승에 대해 몹시 비통한 이야기를 하기 시작할 나이가 되는 때가 당신에게 올 것입니다. 그때 당신은 성경이 아들과 딸에게 "네 부모를 공경하라 그리하면 네 하나님 여호와가 네게 준 땅에서 네 생명이 길리라"(출 20:12)라고 말씀하신 것처럼 당신의 스승을 존경해야 한다는 것을 기억해야 합니다.

다른 사람들과 영광을 나눌 줄 모르는 사람은 최후의 패자입니다. 로널드 레이건의 집무실에는 다음의 글이 새겨진 패가 있었습니다. "만약 사람이 누가 칭찬을 받든지 개의치 않으면, 그 사람이 할 수 있는 것과 갈 수 있는 곳은 한계가 없다."[17] 과거의 사람들을 인정할 정도로 충분히 지혜로운 사람들은 그들을 통해서 배우고 그들 위에 자신을 세웁니다. 과거에 사라진 사람들을 존경할 수 없는 사람들은 과거의 사람들이 저질렀던 실수들을 그대로 답습하게 될 뿐입니다.

충성심은 다른 사람이 당신의 삶에 투자한 것을 그에게 돌려줄 수 있는 가장 중요한 배당금일 것입니다.

의로운 삶을 사십시오

바울은 디모데에게 의로운 삶을 살라고 했습니다. "누구든지 네 연소함을 업신여기지 못하게 하고 오직 말과 행실과 사랑과 믿음과 정절에 있어서 믿는 자에게 본이 되어"(딤전 4:12).

이것은 매우 명백해 보입니다. 하지만 나는 제자 중 하나가 의롭게 살지 않는 모습을 보았을 때 여러 번 마음에 상처를 받았습니다. 때로 그는 자신이 섬기는 사람들이나 제자팀의 멤버들을 무례하게 대했습니다. 이것은 도의상의 나쁜 행실이 될 수 있습니다. 그 문제들은 그 제자의 마음 속에만 머무는 경향이 있습니다. 그들은 상처를 받았고, 나는 그렇게 된 데에는 그들에게 주된 책임이 있다고 느끼지 않습니다.

그러나 죄는 리더로 하여금 "관계"를 통하기보다는 "지위"를 통하여 다른 사람들을 끌고 가도록 만드는 사고방식이 될 수 있습니다. 이것은 위험한 것이며, 건강한 사역을 이단적으로 변질하도록 할 수 있습니다. 우리는 모두 권위적인 리더들과 그들이 만드는 완고한 체계들을 보았습니다. 이와 같은 사람들은 그리스도의 대의에 엄청난 손실을 가져다줍니다. 안타깝게도, 나는 내 제자 중 몇 명이 이 길로 가다가 최후의 파멸에 직면하는 것을 보았습니다. 아마도 지배하려는 마음으로 사역하면서 수많은 사람에게 상처를 준 사람들은 이보다 더 나쁠 것입니다.

베드로는 "여러분은 여러분에게 맡겨진 사람들을 지배하려고 하지 말고, 양 떼의 모범이 되십시오."(벧전 5:3, 표준새번역)라고 기록했습니다. 그 제자의 삶에 있는 이 문제는 항상 나로 하여금 회의감을 갖게 했습니다. 나는 이 까다로운 제자에게 내 가치관을 가르치는 과정에서 무엇을 잘못했는지 궁금합니다.

내 인생을 구성하는 본질적인 요소 중 하나는 다른 사람들이 나 자신이나 하나님을 존중하지 않을 때도 그들을 존중하는 것입니다. 내 제자가 다른 사람들을 무례하게 대하는 것을 듣거나 보게 될 때 나는 인격적으로 상처를 받습니다.

로널드 레이건은 아마도 미국 역사상 가장 부드럽게 말하는 대통령이었을 것입니다(당신은 내가 그를 존경한다고 말할 수 있습니까?). 그는 큰 지팡이를 가지고 다녔지만, 친구에게나 적대적인 사람에게나 경의와 품위로 말했습니다. 심지어 "미스터 고르바초프, 이 장벽을 허물어버리십시오."라는 말도 분노하지 않고서 경의를 표하는 말투로 했습니다. 나는 근래에 그가 연설할 때 보였던 친절을 상기시켜주는 문진(文鎭)이 그의 책상에 있었다는 글을 읽었습니다. 그 문진에는 "온화한 태도, 확고한 실행"18)이라는 문구가 새겨져 있었습니다. 나는 이 문구가 항상 내 삶과 내 제자들의 삶을 묘사해주기를 소망하고 있습니다.

  나는 이 글을 쓰고 있는 지금, 집에서 멀리 떨어져 있는 나라의 어느 호텔 객실에 앉아 있습니다. 나는 예전의 제자가 목회하고 있는 교회에서 주최한 사흘간의 세미나를 이제 마쳤습니다. 안타깝게도, 그는 겨우 나흘 전에 이 교회의 목사가 되었습니다. 원래 그 교회는 그가 12년 전에 개척한 것이었습니다. 그는 교회를 개척한 후에 강한 제자를 훈련하고서 교인들의 삶을 그에게 맡겼습니다. 그러나 지난 주말에 그의 후계자의 간음이 세상에 드러나게 되자, 내 친구는 그 교회의 임시 목사로 돌아올 수밖에 없었습니다. 그가 그것 때문에 상처를 받았다는 말을 내가 굳이 할 필요가 있겠습니까?

  우리가 며칠 전에 한 모든 것과 말한 모든 것은 한때 신임받았던 제자의 실수로 인하여 나쁜 영향을 받았습니다. 그 교회는 분열의 위험을 겪고 있습니다. 스태프들은 마음이 상했고, 그 교회의 현재 상태를 끊임없이 설명해야 하는 부담감에 눌려있습니다. 그들은 함께 사역하면서 즐거운 시간을 보냈지만, 만약 그 제자가 의로운 길에서 벗어나므로 파손된 것을 수리하느라 시간을 들이지 않았다면 훨씬 더 큰 승리를 얻었을 것입니다.

  그들은 깨진 교회의 조각들을 주어 모으기 위해서 교회의 리더팀이 그 동안 놓쳤던 실마리들을 찾느라 과거를 되돌아보고 있습니다. 간음을 저지른 그 목사는 극도로 권위주의적으로 성장했습니다. 그는 교회의 소그룹들을 통합하여 통제하기 매우 쉬운 대그룹으로 만들었습니다. 그는 헌금을 불법으로 사용했으며, 돈 사용에 관해 받은 질문들에 상식 밖의 대답들을 했습니다. 불의가 많은 형태로 드러났습니다.

당신은 제자로서 당신의 스승에 대해 의로운 삶을 살아야 할 빚을 지고 있습니다. 이것은 말이 아니라 행동에 관한 것입니다. 다른 사람들의 삶은 당신에게 달려있다는 것을 기억하십시오.

어젯밤, 한 남자가 내가 오래 전에 가족을 데리고 하와이로 이주한 것에 대해 감사했습니다. 그는 우리가 만약 하와이로 옮겨오지 않았다면, 자신을 그리스도께 인도하고 마약중독으로부터 빠져나오도록 도움을 준 사람을 우리가 그리스도께로 인도하지 못했을 것이라고 말했습니다.

이 남자는 자기 친구가 개입하기 전에 자살을 생각하고 있었다고 말하기도 했습니다. 그리고 그는 만약 우리가 하와이로 이주하고서 다른 사람들을 제자로 만들지 않았다면, 그는 오늘 살아있지 않았을 것이라고 말했습니다.

이 남자의 친구 곧 나의 제자는 그 앞에서 의로운 삶을 살았습니다. 즉 자기의 말을 듣게 하기에 충분히 의로운 삶을 산 것이었습니다. 이 새 회심자는 마약을 버리고서 우리 교회에서 섬길 방법을 찾는 중입니다. 당신은 당신의 스승과 제자들 앞에서 의로운 삶을 살아야 하는 빚을 지고 있습니다.

책임을 지십시오

바울은 디모데에게 "네 속에 있는 은사 곧 장로의 회에서 안수 받을 때에 예언을 통하여 받은 것을 가볍게 여기지 말며"(딤전 4:14)라고 상기시켰습니다.

이 짧은 구절에는 두 방향으로 움직이는 책임이 있습니다. 가장 명백한 것은 성령님께 대한 책임인데, 이는 성령님은 하나님에게서 오는 특별한 은사를 주신 분이시기 때문입니다. 디모데는 자기가 받은 은사에 관심을 두어야 했고 하나님의 나라를 위해 그 은사를 더 많이 사용해야 할 책임이 있었습니다.

그러나 디모데는 자기에게 안수한 교회의 장로들에게 이차적인 보고를 해야 할 책임이 있었습니다. 이 사람들은 에베소에 있던 동료 장로들이든지, 사도행전 16장 2절에 나오는 사람들로서 바울에게 디모데를 "칭찬"한 사람들이었을 수도 있습니다. 여하간에 디모데는 그들이 자기의 소명을 감당할 수 있도록 보증해준 것에 대해 빚을 진 것이었습니다.

그 장로들에 대해 디모데가 지은 빚 중 하나(당신의 삶에 중요한 역할을 한 사람들에 대한 당신의 빚)는 그들이 디모데와 계속 관계를 이어간 것입니다. 바울은 본질적으로 "장로들이 네 삶에 지속하여 말하도록 하고, 그들이 하는 말을 진심으로 들어라."라고 말한 것입니다. 어떤 사람들은 에베소 교회를 수백 개의 교회가 네트워크된 것으로 추측합니다. 만약 그들의 추측이 맞다면, 디모데는 바울이 디모데전서를 썼을 당시에 매우 중요한 인물이었을 것입니다.

다른 한편으로, 바울은 로마에서 재판을 기다리고 있던 죄수의 신분이었습니다. 그렇지만 디모데는 자기의 예전 스승의 말을 듣는 자리에 남아있었던 듯합니다.

만약 누군가가 당신에게 시간과 에너지를 투자했다면 혼자서 그렇게 한 것이 아닙니다. 성령님께서 그 과정에 개입하셨고, 다른 사람들이 당신 삶의 여정에 교차하는 좋은 기회가 있었습니다. 당신은 끊임없이 책임지는 삶을 살아야 하는 빚을 이 사람들과 성령님에게 지고 있습니다.

여기에서 달란트 비유가 떠오릅니다. 당신은 은사를 땅에 묻는데 분주합니까, 아니면 당신이 받은 것을 두 배로 남기는 과정에 있습니까? 당신은 두 배로 남긴 것을 다시금 두 배로 만들 생각을 한 적이 있습니까? 당신은 당신의 영적 은사들을 기초로 삶을 살고 사역을 하고 있습니까, 아니면 최근에 읽은 책이나 최근에 참석한 세미나의 내용대로 살고 사역하고 있습니까? 다른 사람들이 그들의 삶을 우리를 위해 투자할 때 우리는 성령님께서 우리에게 주신 이 은사들에 집중할 필요가 있습니다. 다른 사람들이 당신에게 투자한 것에 책임을 지십시오. 당신의 스승이 당신의 삶에 투자한 것과 당신이 성령님에게서 받은 은사들로 말미암아 당신의 스승이 당신을 자랑스럽게 생각하도록 하십시오!

하나님의 말씀에 귀를 기울이십시오

바울은 디모데에게 조언하면서 하나님과 교통하는 것과 악한 영들과 교통하는 것을 대조했습니다. "그러나 성령이 밝히 말씀하시기를 후일에 어떤 사람들이 믿음에서 떠나 미혹하는 영과 귀신의 가르침을 따르리라 하셨으니"(딤전 4:1).

당신은 성령님의 음성을 듣습니까? 당신의 스승에게서 받은 교훈은 하나님의 음성을 민감하게 듣는 것이 포함되어 있습니까? 당신은 외부 교사들이나 저자들을 성경에 비추어 수용합니까, 아니면 그들이 효과가 있는 것처럼 보이기 때문에 그들에게 쉽게 속아 넘어갑니까? 아니면 매우 독창적이지 않은 사람 중 하나로서 최근에 유행하는 사역을 모방하거나 가장 큰 군중을 끌어모으는 사람은 누구든지 따르고 있습니까?

나는 제자들이 듣는 모든 것과 읽는 모든 것에 관하여 질문하기를 원합니다. 나의 목표는 그들이 모든 아이디어 또는 프로그램을 성경에 비추어 그것이 믿을 만한 것인지를 확인하도록 하는 것입니다. 나는 우리 스태프들을 위한 제자훈련 시간이 우리가 읽고 있는 책을 쓴 사람의 몇몇 관점의 진실성에 질문을 해보는 자리가 될 때 가장 좋아합니다. 나는 그것이 갈등을 불러일으키더라도 그렇게 하기를 좋아합니다.

우리가 듣거나 읽는 모든 것을 그저 동의할 때보다 그것들에 대해 질문할 때가 우리의 영적 DNA를 훨씬 더 많이 형성해주는 경향이 있습니다. 우리가 즉시 동의한다는 것은 우리가 읽거나 듣는 것을 이미 알고 있다는 것을 말하는 것입니다. 우리가 동의하지 않을 때는 우호적인 토론을 통해 새로운 입장을 구축하는 경향이 있습니다. 이런 식으로 질문하는 것은 독창성과 혁신으로 이끌어줍니다.

우리는 성령님의 사람들이 되어야 하며, 책의 사람들이 되어야 합니다. 만약 우리가 하나님의 말씀에 깊이 들어가고 성령님과 친밀하게 동행하면, 우리는 혁신자들이 될 것이며 우리 팀의 혁신을 가치 있게 생각할 것입니다. 혁신지수는 당신이 주님께 민감해지는 하나의 길입니다. 잠언은 성령님의 것들에 대한 통찰을 줍니다. "너는 마음을 다하여 여호와를 신뢰하고 네 명철을 의지하지 말라 너는 범사에 그를 인정하라 그리하면 네 길을 지도하시리라 스스로 지혜롭게 여기지 말지어다 여호와를 경외하며 악을 떠날지어다"(잠 3:5-7).

이것은 당신이 겪고 있는 상황들에 관하여 하나님의 음성을 듣는 시간에 컴퓨터와 스마트폰을 끄는 것을 포함합니다. 당신은 성령님께서 주신 분별력으로 진리와 거짓의 차이를 구별하여 성령님의 인도하심을 받는 사람이 되는 것에 대해 당신의 스승에게 빚을 지고 있습니다.

나는 평생에 여러 선교회가 큰 그리스도인의 무리 가운데 유명해지는 것을 보았습니다. 그중 대다수는 하나님에게서 온 축복이었습니다. 하지만 그중 몇 개는 하나님의 나라에 유해하게 변질되었습니다. 그 리더들은 자신들의 육체나 성령님이 아닌 다른 영적 토대로 사역했습니다.

나는 초기에 그 선교회들에 연루된 사람들과 대화하거나 그들에 관하여 말할 때 내가 "영적 메스꺼움"이라고 부르는 이상한 느낌을 받았습니다. 이것은 단지 느낌이었을 뿐 어떤 행동은 아니었습니다. 하지만 뭔가 주의를 요하는 경고라는 것은 틀림없었습니다. 예상대로, 이 선교회들은 사역자들과 멤버들이 안 좋은 열매를 맺자 타당한 경고들을 받게 되었습니다. 성령님께서 나에게 부정적인 느낌들을 주셨습니다. 나는 그 당시 내가 받았던 정보를 조심해야 한다고 주의를 받았습니다. 나는 당신이 절대로 오류에 빠지지 않을 정도로 민감하게 된 것에 대해 당신의 스승에게 빚을 지고 있다고 생각합니다.

바울은 디모데에게 보낸 서신을 다음의 말씀과 더불어 마무리합니다. "네가 네 자신과 가르침을 살펴 이 일을 계속하라 이것을 행함으로 네 자신과 네게 듣는 자를 구원하리라"(딤전 4:16). 다른 사람들의 구원은 당신이 옳은 것을 분별하고 그 진리 안에 머무는 것에 달려있다는 것을 기억하십시오. 진리와 거짓을 분별하는 사람이 되십시오. 유행을 따르는 사람이 되지 마십시오. 유행을 따르는 것은 매우 위험합니다.

행동에 옮기십시오

이것에 관해서 일찍이 언급했지만, 여기에서 논의하는 것이 가치가 있다고 생각합니다. 이 장은 내 제자 중 하나가 한 설교를 반영한 것이기 때문에, 나는 그의 의견을 포함함으로 그를 예우하기를 원합니다.

나의 젊은 제자는 바울이 디모데에게 한 경고 중 다른 하나를 우리에게 가리켰습니다. "그러므로 나는 그대를 일깨워서, 내가 그대에게 안수할 적에 그대가 받은 하나님의 은사를 다시금 불붙게 하고자 합니다. 하나님께서는 우리에게 비겁한 영을 주신 것이 아니라, 능력과 사랑과 절제의 영을 주셨습니다."(딤후 1:6-7, 표준새번역). 그는 이 구절들 속에 있는 두 가지 명백한 메시지를 언급했습니다. 만약 당신이 영적 눈이 열리지 않은 채로 이 구절들을 읽는다면, 이 두 메시지를 쉽게 간과하게 될 것입니다.

첫 번째 메시지는 영적 은사를 불일 듯 하게 하라는 권고입니다. 그렇게 하는 유일한 방법은 연기 피는 석탄에 산소를 공급하는 것입니다. 다시 말해서, 사역하라는 것입니다. 우리는 다른 사람들을 축복하는 시도를 통해서만 우리의 영적 은사들을 알 수 있습니다. 당신은 하나님께서 당신의 마음에 넣어주시는 생각을 다른 사람들에게 나누지 않고서는 절대로 예언하지 못하게 될 것입니다. 몸이 아프다고 신음하는 사람을 위해 기도하는 것을 너무 부끄러워하면, 당신에게 치유의 은사가 있는지 절대로 알지 못할 것입니다. 대중 앞에 서지 않으면, 당신에게 가르침의 은사가 있는지 절대로 알지 못할 것입니다.

내 제자의 그날 설교는 그가 경이로운 교사와 설교자라는 것을 발견하는 계기가 되었습니다. 그렇지만 모든 사람이 자신의 삶에 더 강력한 가르침의 은사들을 받은 사람을 별로 본 적이 없다고 말할 것입니다. 그는 여전히 자기 재능들에 조금 자신 없어 하지만, 길게 보면 그것이 그에게 겸손을 보장해주는 것이기 때문에 좋은 것입니다. 그러나 그는 홈베이스에 서게 되면 있는 힘을 다해 배트를 휘두릅니다. 나는 그의 삶에 내 삶을 쏟은 사람으로서 그의 성공을 보면서 가장 크게 지지하고 있는 나 자신을 보게 됩니다.

이 구절들에서 바울이 디모데에게 준 두 번째 교훈은 비겁한 영을 몰아내고 그곳에 능력과 사랑과 절제의 영을 넣으라는 것이었습니다. 나는 바울이 비겁한 마음에 관해 말한 것은 귀신의 영향력을 의미한 것으로 믿습니다. 우리는 귀신들에게서 등을 돌리고서, 능력과 사랑과 이해력 있는 절제를 주시는 성령님을 품어야 합니다.

몇 달 전, 내가 남아프리카에 있는 동안에 한 친구가 자기의 바비큐 파티에서 스테이크를 요리하던 한 사람의 사진을 나에게 보여주었습니다. 카메라의 플래시를 터뜨린 사람들은 누구나 요리사 뒤의 잔디 위에 누워 있는 네 마리 사자의 붉은 눈과 황갈색 그림자를 보았습니다. 그 거대한 짐승들은 스테이크나 그 스테이크를 요리하던 사람 중 하나를 시장한 듯한 눈으로 쳐다보고 있었습니다. 당신은 그 사진을 보고서 그 요리사가 용기가 충천한 사람이었는지, 자신을 따라다니던 위험을 알지 못한 것이 없는지 말할 수 없을 것입니다. 나는 우리가 위험이나 그 위험을 가하는 영적 세력들을 이해하지 못하는 상태로 때때로 두려움을 참고 있다고 생각합니다.

이 장을 시작하면서 언급한 내 제자의 설교로 돌아가 봅시다. 내 제자는 완전히 다른 문화권에서 지극히 성공적인 사역을 하는 단체에 의해 도전을 받는 것에 관하여 말했습니다. 그는 개인적인 의구심과 두려움을 가지고 있었습니다. 그러나 하나님께서 자신에게 기회를 주시는 것이라고 느꼈기에, 그는 그 사역을 가능하게 해준 절제를 선택했습니다. 그는 하나님께 불순종하게 하는 두려움으로 말미암은 유혹을 저항했습니다. 이에 관해 잠시 생각해보십시오. 우리는 두려움을 동정하는 경향이 있습니다. 하지만 두려움은 실제로 불순종하게 하는 유혹입니다. 하나님께 대한 불순종은 "죄"라고 불립니다.

그가 새로운 문화권으로 진입하고자 결심한 후 그가 원래 하던 일이 매우 크게 주목받았습니다. 하지만 그의 절제는 하나님으로 하여금 그를 더 큰 책임과 더 큰 축복을 주는 자리로 옮겨주시도록 했습니다. 나는 그를 제자로 만들어준 사람으로서 그의 사역들이 진행되는 것을 볼 때 다시금 감격하게 됩니다.

이 장의 대부분은 내 제자가 자기 스승에게 빚진 것들이라고 여기는 것으로부터 왔습니다. 나는 스승의 역할을 하는 사람의 위치에서 그가 그 날 가르친 모든 것에 아멘이라고 말할 수 있었습니다. 이 다섯 가지는 일찍이 그를 제자로 만들려고 진지하게 시간과 에너지를 투자한 사람에게서 나온 것입니다. 이것들을 진지하게 받아들이십시오.

Chapter 14

오랜 친구는 어떻게 해야 하나요

만약 당신이 이 책의 이 부분까지 읽으면서 내가 말하는 것에 동의하면서도 좌절감을 느끼고 있다면, 그것은 당신이 내가 쓴 내용을 믿기는 하지만 당신을 제자로 만들어줄 사람이 없기 때문일 것입니다. 이런 일은 드물지만, 가끔 일어나기는 합니다.

만약 당신이 그런 독특한 상황에 놓여있다면, 여기에 좋은 소식이 있습니다. 예수님께서는 "두세 사람이 내 이름으로 모인 곳에는 나도 그들 중에 있느니라"(마 18:20)라고 약속하셨습니다. 주님께서는 이 약속을 실제로 매우 강력하게 만들어주는 것으로서 두세 사람이 기도하려고 모이는 것에 관하여 말씀하신 것이었습니다. 그러나 그들이 기도할 때뿐만 아니라 서로 함께하기 위해 한자리에 모일 때마다 예수님께서 나타내실 것이라고 약속하셨는데, 누가 그 사람과 관계를 끊고 떠나 버리겠습니까?

이미 말한 바와 같이, 나는 나를 의도적으로 제자로 만들어준 사람이 없습니다. 나는 한 번도 제자훈련을 받아본 적이 없었기 때문에 많은 사람을 제자로 만들 때 신중하게 했습니다. 하지만 어느 정도는 두드러진 우정들을 만들었는데, 이는 마치 성경에 나오는 다윗과 요나단 또는 베드로와 요한 같은 관계와 같았습니다.

우리 각 사람은 예수 그리스도 안에서 함께하고, 주님께서 "우리 가운데" 오셔서 우리 각 사람을 제자로 만드실 수 있도록 허락하는 것을 목적으로 두었습니다. 나는 내 친구 중 4명의 사례를 말해줄 수 있습니다. 이들은 각각 나와 오랫동안 동행했고, 커피를 많이 마셨고, 되는 대로 많은 대화를 나누었습니다. 우리는 우리의 가족과 결혼생활과 소망과 여행계획과 우리가 읽은 책들에 관하여 이야기했습니다. 우리는 재정이 빠듯한 것에 대해서 불평했으며, 좋은 자동차를 가지기를 절실히 바랐습니다. 다시 말해서, 이들과의 만남은 매우 일상적이었다는 것입니다.

그러나 예수님과 하나님의 말씀은 이들과의 긴 우정에 필수불가결했습니다. 각각의 우정은 우리로 하여금 그리스도 안에서 더 강건하게 성장할 수 있도록 했으며, 나로 하여금 더 나은 남편과 아버지가 되도록 했습니다. 그리고 나의 정체성을 더 확신하는 데 도움을 주었습니다.

듣기에 매우 좋지 않습니까? 하지만 실제는 이것보다 더 좋습니다. 각각의 우정은 적어도 한 개의 새로운 사역을 탄생시켰습니다. 실제로 그 중 3명은 교회를 개척하여 대형교회들로 성장시켰습니다.

하나님께서는 항상 친구 관계 속에서 역사하실 것입니다. 예수님께서는 자기의 이름으로 두세 사람이 모일 때마다 나타내실 것입니다. 개인 대 개인 관계들은 하나님의 축복을 가져다줍니다. 그러나 이것은 가능할 때마다 의도적으로 제자 만드는 것을 못하게 하는 이유가 되지 않습니다. 나는 제자 만들기의 대가이신 예수님마저도 자기의 사람들과 함께 일하셨고, 그들을 둘씩 짝지어서 보내시면서 실제로 사역하도록 하신 것을 기억하는 것은 좋은 아이디어라고 생각합니다(눅 10:1 참조).

경건한 우정에는 능력이 있습니다. 당신은 사도행전 3장에서 베드로와 요한이 동역자로서 성전 미문 근처에 있던 앉은뱅이를 치유한 사건을 통해서 둘씩 짝지어 사역하는 것의 이유를 보게 됩니다. 그리고 이 사건은 사도들이 사마리아에서 일어난 빌립의 사역을 격려하기 위해 두 사람을 짝지어 파송한 이유를 설명해줍니다(행 8:14 참조). 우리는 그들이 빌립의 사역으로는 아직 경험하지 못한 성령충만을 사마리아의 회심자들이 경험하도록 도와주러 갔을 때 예수님께서 그들과 함께 가셨다는 것을 당연한 일로 보아야 합니다. 베드로와 요한은 이스라엘의 먼지가 일어나는 길을 거닐 때에 예수님과 매우 가까이 있었습니다. 예수님께서 아버지께로 올라가신 후에 베드로와 요한이 친밀한 관계를 유지한 것은 자연스러운 일이었습니다. 그리고 그리스도의 영이신 성령님께서 그 둘에게 충만하게 임하신 이후로 그들이 친밀하게 동행한 것은 더 자연스러운 일이었습니다.

나는 도슨 트로트만이라 불렸던 인물을 매우 좋아합니다. 그는 1940년대와 1950년대에 미국 교회가 제자 만들기에 주목하도록 실질적으로 강력한 유산을 남겨주었습니다. 그는 젊은 나이에 죽었습니다. 그는 한 남자의 생명을 구하려다 물에 빠져 죽었습니다. 그러나 그는 비교적 짧은 생애 가운데 두 사람이 다른 사람들을 하나님의 나라로 인도할 수 있는 가망성이 있음을 발견했습니다.

1934년, 젊은 회심자였던 트로트만은 캘리포니아 산페드로에 배치된 해군 군인 레스 스펜서에게서 그리스도를 증거해달라는 부탁을 받았습니다. 스펜서가 회심한 후 트로트만은 성경암기를 통하여 그를 양육했습니다. 스펜서는 곧 동료 선원 하나를 회심시켰고, 이로 인하여 부흥 운동이 시작되었습니다.[19] 여러 젊은이가 트로트만과 스펜서의 노력으로 그리스도를 영접했습니다.

전도를 매우 성공적으로 한 후, 이 두 사람은 회심자들이 항구를 떠난 후에 자신들의 신앙을 제대로 지키지 않는다는 것을 알고서 좌절을 경험했습니다. 그래서 그들은 간단한 제자훈련 교재들을 만들었고, 성숙한 성도들이 다른 사람들을 제자들로 만들 수 있게 하는 과정을 개발했습니다. 이 과정은 일대일 제자 만들기에 관한 모든 것을 다루었습니다.

타임지는 그들이 효과적으로 제자훈련을 한 것을 다음과 같이 역설했습니다. "트로트만이 네비게이토라고 불리는 운동을 시작하면서 이 두 사람의 사역은 효력을 발휘했다... 그 해군 군인은 네비게이토 기술을 사용하여 한 친구를 회심시켰고, 그 회심자는 다른 사람을 회심시켰다. 곧 네비게이토는 칠대양으로 퍼져나갔다. 전쟁 당시에 네비게이토는 1,000개가 넘는 미해군함과 주둔지에 보급되었다."[20]

그 작은 문서사역은 성장했습니다. 네비게이토는 4,600명 이상의 스태프가 70개 이상의 나라에서 130개 이상의 언어로 사역하고 있습니다.[21] 네비게이토라는 이름마저도 원래의 사역을 집중적으로 하기 위한 목적으로 지어졌습니다. 트로트만과 그의 친구들은 세상의 바다들을 항해하면서 항구들에 도착하면 무수한 유혹을 받는 남자들에게 집중했습니다. 그들은 네비게이토들(항해사들)이나 선원들에게 사역하라고 주님께서 자신들을 부르셨다고 느꼈습니다. 그들은 향후에 그 사역이 수백만의 영혼을 구원하게 될 것을 상상하지 못했습니다.

이 무명의 두 남자는 자신들의 기도와 소박하게 개발한 책자를 통해 지구상의 많은 나라를 움직였습니다. 후에 전도자 빌리 그래함은 자기의 전도집회에서 그리스도를 영접하는 사람들에게 나눠줄 새신자 양육 책자들을 공급해달라고 네비게이토 선교회에 부탁했습니다. 이것은 기독교가 큰 무리가 아니라 개인이 복음을 전하게 된 시도였으며, 두세 사람 사이의 서로 지원하고 책임감을 느끼는 매우 의미 있는 관계로부터 가능했습니다. 이것은 집중적인 기도가 실제적인 선택이 되도록 만들어준 시도였습니다.

트로트만의 이야기는 두세 사람이 예수님의 이름으로 모일 때 그들 중에 계실 것이며 그들의 모든 기도에 응답하시겠다고 하신 예수님의 약속에 밑줄을 치게 합니다. 이 모든 것은 도슨 트로트만과 레스 스펜서의 우정과 함께 시작되었습니다.

또한 그들의 이야기는 그들의 제자들이 곧 또 다른 제자들을 만들므로 제자 만들기 연속체의 상상할 수 없는 힘을 보여줍니다. 이 두 사람 사이의 관계는 또한 두 친구가 예수님의 임재 안에서 시간을 보내는 것의 가치를 보여줍니다. 비록 그들은 예수님께서 자신들을 제자로 만드시기 위해 함께하신 것 외에 별다른 제자훈련을 받은 것은 아니었지만, 예수님의 이름으로 더 큰 성과를 냈습니다.

Chapter 15

당신이 맞닥뜨리게 될 문제들

잠시 제자 만드는 사람이 맞닥뜨리게 될 문제들을 봅시다. 그러고서 제자들이 자신들의 스승들과 제자 만들기 그룹들에 대하여 흔히 갖는 불평들을 다뤄봅시다.

시작하기 앞서 내가 발견한 것 중에서 몇 가지 조언을 하고 싶습니다. 나는 항상 우리 사역과 사역의 문제들을 스위스 치즈 덩어리와 매우 비슷하게 보는 것이 중요하다고 생각합니다. 당신은 스위스 치즈를 먹을 때 치즈에 대해서 말하지 치즈의 구멍들에 대해서 말하지는 않습니다. 그러나 당신은 스위스 치즈 조각에 난 구멍을 씹어보려고 한 적이 있습니까?

나는 당신이 중요한 것을 할 때마다 문제들을 맞닥뜨리게 될 것이라고 확언합니다. 그러나 걱정하지 말고 계속하십시오. 사역을 할 때 문제들이 일어나더라도, 그것은 사역의 핵심이 아니라 단지 문제들일 뿐입니다. 그것들은 치즈의 구멍들에 불과합니다. 그러나 만약 당신이 그 문제들에 너무 신경 쓰면, 그것은 당신이 좋은 것에 집중하지 못하게 하고 실패와 실수에 집중하도록 할 수 있습니다. 실패와 실수에 집중하면 주님의 축복을 놓치게 될 것입니다. 그러므로 구멍들은 잊어버리고, 치즈를 먹으십시오!

한 리더의 고백

나는 오랜 세월 제자들을 만들어왔고, 당신이 맞닥뜨리게 될 모든 문제를 맞닥뜨려왔습니다. 나는 일반적으로 그룹 단위로 제자 만들기를 하며, 현재 여러 그룹에 속한 40여 명을 제자들로 만들고 있습니다. 나는 내 제자 중 70여 명을 목사로 만든 경험을 가지고 있습니다. 나는 내가 모든 해법을 알고 있다고 말하는 것이 아닙니다. 다만, 여기에 제시하는 조언들은 당신을 골칫거리에서 구해줄 것입니다.

대립

대립에 대한 두려움은 내가 맞닥뜨려보았던 문제 중에서 가장 큰 문제였습니다. 예수님께서는 우리가 문제들을 직접 맞닥뜨릴 것이라고 말씀하셨습니다(마 18:15-18). 그러나 주님께서는 그 문제들을 해결하는 법에 관해서는 많이 말씀하시지 않았습니다. 만약 주님께서 해법을 많이 말씀해주셨더라도, 나는 여전히 대립이 일어날 때마다 두려움으로 움츠러들 것입니다.

나는 젊은 사역자로서 이 문제로 인하여 오랜 세월 힘들어했습니다. 내 두려움을 능가하는 분노가 충분히 일어나기 전에는 다른 사람과 정면으로 마주하는 것을 두려워했던 것입니다. 하지만 당신이 분노하면서 그 사람을 마주하면, 영적 승리를 좀처럼 얻을 수 없게 됩니다. 나는 겁이 많은 사람이었기에 거의 35세가 되어서야 나의 용기의 발판이었던 분노를 터뜨리지 않고서도 문제에 맞설 수 있을 정도로 편안함을 느꼈습니다.

결국, 나는 문제들이 아직 그리 크지 않는 동안에 그것들을 뛰어넘을 수 있도록 도와준 두 개의 주요 영향력의 혜택을 입게 되었습니다. 첫 번째는 우리가 고용한 교회 관리자였는데, 그는 나를 심하게 겁을 준 사람이었습니다. 그는 자기 일을 극히 잘하는 사람이었으며, 심지어 우리 사역팀에 합류하기 위해서 거대 항공우주산업체에서 경영간부로 일하던 것을 포기했습니다. 비록 그가 항상 겸손하고 쉽게 다가갈 수 있는 사람이기는 했지만, 그의 배경과 전문지식은 여전히 나 같은 겁쟁이에게 위협이 되었습니다.

나는 그를 영적 슈퍼맨과 같은 사람이라고 생각했습니다. 그는 아무도 두려워하지 않았습니다. 또한, 그는 문제에 연루된 사람들의 기분을 상하게 하지 않고서도 그 문제를 다룰 수 있었습니다. 그리고 그는 나에게도 동일한 것을 기대했습니다.

그는 매우 불편하게도 끊임없이 나로 하여금 대립하도록 압력을 넣었습니다. 그는 내가 한 사람에 대해서 불평하는 것을 목격할 때마다 "그래서 그 문제를 해결하기 위해 그에게 어떻게 도와달라고 말씀하셨습니까?"라고 물었습니다. 당신이 상상할 수 있듯이, 그의 질문들은 내가 대립해야 할 대다수 사람의 질문보다 나를 더 두렵게 만들었습니다. 그에 대한 건전한 두려움은 나를 도마 위에 올려놓았고, 나는 결국 분노하지 않고서도 문제에 맞서는 법을 배웠습니다.

이 이야기는 더 좋게 이어집니다. 나는 교회의 직원회의에서 그와 맞서게 된 날 결국 그의 훈련을 졸업했다는 것을 알았습니다. 내가 그에게 맞서자, 그는 목소리에 분노가 섞인 채로 "지금 목사님께서 이 문제로 저와 맞서는 것인가요?"라고 말했습니다. 나는 떨리는 목소리로 그에게 "맞습니다."라고 대답했습니다. 그러자 그가 주장을 굽혔습니다. 그는 자신이 영적으로 그 수준에 이를 수 있도록 제자훈련을 해준 사람에게 존중을 표하면서 자신이 언쟁하던 모든 것을 허식 없이 멈추었습니다. 후에 우리가 이것에 관해 다시 이야기했을 때 나는 그날 내가 완전히 얻었던 교훈들이 그로 하여금 나를 자랑스럽게 여기도록 했다는 것을 알게 되었습니다. 이때는 내 인생 최고의 순간 중 하나였습니다.

내 문제에 대해 두 번째로 좋은 영향력을 끼친 것은 『1분 매니저The One Minute Manager』라는 책이었습니다. 나는 그 책을 좋아하는데, 그 책이 내가 맞닥뜨렸던 개인적 대립을 해결하는 데 가장 효과적인 안내서였기 때문입니다. 그 책은 실제적이면서도 논조가 정중했습니다. 나는 그 책의 공동저자 중 하나인 켄 블랜차드를 만나보았습니다. 이 세상에 이와 같은 선물을 준 그에게 감사한다는 것은 흥분되는 일이었습니다. 나는 지금 당신에게 하는 말을 그에게 말했습니다. "예수님께서는 내가 다른 사람들을 대면하는 법을 가르쳐주셨습니다. 그러나 켄은 그것을 잘할 수 있는 법을 가르쳐주었습니다."

그 작은 경이로운 책이 말하는 일반적인 아이디어는 누군가가 뭔가를 잘하는 것을 당신이 보게 될 때마다 지속해서 1분 칭찬을 하라고 말합니다. 그 책은 옳은 일들을 하는 사람들을 찾으러 다니라고 제안합니다. 짧은 칭찬들은 한 사람이 뭔가 잘못한 일을 발견할 때 가끔 1분 책망을 할 수 있는 사랑의 문을 열어줍니다.

1분 책망은 공손하고 진실성으로 충만하므로 영광스럽습니다. 그 저자들은 누군가의 등을 허위로 문질러주는 대신, 받아들일 수 없는 행동(개성이나 성품이 아님)에 솔직하게 맞서라고 권고합니다. 당신은 30초 동안 이렇게 하고서, 다음 30초 동안은 그들에게 당신이 요구하는 것이 무엇이며, 그들이 당신의 역할을 이어받도록 하기 위해 그들이 좋은 행동을 해야 한다는 것을 상기시키는 데 사용하십시오.

그 책은 환상적입니다. 그래서 나의 모든 제자는 적어도 한 번은 그 책을 읽었습니다. 그 책은 내가 항상 좋아하는 열 권의 책 중 하나입니다. 그런데 내가 말한 것은 수박 겉핥기식으로 다룬 것뿐이니 직접 그 책을 읽어보기를 바랍니다!

당신이 제자를 만드는 사람으로서 맞닥뜨리게 될 문제 중 하나는 다른 사람들과 대립하는 것입니다. 당신은 이런 문제가 닥친다는 것을 믿을 수 있기에 이것을 잘 해결하는 법을 배울 필요가 있습니다.

이탈자들

바울과 바나바는 마가 요한의 이탈로 인하여 상처를 입었습니다. 예수님께서는 자신이 가장 힘든 시간에 제자들의 비굴함을 목격하셨습니다. 그리고 당신은 당신이 가장 위급한 상황이 올 때 당신이 사랑하고 신뢰하는 사람들이 당신을 버리는 것을 경험하게 될 것입니다. 그들은 다른 사람의 화려한 사역을 돕기 위해서 당신을 떠날 것입니다. 또는 하찮은 분쟁 때문에 떠날 수도 있습니다.

안타깝게도, 나는 이런 경험을 많이 했지만 조언을 많이 듣지는 못했습니다. 간단히 말해서, 내가 할 수 있는 말은 오직 "그냥 잊고 살아야지!" 입니다. 이탈자들을 그냥 떠나도록 놔주는 것이 좋은데, 이는 당신이 대개 그들을 다시 돌아오게 할 수 없기 때문입니다. 만약 그들이 돌아오더라도 자발적으로 하도록 해야 합니다. 사실 그들은 당신과 함께 하지 않았기 때문에 당신을 떠난 것으로 생각하는 게 좋습니다. 그렇지 않았다면, 그들은 처음부터 당신을 떠나지 않았을 것입니다. 당신은 신약에서 이탈자들에 관해 정확히 설명해주는 말씀을 읽게 됩니다. "그들이 우리에게서 나갔으나 우리에게 속하지 아니하였나니 만일 우리에게 속하였더라면 우리와 함께 거하였으려니와 그들이 나간 것은 다 우리에게 속하지 아니함을 나타내려 함이니라"(요일 2:19). 이것은 슬픈 일이기는 하지만 사실입니다!

거짓 교리를 가르치는 교사들

당신 주변에는 항상 거짓 교사들이 있을 것이며, 그들은 당신의 제자 중 몇 명과의 관계를 방해할 것입니다. 바울은 이런 사람들을 다음과 같이 묘사했습니다.

"그들 중에 어떤 이들은 남의 집에 들어가 어리석은 여자를 유혹하기도 합니다. 그런 여자들은 악한 욕심에 이끌려 죄에 빠져 있고, 항상 새로운 말씀을 배우지만, 진리를 깨닫지 못합니다. 얀네와 얌브레가 모세를 배반한 것처럼 그들도 진리를 미워하고 반대하니, 생각이 바르지 못하고 혼란스러워 진리를 바로 따라갈 수도 없습니다. 그들의 행위는 오래가지 못하고 결국 얀네와 얌브레가 그랬던 것처럼, 그들의 어리석음이 모든 사람 앞에 드러나고 말 것입니다"(딤후 3:6-9, 쉬운성경)

바울은 이 거짓 리더들이 의심하지 않는 성도들의 확신을 얻기 위해 고안된 거짓 메시지(어쩌면 돈에 관한 거짓 메시지)를 가르치는 것에 관하여 설명하는 것입니다.

여기에서 바울은 하나님께서 그 거짓 교사들의 실체를 드러내실 때까지 인내하라고 말하는 듯합니다. 내 경험에 비추어보면 이런 사람들은 대개 노골적으로 대적하면서 말을 매우 번지르르하게 한다는 것입니다. 당신은 그들이 무너진 후에 여전히 서 있기 위해서 벽돌처럼 견고해야 합니다. 이것은 종종 뼈아픈 인내를 요구하지만, 장기적으로는 성공하게 됩니다.

다른 사람들의 문제를 가슴 아파하기

다른 사람들의 문제들을 품고서 아파하기는 쉽지 않은 일입니다. 이것은 다른 사람들을 사랑하고, 그들의 짐을 지고, 그들이 울 때 같이 울고, 그들이 웃을 때 같이 웃으라고 하시는 주님의 어려운 초대입니다. 이것은 어렵기는 하지만 할 수 있는 일입니다. 그리고 이것은 내가 그룹들을 만들어서 사람들을 제자들로 만드는 이유 중 하나입니다. 나는 내가 당하는 고통을 다른 사람들에게 나누기를 원합니다. 나 혼자서 그 모든 고통을 감당할 수 없기 때문입니다.

이 마지막 문장은 문자 그대로를 의미합니다. 근래에 내 친구들과 나는 압류로 집을 잃게 되는 과정에 있었던 네 명의 교인을 위해서 기도했습니다. 좋은 소식은 그중 두 명이 대출금의 상환조건을 재조정할 수 있었으며, 나머지 두 사람은 서서히 그 싸움에서 이기고 있는 중입니다. 그것은 그들이 각각 소유하고 있는 사업체들이 더 크게 되고 있다는 것을 의미합니다. 나쁜 소식이 있다면, 그것은 내가 이 각 사람을 위해서 기도해야 한다는 부르심을 강하게 느끼는 동안 내 마음이 무척 눌렸다는 것입니다.

당신은 내가 "부르심"이라는 단어를 사용한 것을 의식했습니까? 나는 나에게 기도해달라고 요구하는 모든 사람을 위해서 기도하라는 부르심을 받은 것은 아닙니다. 나는 기도해달라는 부탁을 받으면 그 자리에서 기도하지만, 일반적으로 그 자리에서 기도의 부담을 내려놓습니다. 나는 내 인생에 모든 짐을 담당해줘야 할 사람이 너무 많았을 뿐입니다. 그러나 나는 때때로 내 기도생활에 다른 사람의 짐을 지도록 부르심을 받는 것을 느낍니다. 만약 내가 너무 많은 사람을 내 기도 리스트(또한, 내 마음)에 올려놓는다면, 제대로 활동을 하지 못할 것입니다.

그러나 나는 내가 언급한 짐들을 나의 작은 교회에 나누어주었습니다. 나는 우리가 다른 사람들과 함께 기도할 때 힘이 있다고 믿습니다. 나는 이것이 짐을 흩어지게 하여 그 사람의 삶을 더 쉽게 만든다는 것을 압니다. 우리는 사람들 가운데 기도의 짐들을 나누어주어야 할 필요가 있습니다. 이것은 우리가 어떤 사역을 준비하라고 가르칠 때 "서로" 짐을 지라는 말씀이 신약에 여러 번 기록된 이유입니다. 우리는 서로 격려하고, 서로 가르치고, 서로 기도해주라는 부르심을 받았습니다. 이것은 처음부터 끝까지 팀으로 하는 수고입니다.

우리 교회는 거의 200개 정도의 제자 만들기 그룹을 조직했습니다. 성도들은 다른 사역들을 하면서 서로 기도해줍니다. 나는 그들이 짐들을 서로 나누어지기를 원하는데, 이는 그들 중 아무도 혼자서 짐을 지지 않게 하기 위함입니다.

다른 사람들의 불만들

여기에 사람들이 제자 만들기 그룹을 이끄는 리더들에게 종종 정당한 입장이라고 제기하는 불만 중 몇 개를 제시했습니다. 각각의 불만은 우리가 주의해야 할 필요가 있습니다.

만약 당신이 대다수 사역자와 같다면, 당신은 자신이 과정보다는 결과에 더 집착하는 것을 발견하게 될 것입니다. 안타깝게도, 이런 생각은 거의 모든 결과가 과정과 함께 오기 때문에 당신에게 심각한 손상을 줄 것입니다. 내가 실제로 사역이 이루어지는 과정에서 내 눈을 떼고서 결과에만 집착하면, 사람들은 나에게 사리에 맞는 비판을 합니다.

"우리 그룹은 충분히 자주 만나지 않습니다."
이 불만은 심각한 것입니다. 나에게는 호놀룰루 재계에서 명성이 자자하고 존경받는 아주 뛰어난 친구가 있습니다. 언젠가 그는 나를 찾아와서 복음주의적 제자 만들기 그룹을 시작할 것이라는 비전을 제시했습니다. 그는 3명의 성도를 비롯하여 몇몇 비그리스도인 친구와 더불어 이 그룹을 시작할 계획을 세웠습니다. 나는 그것이 좋은 아이디어라고 생각했습니다. 그가 자기 계획의 상세한 내용을 말하기까지는 그렇게 생각했다는 것입니다.

그는 사업가들이 매우 바쁘므로 모임을 한 달에 한 번만 가져야 한다고 주장했습니다. 그의 계획은 외견상으로는 좋은 생각이었지만, 사람들이 서로 교제하기에는 안 좋았습니다. 만약 한 사람이 모임에 참석하지 못하면 그는 두 달이나 교제를 못 하게 되는 것이었습니다. 그뿐만 아니라 한 달에 한 번 모든 사람이 모이더라도 그들이 진정으로 서로를 알기에는 여전히 부족합니다.

이 그룹은 해체되기까지 정확히 두 달이 걸렸습니다. 안타깝게도, 그는 모임 시간을 잘 까먹는 사람들의 잘못이라고 생각했습니다. 그러나 나는 그 사람들이 진정으로 그 그룹에 소속되었다는 느낌을 받지 못할 정도로 교제가 흐지부지했기 때문에 모임이 해체되었다고 생각합니다. 단지 자신들이 소속되어야 할 데가 없었기 때문에 해체된 것입니다. 내 친구는 자기 친구들에 대한 것보다는 자기의 체계에 더 관심을 두었습니다.

반대로, 다른 한 사람은 수요일마다 호놀룰루의 비즈니스 중심부에서 "점심시간 교회"를 시작했습니다. 그는 세 친구와 그들이 초청한 2명과 더불어 모임을 시작했습니다. 그들은 매주 모이고 있고, 현재는 100명이 넘는 그룹으로 성장했습니다. 그들은 다운타운 부동산 회사의 아량으로 임대료를 내지 않고서 한 공간에서 다른 공간으로 옮겨 다니며 모이고 있습니다. 모임 장소를 끊임없이 옮겨 다니는 것이 그들이 점심 도시락을 먹으며 모이는 강력한 교제에 방해가 되지 않는 듯합니다. 그런데 내가 그중 40%가 다른 교회에 다니지 않는 사람들이라고 언급했나요?

나는 사람들로부터 드물게 모이거나 미리 정하지 않고 아무 날이나 모이는 것에 대해서 자주 불만을 듣습니다. 그들의 불만은 실제적이고 지속적인 영적 자양분을 섭취하고자 하는 신실한 열망을 반영해줍니다. 당신의 눈앞에서 이런 일이 일어나지 않도록 하십시오.

"저는 새로운 멤버인데, 그룹에 속해있다는 느낌을 못 받습니다."

이것은 심각한 불만입니다. 만약 당신이 이 장애물을 급히 제거하지 않으면, 최근에 예수님을 믿은 사람들을 당신의 그룹으로 흡수하지 못할 것입니다. 이 문제에 대한 가장 간단한 해법은 당신이 무슨 일을 하고 있든지 그것을 멈추고서 새로운 사람이 그룹에 들어올 때마다 "라운드 로빈"Round-Robin, 한 사람이 자신을 소개한 후 다음 사람들이 차례로 소개하는 것-옮긴이을 하십시오. 새로운 사람을 뽑아서 그로 하여금 자신을 소개하도록 하지 마십시오. 각 사람이 자신의 사적인 이야기들을 짧게 하도록 하십시오. 필요하면, 모든 시간을 사적인 간증들을 하는 데 사용하십시오. 이렇게 하면 새로운 사람을 쉽게 동화시키게 될 것입니다.

당신 자신을 소개함으로 시작하고, 돌아가면서 각 사람이 자신을 소개하고, 자신이 그 모임에 참석하게 된 이유와 그 순간에 하나님과 함께하는 것에 대해 짧은 간증을 하도록 하십시오. 혹 그들이 현재 사역을 하고 있으면 그것에 관해서 설명하라고 요구하십시오. 만약 당신이 새신자들의 그룹을 제자로 만들고 있다면, 비그리스도인이 집중하지 못할 정도로 교회 이야기를 많이 하지 않도록 주의하십시오. 그리고 그의 상황에 적합한 만큼만 그가 말하도록 요구하는 것을 잊지 마십시오.

이것은 그 모임에 의도된 내용이 아니므로 당신을 실망하게 할 수도 있습니다. 특히 그 그룹이 신속하게 성장하고 있다면 더욱 그렇게 느낄 것입니다. 당신은 그들이 자기소개를 하는 데 너무 많은 시간을 사용하느라 당신이 사역을 많이 하지 못하는 것처럼 느낄 것입니다. 그러나 만약 당신이 외부인을 신속히 내부인으로 만들고자 한다면, 이런 시간을 갖는 것의 가치를 발견하게 될 것입니다. 그리고 당신의 그룹 멤버들은 그룹 밖에서 사람들에게 전도할 기회를 만들 때 자신들의 이야기를 더 쉽게 나눌 수 있도록 간증하는 것을 연습하게 될 것입니다.

"멤버들 간의 교제는 풍성한데, 모임의 내용은 충분하지 않습니다."

이것은 실질상의 딜브레이커deal-breaker, 양측이 협상하지 못하도록 하는 요인-옮긴이가 될 수 있습니다. 몇 년 전, 우리 집 거실에 열렬한 20대 청년들로 구성된 그룹이 모였습니다. 그 후에 내 삶이 바뀌어서 내 친구에게 그 그룹을 인계했습니다. 그 그룹은 내 친구 집에서 성경과 C.S. 루이스의 책들과 프란시스 쉐이퍼의 책들을 공부하기도 하고, 때로는 아무것도 안 하고 빈둥거리며 시간을 보내기도 했습니다. 음식을 먹고 교제하고 약간의 다른 활동을 하는 것이 전부였습니다. 이 그룹은 결국 5주 안에 해체되었습니다.

다른 한편으로는, 사도행전 2장 41-47절에 언급된 사역 리스트의 두 번째는 교제입니다. 교제는 초대 교회 활동 리스트의 가르침 바로 다음에, 그리고 기도 바로 전에 언급되었습니다. 나는 교제를 우선순위로 생각합니다. 만약 내가 옳다면, 교제는 제자 만들기 연속체의 매우 중요한 자리를 차지하고 있습니다. 우리는 제자훈련을 내용 중심(사도들의 가르침)적으로 유지하면서도 교제를 풍성히 해야 합니다. 이 두 가지를 잘 혼합하면 당신의 그룹 속에서 효과적인 기도 관계(세 번째 우선순위)를 즐기기 시작할 것입니다. 또한 음식은 이 구절들 속에 크게 언급되었습니다. 나는 음식과 교제가 잘 어우러지는 것을 보았습니다.

"우리의 기도 제목들은 자주 가십거리가 됩니다."

기도 제목이 가십거리가 되는 것은 그 사람에게 가장 큰 상처를 주는데, 이는 실제로 너무 자주 일어나기 때문입니다. 사람들은 흔히 "기도 제목들"을 가십거리로 사용합니다. 어떤 것들은 기도되어야 할 필요가 있지만, 가십거리가 되지 않는 상황에서만 그렇게 해야 합니다.

나는 이런 일을 경험해보았기에 내 시간을 효율적으로 사용하고 싶은 바람과 더불어 사람들이 내놓는 기도 제목들을 전적으로 기도할 수 있는 장소로 갑니다. 그 이유는 내가 기도하는 내용이 종종 가십거리가 되는 것을 방지하고, 같이 있는 사람들과 직접 관련되지 않은 것에 관하여 기도하기 위함입니다. 나는 실제로 제니 아주머니의 사촌의 고양이에 관하여 기도하고 싶지는 않습니다.

우리의 역할은 다음과 같습니다. 우리는 모임이 끝나기 직전에 각각 큰 소리로 기도하지만 우리의 교제 중에 나온 것들이나 우리가 논한 과정에서 나온 것들만 기도 제목으로 삼습니다. 만약 그것이 우리가 논의해야 할 만큼 충분히 중요하거나 개인적이지 않으면, 한 사람에게 시간을 내서 그것을 위해 기도해달라고 요구할 것입니다. 우리는 토의시간에 어떤 가십도 허용하지 않기에 이미 기도시간을 뒷담화를 위한 시간이 되지 않게 만든 것입니다. 또한 우리는 더 중요한 인생 문제들에 우리의 기도를 국한하기도 합니다.

"나는 절대로 입도 뻥긋 못합니다. 두 사람이 모든 말을 합니다."

이것은 또 하나의 매우 실제적인 문제이며, 당신이 리더로서 갖추어야 할 장점을 보여달라고 요구합니다. 만약 당신이 나처럼 소그룹에서 말을 주도적으로 하는 사람이라면 더 큰 절제가 요구됩니다.

우리 교회는 알파코스를 주최합니다. 지금 이 글을 쓰고 있는 시점에 우리는 열두 번째 알파코스를 마치고 있는 중입니다. 우리는 대개 약 열두 개의 테이블에 각각 8명씩 앉게 하고서 코스를 시작합니다. 우리는 저녁을 먹고, 교제하고, 니키 검블이 가르치는 비디오를 보고, 토의와 기도로 세션을 마칩니다. 우리의 프로그램들은 시간이 갈수록 참가자 비율이 감소합니다. 약 100명이 시작하지만, 3주 안에 65명으로 줄어듭니다. 우리는 코스를 시작하고 첫 몇 주 동안에 참가자의 수가 감소하는 것을 알게 되자, 우리가 하고 있던 사역을 더 자세히 검토해보았습니다. 그래도 안심하게 된 것은 각각의 테이블에서 소수가 떠난 것이 아니라 아예 테이블 전체가 떠난 것을 발견하게 된 것이었습니다. 그 문제를 진단하기까지는 그리 많은 시간이 걸리지 않았습니다. 혼자서 모든 말을 하는 테이블 리더들은 자신들의 멤버들이 소외감을 느끼게 했습니다. 일단 그것을 해결하자 문제가 풀렸습니다.

우리는 항상 작은 교회나 제자 만들기 그룹에 전 주일에 들은 설교나 함께 읽으려고 택한 책을 중심으로 과제를 주려고 노력합니다. 당신은 각 사람이 전 주에 읽은 성경 말씀에서 뭔가 나눌 것이 있는지 물어볼 수도 있습니다. 만약 누군가가 설교를 시작하면, 시간이 제한되어 있다는 것을 친절하게 상기시켜주십시오. 그리고 모든 사람이 나눌 기회를 주십시오. 만약 그들이 당신이 암시하는 것이 무엇을 의미하는지 눈치채지 못하면, 그들을 개인적으로 만나서 토의가 잘 진행될 수 있도록 협조해 달라고 부탁하십시오. 그 사람에게 이렇게 부탁하는 것은 일반적으로 문제를 해결해줍니다. 만약 모든 것이 효과가 없으면, 직설적으로 말하십시오. 하지만 그 사람과만 이야기하여 해결해야 합니다.

만약 당신 자신이 문제라는 것을 알게 된다면 자신감을 얻으십시오. 사람들은 인정받는 리더를 자신들에게 답을 주는 사람으로 보는 것이 일반적입니다. 그러나 당신이 그 역할을 하는 것은 당신의 마음을 상하게 합니다. 만약 내가 높은 수준의 절제를 유지하지 않으면, 나는 혼자 말을 하게 되므로 사람들을 불편하게 만듭니다. 내 문제는 내가 교회를 세운 사람이기 때문에 생긴 것입니다. 그러나 사람들이 모든 해법을 나에게서 얻으려고 하는 것은 여전히 진짜 문제입니다.

나는 혼자서 모든 말을 하려는 유혹을 피하게 하는 두 가지 방법을 찾았습니다. 첫째는, 내가 받은 질문을 그 그룹의 멤버들에게로 바로 돌려서 내가 "최상의 해법"을 말하는 대신 그들로 하여금 집합적으로 해법을 말하도록 하는 것입니다. 그들은 그 경험을 통해서 성장할 것입니다.

둘째는, 우리가 함께 모이는 동안에 내가 10%를 넘기지 않는 선에서 말하도록 절제하는 것입니다. 이것은 쉽지 않지만, 해봄 직합니다.

"우리 그룹은 관계 지향적이지 않습니다."

이것은 우리가 내용 중심적이 되어서 우리의 궁극적인 목표가 사람들로 하여금 다른 사람들을 섬기도록 가르치는 것이라는 점을 망각하기 때문에 발생합니다. 제자 만들기의 첫째 목표는 평범한 성도들을 서로 섬기는 사역으로 이끌어주는 것이지, 리더 혼자서 모든 사역을 하는 것이 아닙니다. 만약 우리가 내용을 토의하는 것만 한다면 제자 만들기의 진정한 본질을 놓치고 있는 것입니다. 제자 만들기의 진정한 본질은 "내가 그리스도를 따르는 것 같이 당신은 나를 따르십시오."를 배우는 것입니다. 바울은 자신이 그리스도를 따라 사역한 것과 같이 디모데에게 자신을 따라 사역하라고 요구했다는 것을 기억하십시오.

이 과정은 내용을 중심으로 하는 관계에 관한 것이지만, 여전히 관계가 우선시됩니다. 이런 방식에서 리더가 하는 역할은 "성도들을 준비시켜, 봉사의 일을 하게 하고, 그리스도의 몸을 세우"(엡 4:12, 표준새번역)는 것입니다.

"내가 속한 그룹은 새로운 사람들에게 개방되지 않습니다."

만약 당신이 리더라면, 이것은 당신의 잘못입니다. 당신은 그 그룹이 성장하기를 원하지만 멤버들이 원하지 않는다 해도, 여전히 그것은 당신의 잘못입니다. 만약 당신의 제자들이 다른 사람들을 파티에 초대하지 않아야 더 재미있게 즐길 수 있다고 생각한다면, 예수님께서 우리를 사람 낚는 어부로 부르셨다는 것을 당신의 제자들에게 가르치십시오.

우리는 그룹 멤버십에 세 단계가 있다는 것을 배웠습니다. 첫 번째 단계는 가장 약합니다: "나는 그룹 모임에 열심히 참석하고 있으며, 다른 멤버들에게 말씀으로 양육 받고 있습니다." 두 번째 단계는 작은 헌신을 포함합니다: "나는 시간과 돈을 투자할 수만 있다면 그렇게 할 것입니다." 세 번째 단계는 진정한 제자도를 반영합니다: "나는 그룹의 비전과 가치관에 헌신적이며, 그 비전을 이루는 데 필요한 모든 희생을 치를 것입니다." 세 번째 단계의 멤버들은 새로운 사람들과 기꺼이 관계를 맺으려 하고, 기존 멤버들이 효과적인 교제를 할 수 없을 정도로 너무 커지면 새로운 그룹을 형성하기 위해 오랜 친구들과 기꺼이 나뉘려고 하는 사람들입니다.

다른 사람들을 세 번째 단계로 나아가도록 하는 것은 리더인 당신이 해야 할 일입니다. 비전을 위해서 하나님을 찾고, 그것을 당신의 제자들에게 나누는 것은 리더의 가장 기본적인 일입니다. 나는 잠언 29장 18절에 대한 확대번역본 성경Amplified Version이 "환상(하나님의 구속사적인 계시)이 없으면 백성이 망한다."라고 번역한 것을 좋아합니다.

비전(환상)을 갖는다는 것의 의미는 하나님의 구속사적 경륜과 함께 선다는 것입니다. 잃어버린 사람들을 구원하는 것은 우리가 하나님의 가족 안에서 하는 모든 것에 틀림없이 들어맞습니다. 이것은 리더가 사람들로 하여금 더 높은 생각을 하게 하고, 그들 자신보다 다른 사람들에게 더 관심을 두도록 회유하는 것을 종종 의미합니다.

건강한 제자 그룹은 당신에게 매우 좋은 것입니다. 건강한 제자 그룹은 다른 사람들과 공유되어야 합니다. 계속 공유되게 하는 유일한 방법은 계속 증식하는 것입니다. 리더가 한두 사람과 더불어 새로운 그룹을 시작하기가 가장 쉽습니다. 리더가 그 그룹에서 떠나면 누가 인도하게 될까요? 물론, 리더가 처음에 세운 제자가 인도하게 됩니다!

그런데 만약 당신이 폐쇄적인 사람들의 마음을 여는 중이라면, 당신 자신이 성장하고서 당신의 그룹을 성장시킬 생각을 하십시오.

"우리 멤버들은 모임을 자주 빼먹습니다. 그들은 무관심합니다."

이것은 오랜 시간 모든 그룹에 큰 위험이 되었습니다. 사람들은 다른 사람들이 영적 성장과 비전을 위해 자신들을 의지하는 것을 간과하고서 그 모임을 당연시하기 시작합니다.

　이 문제는 오랫동안 지속된 작은 교회들 속에서 흔히 일어나며, 때때로 우리의 스태프 모임을 위태롭게 합니다. 만약 당신이 이 문제를 겪고 있다면 리더처럼 행동하고 그룹을 위한 기본원칙을 세워야 합니다. 당신이 그룹 모임에 자주 빠지면 그 그룹에서 탈퇴하는 것이라는 생각을 하십시오. 그룹을 위한 우선순위를 정하는 법을 배우십시오.

　이것은 해결하기에 매우 쉬운 문제입니다. 당신은 그저 사람들이 자신들의 스케줄을 우선적으로 처리하기보다는 그들의 우선순위를 따라 스케줄을 잡도록 도와주면 됩니다. 만약 당신의 그룹 모임이 중요하다면 그 모임은 그들의 우선순위 리스트에서 맨 위를 차지하게 됩니다. 만약 그 모임이 그 정도로 중요하지 않다면 그들은 그 모임을 떠나야 할 것입니다.

　부연하자면, 새로운 그룹들을 조직하는 제자 만들기 그룹들은 이 문제를 거의 겪지 않습니다. 그들은 새로운 사람들이 오면 항상 기대와 흥분으로 충만하며, 새로운 그룹들을 만듭니다. 요컨대, 비전은 관심과 열심을 조장합니다.

"우리의 리더는 준비 없이 모임에 오는 것 같습니다."

　이것은 매주 제자 만들기 그룹에 새로운 메시지를 전해야 하는 리더가 교사로서의 역할을 버릴 때 흔히 일어납니다. 이것에는 이미 불리한 면이 있는데, 이는 메시지들이 시간의 차이를 두지 않고 전해지게 되면 나중에 전해진 메시지가 먼저 전해진 메시지를 상쇄해버리기 때문입니다. 기독교 라디오 방송을 끊임없이 듣는 사람들은 이틀 전에 무슨 방송을 들었는지를 당신에게 제대로 말해주지 못할 것인데, 이는 그들이 더 최근에 들은 메시지가 먼저 들은 메시지를 상쇄하기 때문입니다.

이와 같은 문제는 지역 교회 안에서 발생합니다. 일요일에 메시지를 듣고, 수요일에 다른 메시지를 들으십시오. 그리하면 아마도 목요일이 되면 일요일 메시지를 기억하지 못할 것입니다. 일요일 메시지를 수요일에 다시 논의하십시오. 그리하면 몇 달 동안 그 메시지를 기억할 것입니다. 이 접근법의 큰 유익은 당신이 가르치는 교사의 역할보다는 토의를 이끄는 리더의 역할을 맡고 싶어 하게 만든다는 것입니다. 하지만 이것은 당신에게 준비 부족과 연관된 두 번째 문제를 가져다줍니다.

두 번째 불리한 면은 대다수 리더가 바쁘다는 것입니다. 메시지를 준비하는 데는 시간이 듭니다. 그리고 배관공이나 변호사인 당신은 그들이 매일 라디오에서 듣는 내용에 필적할 메시지를 준비하기에는 시간이 너무 부족할 것입니다. 그래서 설교하고 가르치는 장으로서의 소그룹은 비현실적입니다.

반면에, 만약 멤버들이 목사의 설교대로 사는 것에 대해서만 토의한다면, 리더는 목사가 이미 자신을 위해 모든 무거운 짐을 들어주었기에 준비를 하지 않고 올 수 있습니다. 이와 같은 방식으로, 만약 당신이 모든 사람이 같은 책을 읽고, 성령님께서 그 책을 통해 각 사람에게 말씀하신 것을 논의하는 것에 대한 나의 아이디어를 사용한다면, 리더의 삶은 편안할 것입니다. 리더의 역할은 끊임없이 흘러나오는 지혜의 샘이 되었다가도 소그룹에 속한 양들을 양육하는 일을 하는 목자가 되기도 합니다. 그리고 당신은 건강한 양이 더 많은 양을 낳는다는 것을 주의해야 합니다.

이것은 그만한 가치가 있습니다

제자 만들기와 연관된 문제들이 있으며, 이 문제들은 저절로 없어지지 않을 것입니다. 당신은 그 문제들을 하나씩 해결해야 합니다. 하지만 문제들이 없이 이루는 것 중에 가치 있는 것은 없습니다.

예수님께서는 복음서들의 첫 부분에서 사람들과 여러 제자들을 부르셨습니다. 예수님께서 젊으셨기에 아마도 그분 주변에 있던 사람들은 그분과 비슷한 나이였을 것입니다. 주님께서는 그들이 자신의 메시지를 이해하지 못하거나 그들의 믿음이 매우 작은 것을 보셨을 때 자주 애통해 하셨습니다. 그렇지만 그들은 세상이 오늘날에 보고 있는 가장 위대한 운동을 일으켰습니다. 그들은 주님께서 자신들에게 투자하신 시간에 합당한 사람들이 되었고, 자신들이 갈릴리의 메마른 거리를 거닐 때 보여 주었던 옹졸한 다툼과 혼동보다 훨씬 나은 결과들을 낳았습니다.

사도행전 8장에 기록된 다소의 사울의 박해를 피해 도망갔던 그리스도의 제자들은 사도행전 11장에서 이름 없는 교회 개척자들이 되었습니다. 그들은 실제로 자신들의 생명을 위해 도망갔지만, 자신들로 하여금 처음에 예루살렘을 떠나게 했던 그 일 곧 다른 사람들에게 예수님에 대해 가르쳤던 것을 끊임없이 계속 했습니다.

전에 그들을 박해하던 사울이 그들의 교회 중 하나의 목사가 되는 엄청난 기적이 일어났습니다. 바울은 성경에서 바나바를 제외하고 유일하게 제자들을 만든 사도로 성장하는 길을 걸었습니다. 물론, 바나바는 후에 사울이 마가 요한을 포기했을 때 자신은 마가 요한을 믿어주므로 사울과 헤어졌습니다. 마가 요한을 거부했던 바울은 훗날 로마에 있는 감옥에서 디모데에게 마가를 데리고 오라고 부탁했습니다. "네가 올 때에 마가를 데리고 오라 그가 나의 일에 유익하니라"(딤후 4:11).

나는 바울이 한 말들을 좋아합니다. 그것들은 내가 경험했던 거의 모든 제자 만들기 관계를 묘사해줍니다. 어떤 때는 내가 제자훈련을 하던 모든 사람을 포기하고 싶었습니다. 그렇지만 마지막에는 그들이 나의 사역에 유익한 것을 보게 되었습니다. 나는 바울처럼 "그들은 하나님께서 나에게 주신 사역에 유익하다."라고 말해야 할 것입니다.

Chapter 16

사역하지 않는 소그룹들이 있는 이유

나는 당신이 굶주린 제자들의 소그룹을 인도하는 일에 참여하기를 바란다는 것을 당신이 이해하기를 원합니다. 도대체 왜 그들이 제자 만들기 사역을 하지 않는 것에 관하여 한 장을 할애하여 써야 하는 것일까요? 매우 간단합니다. 그들이 사역을 하지 않기 때문입니다. 나는 왜 소그룹들이 사역을 하지 않으려 하며, 사역하지 않고, 사역할 수 없는지를 탐구하기 원합니다. 그러고서 당신에게 더 나은 길을 제시하기를 원합니다.

유행들은 교회들 속에서 잠깐 있다가 없어집니다. 나는 "주일학교 버스들이 없는 교회는 성장하지 않는다."라는 제목의 잡지 기사를 읽었을 정도로 오래 살았습니다. 당신의 마을에는 주일에 몇 대의 주일학교 버스들이 다니고 있습니까?

나는 우리가 모두 자신의 일을 조용히 하는 동안에 빌리 그래함이 세상 사람들을 구원할 것으로 생각했던 때를 기억합니다. 빌리 그래함은 성실히 복음의 깃발을 높이 들었습니다. 하지만 그것이 한 문화 공동체를 그리스도께로 인도하지는 않았습니다. 후에는 셀교회 운동이 일어났습니다(나는 이 책이 집중적으로 다루고 있는 사도행전 2장에서 셀교회 운동이 있음을 봅니다). 우리 주변에 셀교회들이 여전히 많은 것과 우리 교회를 비롯하여 우리가 개척한 대다수 교회가 셀교회인 것을 생각할 때 이 운동은 몇 가지 이유로 오래 지속하고 있습니다.

최근 수십 년 동안은 대형교회들에 집중했습니다. 그러나 이제는 사람들이 대형교회의 비개인성에 반발하고 있으며, 그것은 단순한 교회 운동이 일어나게 된 것에 부분적으로나마 책임이 있습니다(가정에서 모이거나 가정이 아닌 다른 장소에서 모이는 가정교회들을 생각해보십시오). 다음에는 무엇이 올지 누가 알겠습니까?

설교 비디오로는 충분하지 않습니다

대형교회들은 앞으로도 오랫동안 존재하겠지만, 리더들은 사역의 접근법을 재고하고 있습니다. 미국에서 가장 큰 교회 중 하나인 윌로우크릭교회로부터 용기 있는 연구 결과가 근래에 발표되었습니다. 이 사람들은 제자 만들기 영역에서의 자신들의 성공을 전문적으로 평가하는 용기가 있었습니다. 결과는 실망스럽지만 계몽적입니다.

윌로우크릭교회 담임목사인 빌 하이벨스는 『Move』라는 책의 서문에 설문조사가 낳은 실망에 관해서 기록했습니다.

"우리는 무시할 수 없는 경종을 들었습니다. 우리는 설문조사를 시작할 때 우리가 오랫동안 간직해 온 대단히 중요한 추측에 관심을 집중했습니다. 이 추측은 교회 활동(소그룹 모임, 주일 예배, 자원봉사)의 증가는 사람으로 하여금 하나님과 이웃들을 더욱 사랑하게 한다는 것이었습니다. 달리 표현하자면, 교회 활동은 영적 성장이라는 것입니다."22)

하이벨스의 예상은 더 많이 활동하면 영적으로 더 성장한다는 우리의 생각을 매우 잘 반영해줍니다. 나도 어느 날 우리의 개척교회에서 모든 기능을 했던 한 사람이 10년이 지나도 신앙이 여전히 아기인 것을 깨달았습니다. 안타깝게도, 소그룹을 비롯하여 더 많은 사역에 참여한다고 해서 자동으로 성장하는 것은 아닙니다.

하이벨스는 이제 더 안 좋은 소식을 전합니다.

"우리는 설문조사를 마치고서 데이터를 보았을 때 우리 교회에 관한 세 가지의 충격적인 사실을 알게 되었습니다. 첫째로, 스스로 더 교회 활동에 참여하는 것이 하나님과 이웃을 더 사랑하도록 하지 못했습니다. 둘째로, 우리 교회에는 불만스러워 하는 교인이 많이 있습니다. 셋째로, 매우 불만스러워서 교회를 떠날 준비가 된 사람이 많이 있습니다."23)

이 연구에 의하면, 한 사람의 더 많은 활동은 그의 신앙생활 초기에 더 큰 영성과 동일시되었지만 나중에는 줄어드는 결과가 났다는 것을 보여주었습니다.24) 안타깝게도, 이 설문조사의 결과는 윌로우크릭교회에만 국한된 것이 아닙니다. 지금까지 25만 명 이상이 윌로우크릭교회 사역자들이 진행한 설문조사에 참여하여 데이터를 산출했고, 그 결과는 광범위합니다. 그들이 얻은 결과는 아마도 당신이 사역하는 교회와 내가 사역하는 교회의 상황에도 맞을 것입니다.

나는 윌로우크릭교회가 자신들의 문제를 세상이 볼 수 있도록 공개한 것을 높이 평가합니다. 하지만 이 연구의 결론 중 소그룹이 강한 제자들을 만들어내지 못한다는 생각에는 단호히 의견을 달리합니다. 나는 그것에 관하여 곧 다룰 것이지만, 내가 실망감을 터뜨리는 동안에 조금만 인내해 주기를 부탁합니다. 이 설문조사 결과들이 하와이에 처음 도착했을 때 몇몇 목사들은 출판된 내용을 읽은 것을 바탕으로 소그룹 사역은 시간을 낭비하는 것이라고 설교했습니다. 그들의 말은 어느 정도 맞습니다. 몇몇 소그룹은 영적 성장을 하지 않습니다. 하지만 다른 그룹들은 매우 효과적입니다. 나는 소그룹이 멤버들로 하여금 성경을 숙고하도록 만드는 것의 성공 여부에 따라 달라진다고 생각합니다.

나의 견해는 매우 단순합니다. 주변 사람들과 소그룹으로 모여서 일요일 설교의 축소판 DVD를 보고 요약한다고 해서 멤버들이 영적으로, 관계적으로 성장하거나 사역자로 구비되지는 않을 것입니다. 머리에 지식을 쌓는다고 영적으로 성숙해지는 것은 아닙니다. 대형교회들에 의해 시작된 이런 개념이 실패한 것이지, 소그룹들의 멤버들을 제자로 만드는 개념이 실패한 것이 아닙니다. 지상명령은 프로그램에 관한 것이 아닙니다. 지상명령은 성경 말씀과 만나는 삶을 중심으로 하는 제자 만드는 관계들에 관한 것입니다.

윌로우크릭교회의 설문조사는 이것을 에둘러서 말합니다.

"우리는 성경에 대한 숙고가 그 어떤 실천보다 더 영향력이 있다는 것을 발견했습니다. 실제로 이것은 가장 진보한 부분들인 그리스도께 가까이 함과 그리스도 중심으로 사는 삶을 위한 리스트에 올라온 다른 모든 요소보다 두 배로 큰 촉매제입니다. 성경 숙고는 여느 다른 영적 실천보다 영적으로 성숙한 사람들 안에 성장을 일으키는 두 배의 능력이 있다는 것을 의미합니다."25)

개인의 삶에 주일 설교를 적용하도록 하는 소그룹 모델은 다른 성경공부나 DVD를 통한 짧은 설교, 또는 다른 방법들과는 크게 다릅니다. 그 사람의 삶에 어떤 교훈을 어떻게 들어맞게 할까 토론하는 것은 개인의 성경 읽기와 일상의 문제들에 딱 들어맞습니다.

우리는 다른 설교가 필요하지 않습니다

내 친구 중 하나는 사람들이 소그룹 안에서 그리스도께로 함께 모여야 하는 필요성을 설명해주는 이야기를 해주었습니다. 교회가 탄생했을 때 성도들은 성전뿐만 아니라 가정에서 모였다는 것을 기억하십시오. 각각의 장소는 모든 민족을 제자로 만드는 과정에 색다른 기능을 제공했습니다. 어떤 사역들은 큰 강당에서 하는 것이 효과적이지만, 다른 사역들은 테이블에 둘러앉아 식사하면서 하는 것이 효과적입니다. 우리는 이 두 배경 모두에서 사역할 필요가 있습니다. 내 친구가 말해준 이야기는 다음과 같습니다.

우리 스태프 중 하나는 미국 남부에서 휴가를 보내고 있었습니다. 그의 가족은 전에 우리 교회에 다녔던 지인과 저녁을 먹었습니다. 그 사람은 자신의 새 목사와 그 목사의 딸을 초청했습니다. 그 목사가 목회하는 교회는 꽤 컸고 잘 알려진 교단의 멤버였습니다.

그들은 목회하는 방법에 관해 이야기했습니다. 그 남부 목사는 자신이 한 주에 세 번의 설교 준비와 장년들을 위한 주일학교 강의를 얼마나 힘들게 준비하는지를 설명했습니다. 나는 우리 스태프가 우리 교회에서 주님을 처음 만났고, 그 목사가 말하는 것과 같은 힘든 프로그램 같은 것에 한 번도 노출된 적이 없었음을 말할 필요가 있습니다.

내 친구는 그 목사가 모든 에너지를 설교와 강의에 사용한다고 설명한 것을 듣고서 깜짝 놀란 나머지 무심결에 "목사님의 장년 성도들이 실제로 한 주에 네 번의 가르침을 받는다고요?"라고 말했습니다. 그 목사가 그렇다고 대답하자, 내 친구는 그 목사가 설교를 준비하는 데 한 주에 몇 시간이나 투자하는지를 물었습니다. 이에 그 목사의 딸이 자신의 주일학교 강의를 준비하는 데 5시간을 투자한다고 자진하여 말했습니다. 그 목사는 세 번의 설교(일요일 아침, 일요일 저녁, 수요일)와 주일학교 강의를 준비하는 데 각각 그 이상의 시간을 투자한다고 말했습니다. 두 사람 모두 자신들의 노력에 만족하고 자신들이 하나님의 나라를 위해 희생하는 것에 자부심을 느끼는 듯했습니다.

내 친구는 아무 생각 없이 "목사님께서는 그 성도들이 설교와 강의를 통해서 실제로 뭔가를 얻을 것이라고 기대하십니까? 목사님께서는 그들이 진정으로 모든 가르침을 시행할 것으로 생각하십니까?"라고 물었습니다. 그 목사는 깜짝 놀라서 "물론입니다!"라고 대답했습니다. 그와 동시에 그 목사의 딸은 내 친구의 질문에 무례함을 느끼고는 화가 나서 눈물을 흘리며 그 방에서 나갔습니다.

내 친구는 그들에게 무례하게 물어본 것이 아니었습니다. 그는 참으로 그 목사의 스케줄과 그 교인들이 받을 영향에 충격을 받은 것뿐이었습니다. 내 친구는 그 목사에게 성도들은 한 설교를 다른 설교를 들을 때까지만 간직한다고 생각한 적이 없느냐고 물어보았습니다. 이것은 삶을 변화시키는 메시지가 이전에 전해진 메시지와 매우 근접하게 전해지면 이전 메시지를 상쇄시킬 것이라는 점입니다. 그 목사는 자신이 설교 준비에 필요 없이 많은 시간을 투자한다는 것에 마지못해 동의했습니다.

그 후에 내 친구는 사람들은 삶을 변화시키는 메시지를 한 주에 한 편밖에 흡수하지 못할 것이라는 우리의 의견을 설명했습니다. 실제로 이것은 창조주께서 구약에서 한 주에 하루를 안식과 묵상의 날로 정하신 것과 신약의 교회가 "주간의 첫날에"(행 20:7; 고전 16:2 참조) 모인 것과 연관된다고 믿습니다.

그는 나아가 성령님께서 전 주에 전해진 설교를 통하여 각 사람에게 말씀하신 것을 우리의 셀그룹들이 자신의 삶에 어떻게 적용할 것인가를 토의함으로 제자훈련에 집중한다고 설명했습니다. 또한 우리가 성령님께서 우리 각 사람에게 계시하시는 것에 대하여 각 사람을 기도로 지원하는 것에 관해서도 설명했습니다. 그러고는 주중 모임 때는 많은 음식을 먹으며 교제한다고 언급했습니다.

그와 그 목사는 이제 그 교회에 다니던 교인들 곧 우리가 서로 아는 한 친구의 성인 자녀들이 그 교회를 떠난 이유가 그 교회가 엄청나게 열심을 내서 했던 사역 때문이었다는 것을 논의하게 되었습니다. 그 교인들은 그 교회의 사역으로 인해 만족스럽게 양육 받았다는 느낌을 받지 못했기 때문에 떠났다고 말했습니다. 이것은 그 목사를 진짜로 충격에 빠지게 했습니다. 그는 진실한 사람이었고, 설교에 모든 에너지를 쏟으면서 자기 삶을 불태웠습니다. 그는 양 떼를 먹이는 일에 자기의 모든 것을 걸었던 것입니다. 그러나 그 목사는 교인들이 자기의 설교를 통해서 영적으로 양육 받는다고 느끼지 않는다는 것을 들었을 때 깊은 상처를 받았습니다.

하지만 이것은 좋은 상처입니다. 이것은 그 목사가 사역의 접근법을 바꿀 만큼 충분히 강력한 통찰력을 얻었다는 의미입니다. 그 교회는 지금도 장년들을 위한 주일학교를 운영하지만 설교는 한 주에 한 번만 하고 있습니다. 그들은 현재 그들의 작은 도시에 있는 가정들에서 교제하고 음식을 먹으며 제자들을 만들기 위해 주중에 모임을 갖고 있습니다. 그 교회를 떠났던 젊은이들은 기꺼이 교회로 돌아와서 현재 제자 만들기 그룹 중 하나를 인도하고 있습니다.

소그룹이 실패하는 이유

우리는 일찍이 짧게 편집된 설교 비디오를 보면서 제자 만들기 그룹들을 진행하는 것은 교차하지 않는다는 것을 논의했습니다(이런 소그룹 진행 형식은 너무 프로그램이 많고 충분히 관계 중심적이지 않습니다). 당신은 주중에 또 한 번의 예배를 드립니다. 이런 경우는 이전 메시지가 개인의 삶에 준 영향을 새 메시지가 상쇄합니다. 지역 교회가 제자 만들기 그룹들을 조직하는 데 실패하는 것에는 여러 다른 이유가 있습니다.

대중을 따르기 때문에

당신이 단순히 대중을 따르고 있다면, 그것은 두드러진 실패의 이유가 됩니다. 이것은 1970년대의 셀교회 운동의 비극을 만들어냈습니다. 소수의 사람이 오순절 날의 초대 기독교를 모방하는 데 성공했습니다. 후에 그 아이디어가 유행의 추진력을 받자, 그들은 필요한 만큼의 책을 쓰고 필요한 만큼의 세미나를 열었습니다. 유행들은 피상적으로 치닫는 경향이 있습니다. 사람들은 셀교회를 운영하는 "방법"만 배울 뿐 셀교회를 운영해야 하는 "이유"를 이해하지 못했기 때문에 실패했습니다.

　셀교회를 운영해야 하는 "이유"는 관계들을 더 깊어지게 하고, 모든 성도를 사역자로 준비케 하려는 의도로 제자 만들기를 하고, 그중 몇 명은 소명을 완수하기 위해서 땅 끝까지 여행하게 하기 위함입니다. 이것은 지식정보를 다른 사람들에게 나눠주는 것보다 훨씬 깊은 의미가 있습니다. 이것은 삶을 나누는 것입니다. 심지어 내가 아는 한 사람은 새벽 2시에 자기의 작은 교회 리더에게 전화를 걸어서 자신이 음란업소에 들어가는 것을 막을 방법이 있느냐고 말할 정도로 자신들의 삶을 나누고 있습니다.

　교회 안에 유행하는 프로그램들은 이런 유의 신뢰를 만들어내지 못합니다.

하나의 추가물일 뿐이라고 생각하기 때문에

　소그룹들이 실패하는 또 하나의 이유는 소그룹이 흔히 교회의 추가물로 여겨지기 때문입니다. 다시 말해서, 소그룹이 또 하나의 프로그램이 되기 때문에 실패한다는 것입니다. 소그룹은 교회의 사명에서 중심 사역으로 취급받지 않습니다. 만약 우리가 제자를 만들라는 명령을 받았다면, 제자 만들기 사역은 교회의 멤버들과 리더들인 우리가 해야 할 중심 사역이 되어야 합니다.

　반복하여 말한 바와 같이, 우리 교회에는 대다수 교회와 다르게 하는 것이 두 가지가 있습니다. 첫째로, 우리는 모든 새신자를 우리의 교인들과 제자 만들기 과정을 통해서 효과적으로 훈련할 수 있는 잠재적인 선교사로 봅니다. 요컨대, 항상 제자를 만들고 최고를 향해 노력하라는 것입니다.

둘째로, 우리는 담임목사를 우리의 작은 교회들에 중점을 두는 제자 만들기의 발기인으로 인정합니다. 우리는 우스갯소리로 주일예배들은 교회의 전통이지만, 소그룹 모임은 참 교회라고 말합니다. 사람들로 하여금 우리의 사명을 이해하도록 돕는 것은 진부하지만 효과가 있습니다.

인리치가 아웃리치를 이기기 때문에

몇몇 교회들이 소그룹 사역에 실패하는 이유는 그 그룹들이 "아웃리치" outreach 대신에 "인리치" in-reach에 모든 관심을 두기 때문입니다. 소그룹은 사람들이 주님 안에서 성장하기 위해서 존재하는 것이 아닙니다. 물론 영적 성장은 우리가 갈망하는 한 가지 요소이지만, 전체적으로는 작은 한 부분일 뿐입니다. 우리는 소그룹을 통해서 전도를 그리 많이 하지는 않기에 내가 아웃리치에 관하여 논의하는 것은 소그룹을 통하여 전도하는 것을 의미하지 않습니다.

내가 아웃리치라고 말할 때는 모든 그룹이 모든 멤버로 하여금 교회 밖에서 지상명령의 역할을 완수할 수 있도록 준비시키기 위해 존재한다는 것입니다. 이것은 사람들이 이기적인 이유로 소그룹 모임에 오는 것을 막아줍니다. 그들은 일상의 삶에서 외부인들에게 복음을 전하기 위해 준비되고 힘을 얻기 위해 소그룹 모임에 모이는 것입니다.

우리의 성장은 우리 교회의 현관을 통해서 옵니다. 즉 주일 예배들을 통해서 온다는 것입니다. 사람들은 자기 친구들을 전도하여 주일에 교회로 데려온 다음에 그곳에서 서서히 가정 모임들을 조성합니다. 그러나 주일 예배와 주중 소그룹 모임은 항상 손을 잡고서 모든 멤버를 사역을 위해 준비시키는 일을 해야 합니다. 우리는 항상 밖을 보고 있습니다.

우리는 평범한 사람들이 일상에서 효과적으로 전도하도록 준비시키기를 원합니다.

보증 문화의 결여 때문에

마지막으로, 몇몇 소그룹은 보증 문화를 이해하지 못하기 때문에 실패합니다. 더 강한 리더는 항상 자신의 관심을 받는 사람들의 사역이 더 커지기를 바라야 합니다. 사도들이 바울을 여전히 두려워하고 있을 때 바나바가 바울을 보증해준 것에 관하여 생각해보십시오. 그리고 바나바가 새로이 세워진 안디옥 교회의 목회자 중 하나로 바울을 세우기 위해 다소로 가서 그를 데리고 온 것을 기억하십시오(행 11:25,26 참조). 마지막으로, "바나바와 사울"의 관계는 결국 "바울과 바나바"의 관계로 바뀐 것에 주목하십시오. 바나바는 하나님께서 자신보다 자기의 제자에게 더 강력한 기름부음을 주셨다는 것이 명백해졌을 때 자기의 성숙한 제자에게 리더십을 흔쾌히 이양하려고 했습니다.

보증의 유형은 어떤 사람의 강점과 약점을 찾고서 그를 강하게 세워주기 위해 도와주는 것을 배우는 것입니다. 미식축구에서 키커(공을 차서 득점하는 선수)는 대개 그 팀에서 가장 작은 사람입니다. 그는 어느 포지션에서도 경기를 할 수 없습니다. 그러나 그는 자신을 시즌 내내 가장 많은 골을 넣는 사람으로 만드는 기술을 가지고 있습니다. 한 사람이 다른 누군가와 비교가 될 만큼 뛰어나지 않으면 그를 간과하기 쉽습니다. 하나님께서 숨겨두신 강점들을 찾아내는 것은 더 어려운 일이기는 하지만, 훨씬 더 보람 있는 일입니다.

우리 교회 안에서 가장 간단한 유형의 보증은, 한 리더가 새로운 제자 만들기 그룹을 시작할 때 자기 제자 중 하나를 자기의 기존 그룹의 리더로 세울 필요가 있을 때 일어납니다. 그러나 보증은 그것보다 광범위합니다. 이것은 그룹 멤버가 해외선교에 참여할 수 있도록 기금을 모집하는 데 도움을 주는 유형으로 올 수 있습니다. 또는 우리 교회에서 빈민가에 작은 교회를 세운 사람들을 위해 기금을 모으는 것일 수도 있습니다. 우리의 작은 교회 중 몇 개는 자신들이 전도하여 회심한 사람들을 위해 한두 사람의 후원자를 붙여주는 방법으로 아름답게 성장했습니다. 그들은 당신이 기대하는 빈민가 사역과 같은 평범한 것들을 합니다. 그들은 출장 시에 호텔에서 비누와 샴푸를 거둬들여 어려운 사람들에게 나누어 줍니다. 그들은 교회 모임에 헌 옷과 음식을 가져옵니다.

   그러나 훨씬 더 중요한 것이 있습니다. 그들은 실제로 거리의 사람들을 친구로 삼습니다. 몇몇 사람은 자신의 새 친구들을 자신들의 회사에서 일할 수 있도록 고용했습니다. 다시 말해서, 그들은 실제적인 관계들을 구축한다는 것입니다. 이것은 무료급식소와 같이 사람들을 감동시키는 것 이상으로 나아갑니다. 이들은 자신의 관심원 안에 있는 사람들이 생산적인 삶을 살 수 있도록 보증해줍니다.

   그러므로 제자 만들기 그룹들이 사역을 하지 않으려 하며, 사역하지 않고, 사역할 수 없는 확실한 이유가 있는 것입니다. 하지만 각각의 문제를 해결하는 것은 매우 단순합니다. 이것은 의도성에 관한 것입니다. 만약 당신이 기회에 충실하면, 실패의 두려움을 주는 장애물을 제거할 것입니다.

Chapter 17

당신을 상응하게 해주는 피드백 고리

당신은 날마다 자신이 늙어가고 있다는 것을 의식했는지 모르겠습니다. 당신이 아무리 노력해도 늙는 것을 피할 수 없다는 것이 문제입니다. 보톡스 주사를 맞고 값비싼 주름 제거 수술을 해도 마찬가지입니다.

나는 나이가 많은 그리스도인들이 자신들보다 어린 리더들을 따르는 동안에 어린 사람들이 나이가 많은 리더들의 말에 귀를 기울이지 않는 것을 볼 때 마음이 아팠습니다. 이 현상은 아시아보다 서방 문화권이 더 고질적이지만, 미국의 미디어가 노출됨에 따라 이 현상은 곧 전 세계적인 문제가 될 것입니다. 세대차는 일반적으로 젊은 사람들이 최신 유행과 음악 트랜드에 빠져있는 현실에 뿌리를 내리고 있고, 그들이 세상을 더 나은 곳으로 새롭게 만들려고 생각하는 것을 귀찮아하는 성향이 있으므로 발생합니다.

나는 우리가 했던 모든 것이 새롭고 혁명적이고 교회를 더 낫게 변화시킬 것이라는 점을 매우 잘 알았던 오래 전의 일을 기억할 수 있습니다(실제로 나 자신이 부흥의 시대 속에서 성년이 되었기 때문에 그것은 어느 정도 사실입니다). 그러나 부흥이 지나갔어도 나는 나보다 나이가 많은 사람들보다 내가 더 잘 안다고 생각했습니다.

사람들과 계속 상응하십시오

나는 소천한 모든 사람을 되돌아볼 때 나다니엘 반 클리브라는 사람을 모르는 체할 수 없습니다. 그는 내가 중학교에 다녔을 때 우리 교회의 담임목사로 왔습니다. 후에 그는 내가 다녔던 대학의 총장직을 받아들였습니다. 그리고 그는 교단의 감독으로서 나를 내가 처음 목회한 교회의 목사로 임명했습니다. 그러나 내가 그에게서 배우고 싶었던 것은 그가 가졌던 어떤 직임이 아니었습니다.

반 클리브는 내가 가장 반항적인 시절을 보낼 때도 나의 관심을 끌었던 세 가지를 했습니다. 첫째로, 그는 의도적으로 자신보다 어린 사람들과 어울렸습니다. 그는 언제나 자기 스태프들을 청소년들과 연결해주었습니다. 둘째로, 그는 실제로 자신이 제자로 만들고 있던 젊은이들의 말을 듣기 위해서 모임들에 참석했습니다. 그는 제자 만들기 사역을 호혜적 관계로 만들었습니다. 셋째로, 그는 어떻게 해서든 우리 세대에 상응하려고 했습니다. 그는 자기의 자동차와 옷을 우리 세대와 소통이 가능하도록 맞추었습니다. 그는 젊은 사람들과 상응하려고 노력했던 보기 드문 사람 중 하나였으며, 그 시대에 유행하는 옷을 입었습니다. 그렇지만 그는 어린 애들과 어울리려고 시도하는 늙은 괴짜처럼 보이지는 않았습니다.

반 클리브 박사는 자신이 80대가 되어서도 문화적으로 상응하도록 만들어준 피드백 고리를 확고히 했습니다. 나는 그가 50대 초반이었을 때부터

40여 년 후에 사망할 때까지 그를 알고 지냈습니다. 평생 동안의 목회와 교단 내에서의 감독 생활 후에 그는 인생의 마지막 몇 년을 젊은이들이 많이 모이는 서던 캘리포니아의 대형교회에서 매우 젊은 그리스도인들에게 성경을 가르쳤습니다. 그는 절대로 늙지 않았습니다. 그의 몸은 나이가 들었지만, 그의 영혼은 생기가 넘쳤고 미래지향적이었습니다.

나는 중학교 시절에 건축제도 시간에 창을 통해 그가 신형 알파로메오_{이탈리아의 자동차-옮긴이}를 운전하던 모습을 본 것을 절대로 잊지 못할 것입니다. 그는 스포츠카보다는 세단을 선택했습니다. 그러나 그때는 소수의 미국인이 외국산 자동차를 타던 때였고, 그는 지구 상에서 가장 멋진 자동차 중 하나를 선택한 것이었습니다. 그렇지만 그는 로드스터_{지붕이 없고 좌석이 두 개인 자동차-옮긴이}보다는 세단을 선택할 정도로 자제심을 유지했습니다. 그는 16살이었던 나의 시선을 사로잡았습니다. 그날 나는 훗날 반 클리브 박사처럼 되고 싶다고 생각했습니다.

나는 항상 나보다 젊은 사람들을 리더들로 일으키는 사역에 집중하고 있습니다. 현재 나는 목사가 되고 싶어 하는 2명의 청소년을 제자로 만들고 있습니다. 그들은 2명의 목사와 78세의 은퇴 목사가 포함된 7명의 그룹에 속해있습니다. 그 노인 목사는 혁명가로서 주일마다 나이가 많은 목사들로 하여금 그들 가운데 있는 청소년들에게 관심을 두도록 격려합니다.

그 그룹의 청소년들은 특별합니다. 그들은 재능이 극히 많고, 자신들의 선배들에게서 배워야 한다는 것을 알 정도로 지혜롭습니다. 하지만 그 그룹을 특별하게 만드는 사람들은 매우 어린 청소년들의 지혜를 보고서 자신들의 시간을 투자하는 연장자들입니다. 그리고 젊은 세대와 우정을 쌓는 것은 그들의 생각을 젊게 유지해주고 있습니다. 그들은 젊은이들의 식견과 잘 조합한 오랜 세월의 지혜가 잘 어우러진 긍정적인 피드백 고리를 형성하고 있습니다.

다음 세대는 매우 중요합니다

나는 솔직히 "차세대" 또는 "다음 세대"와 같은 슬로건들을 약간 싫어한다는 것을 시인하는 바입니다. 이 전문용어는 젊은이들과 접촉하려고 시도하지만 실제로는 거의 접촉하지 않는 사람들에 의해 고안된 것같이 보입니다. 하지만 나는 교회의 가장 중요한 사명은 각각의 젊은 세대를 전도하고 제자로 만드는 것이라고 믿습니다. 이것은 오늘날에만 중요한 것이 아닙니다. 이것은 항상 중요하고, 항상 중요할 것입니다. 만약 우리가 젊은 사람들을 재생산하지 않으면 교회는 존재하지 못하게 될 것입니다.

이런 이유로 나는 끊임없이 우리 교회의 장년 성도들에게 우리가 제자들을 만들어야 하고, 미래를 위해 자금을 투자해야 하고, 우리 귀에 익숙하지 않은 음악을 즐기는 법을 배워야 한다고 가르칩니다. 나는 제자 만들기 그룹들 안에서만이 아니라 성도 전체가 그렇게 해야 한다는 것을 말하고 있는 것입니다. 만약 우리가 미래에 투자하지 않는다면, 우리의 현재 노력과 에너지는 몇 년 안에 허사가 될 것입니다.

다음 세대와 관계를 맺게 해주는 우리의 능력은 우리의 교회를 생존하고 성장하고, 자국과 외국에서 스스로 증식할 수 있도록 해줍니다. 이것은 지상명령을 완수하는 것에 관한 이야기입니다. 하지만 이것은 "네

(젊은) 이웃을 네 몸 같이 사랑하라"고 하신 두 번째 명령에서 기인한 것입니다. 당신은 이웃 중 몇몇은 당신보다 상당히 어리다는 것을 의식했습니까?

이것은 개개인을 위한 것입니다

이미 말한 바와 같이, 나는 성장하면 반 클리브 박사처럼 되고 싶었습니다. 그리고 50년이 지난 지금도 나는 여전히 성장하고 있습니다. 나는 파도타기를 할 수 없을 정도로 두 팔이 약해졌기 때문에 더는 파도타기를 하지 않으며, 내 나이는 옷 입는 스타일을 바꾸는 데 한몫했습니다. 아이들이 픽업트럭에 들어가 있는 동안에 나는 여전히 컨버터블지붕을 접었다 폈다 하거나 뗐다 붙였다 할 수 있는 승용차-옮긴이을 운전하고 있다는 것을 시인하는 바입니다. 그러나 나는 거의 모든 날을 나보다 젊은 사람들과 시간을 보내고 있습니다.

나는 그들의 삶에 세 가지 역할을 하는 나 자신을 봅니다. 첫째로, 나는 그들을 제자로 만듭니다. 둘째로, 나는 그들이 우리 교회의 장년 성도들이나 스태프들과 다툴 때 그들의 선도자 노릇을 하고 있습니다. 셋째로, 나는 그들에게서 배웁니다. 그들은 색다른 눈으로 세상을 보고, 그들의 아이디어는 내가 가진 것보다 훨씬 더 현재에 적합합니다.

나는 젊은 사람들에게 인생의 가치관을 주고, 그들은 나에게 혁신과 창의력을 줍니다. "철이 철을 날카롭게 하는 것 같이 사람이 그의 친구의 얼굴을 빛나게 하느니라"(잠 27:17). 이것은 매우 생산적인 상부상조이며, 나는 내 인생을 이렇게 살기로 했습니다.

당신은 어떻습니까

나는 언젠가 한 유명한 목사가 자신은 자기 세대의 사람들과 지역 공동체에만 복음을 전하기 위해 부르심을 받았다고 말하는 것을 들었습니다. 그는 자신이 하는 사역을 매우 효과적으로 했으며, 12명이 모이던 교회를 1만 명으로 성장시켰습니다. 그러나 그는 정확히 자신이 하고자 했던 영역에서만 성공할 수 있었습니다. 그는 자기가 사는 지역에 있는 자기 세대의 사람들에게만 복음을 전했습니다. 그는 다른 지역들에 교회를 세우지 않았고, 그의 교회는 노인들로 가득하여 서서히 황폐해지고 있습니다.

그는 의도적으로 제자를 만든 적이 없습니다. 그가 더 젊은 스태프들을 고용했어도, 그들 중 다수는 그가 아버지가 아니라 의붓아버지와 같다는 느낌을 받고서 교회를 떠났습니다. 내 상황에서 보면, 그는 끊임없이 기회들을 놓치는 삶을 살고 있습니다. 그가 은퇴한 후 그 교회는 안타깝게도 전 규모의 30% 정도로 후퇴하기 시작했으며, 현재는 거의 노인들만 남아서 매 주일 예배드리고 있습니다. 그는 자기가 약속한 대로 했으며, 애석하게도 그것은 그를 은퇴할 때까지 그렇게 끌고 갔습니다. 그는 자신과 자기 동료들의 자리를 대신할 젊은 리더 세대를 세우지 않았습니다. 그는 자신이 심지 않은 것을 거둘 수 없습니다.

나는 1940년대 말에서 1950년대에는 한 사람이 자신을 대신할 사람을 찾지 못할 경우 사람들은 오히려 그를 좋게 평가해야 한다고 생각했던 때가 있었다는 말을 들었습니다. 만약 그 당시의 한 교회의 창립자가 죽은 후 그 교회가 허물어지면, 사람들은 일반적으로 그를 대신하여 목회할 사람이 없을 정도로 그가 성공적으로 목회했다고 생각했다는 것입니다. 그러나 나는 정반대라고 믿습니다. 나는 한 사람을 대신할 사람이 없는 것은 지상명령을 완수하는 일에 완전히 실패한 것으로 생각합니다. 그는 예수님께서 제자 만들라고 하신 말씀에 주의를 기울이지 않았습니다. 우리는 우리를 대신할 사람들이 있어야 합니다. 당신도 그 일에 참여해야 합니다.

나는 목사이기는 하지만, 지금 여기서 목사들에게만 말하고 있는 것이 아닙니다. 내가 말하는 것은 모든 그리스도인에게 적용됩니다. 당신은 내가 세 단계의 헌신에 관하여 언급한 것을 기억합니까? 우리는 모두 세 번째 단계에 다다라야 합니다. 그리고 만약 우리가 그 대의를 위하여 자신을 흔쾌히 희생하려 하는 사람들이라면 제자들을 만들 것입니다. 이것은 어려운 일이 아닙니다. 당신은 주님께 순종할 만큼 관심을 두고서 당신 주변의 사람들을 사랑하기만 하면 됩니다. 다른 사람들에게 당신 자신을 투자하십시오. 그리하면 사라지지 않는 유산을 남기게 될 것입니다.

자기 지역과 자기 세대 사람들 외에는 전도하지 않으려 했던 그 목사는 나의 친구였으며, 때로 나에게 멘토의 역할을 한 사람이었습니다. 그러나 내가 그에게서 얻은 지식은 항상 내가 그를 부추겨서 얻은 것입니다. 그는 자원하여 나를 코치하거나 가르치려고 다가온 적이 한 번도 없었습니다. 나는 그에게 많은 것을 빚졌습니다. 그러나 그는 자기 세대와 자기 지역 사람들 외에도 복음을 전하겠다는 결심을 했더라면, 자기가 남긴 것보다 훨씬 많은 것을 남길 수 있었을 것입니다.

만약 당신이 자신보다 젊은 사람들을 재생산하기를 선택하면, 당신을 대신할 제자들을 무한히 둘 수 있을 뿐만 아니라 무한히 재생산할 수 있습니다. 그리고 당신은 그렇게 함으로 당신의 활주대를 확실히 계속 이어지게 할 것입니다. 만약 당신이 더 젊은 사람들과 시간을 보내기로 선택한다면, 당신은 그들에게 삶의 교훈들을 나누는 동안에 그들에게서 배울 것입니다. 그렇게 하면 피드백 고리를 만들게 되고, 피드백 고리는 당신을 젊은 세대와 상응하도록 해줄 것입니다. 젊은 사람들을 가르치면서 그들의 말을 듣는 데 당신의 삶을 투자하십시오. 그리하면 "하나님의 임재 안에서 크게 자랄 것이며, 늙어서도 여전히 유연하고 푸르고 강건할 것입니다"(시 92:13,14, 메시지).

당신은 16살짜리 소년이 내 처남을 제자로 만드는 모습을 보고서 내가 제자 만드는 법을 배웠다고 하는 이야기와 함께 이 책을 시작한 것을 기억합니까? 나는 죽는 날까지 계속 제자 만들기 과정을 이어가기를 소망합니다. 그리고 당신도 이것을 배우기를 소망합니다.

Chapter 18

모든 좋은 일에는 끝이 찾아옵니다

나에게 제자 만들기에 관하여 매우 많은 것을 가르쳐준 소년을 기억하니, 당신에게 한 가지 이야기를 더 해주어야 할 것 같습니다. 나는 우리의 인간관계가 항상 우리가 원하는 대로 되지만은 않는다는 생각이 듭니다.

제자들이 당신을 떠날 때

그 소년이 내 처남을 자기 날개 아래 두고 있었을 때 나는 이미 그와 그의 친한 친구들을 비공식으로 제자들로 만들고 있었다는 것을 알게 되었습니다. 내가 제자 만들기의 의도성을 배우게 된 것은 그가 내 처남을 제자로 만드는 것을 관찰하면서입니다. 그러나 6년 후 우리의 관계는 갑자기 단절되었습니다.

그는 우리가 함께 했던 그 6년 동안에 주님 안에서 강건하게 성장해서 유력한 크리스천 리더가 되었습니다. 그가 성장하자, 나는 그가 목회를 고려하고 있다는 것을 알았습니다. 나는 또한 그가 내가 졸업한 대학교에 입학하기를 고려하고 있었다는 것을 알았습니다. 그가 나의 뒤를 따르는 것은 나에게 크게 문제가 되지 않았지만, 보아하니 그에게는 문제가 되었습니다. 사실 이것은 그에게 매우 큰 문제였는데, 이는 그가 다른 대학교를 들어가기로 작정한 후 우리의 관계를 어떻게 처리해야 할지 몰랐기 때문입니다. 대학교 선택은 우리 사이를 틀어지게 했습니다. 어느 날 그는 눈물을 머금고 내 사무실로 들어와서는 우리가 살던 곳에서 800km 떨어진 곳에 있는 다른 학교에 입학하기로 작정했다는 말을 했습니다. 30분 후 그는 자기 오토바이를 타고서 집으로 향하여 갔습니다. 그가 그냥 문을 열고 나갔기 때문에 나는 잘 가라는 말도 하지 못했습니다. 그 후 나는 1년 동안 그를 보지 못했습니다.

그 1년은 나에게 혼동의 해였습니다. 만약 내가 그가 선택한 대학교에 입학하라고 추천했더라면 이런 문제를 겪지 않았을 것입니다(그는 내 모교가 아닌 다른 대학교를 선택한 것이 나를 배신한 것이라고 느꼈습니다). 나는 내가 그를 어떻게 기분 상하게 했는지 의아해하면서 1년을 보냈습니다. 그리고 상처를 받은 사람은 그와 나만이 아니었습니다. 소그룹에 속한 모든 아이가 혼란스러워했습니다.

이 이야기는 좋게 끝났습니다. 한 해가 지나자 그는 집으로 돌아왔고 근처에 있는 대학교에 편입하여 다녔습니다. 그리고 결국 우리는 캘리포니아 허모서비치에 첫 번째 호프채플교회를 개척한 후 그를 고용했습니다. 그는 우리 교회의 전도사로 시작하여 매우 뛰어난 교회 관리자가 되었습니다. 그는 결국 교회를 개척하기 위해 우리를 떠났고, 현재 또 하나의 대형 호프채플교회를 섬기고 있습니다. 그는 모든 면에서 성공적이며, 나는 그가 자기 제자들을 열방으로 파송하여 새로운 교회들을 세우고 있는 것을 보면서 내가 그의 친구인 것을 매우 자랑스럽게 여기고 있습니다.

내가 여기서 말하고자 하는 것은 무엇일까요? 제자 만들기는 당신의 마음에 자주 아픔을 가져다줄 수 있으며, 또한 가져다줄 것입니다. 만약 당신이 사람들을 사랑한다면, 당신은 그들로 하여금 당신을 아프게 하도록 초청하고 있는 것입니다. 아픔은 제자 만들기에 포함되어 있습니다.

우리의 초기 교회 개척자 중 하나는 자기 교회를 개척하고서 거의 즉시 지독한 근본주의자가 되었습니다. 그의 신학은 우리의 우정보다 더 중요한 것이 되었습니다. 나와 우리 교회에 대한 그의 태도는 신학적 의견 차이로 인하여 매우 나빴으며, 그는 실제로 우리가 진정한 그리스도인들이 아니라고 말했습니다.

그는 수년간 매주 2시간에서 4시간 나와 함께 했던 사람이었습니다. 우리는 좋은 친구였고, 그가 목회하기까지 나는 그에게 많은 것을 투자했습니다. 그는 갑자기 나를 떠나기만 한 것이 아니라 내가 이단이라고 설교하기도 했습니다. 우리는 그 후 몇 년 동안 몇 번 맞닥뜨렸지만 그는 항상 심하게 등을 돌렸습니다. 나는 우리의 좋은 관계가 그렇게 형편없게 된 것으로 인해 슬퍼하고 혼란스러워했습니다. 하지만 이 사건을 통해 한 가지 교훈을 얻었는데, 그것은 관계가 교리보다 더 중요하다는 것입니다. 사람들을 사랑하는 것은 하나님을 사랑하는 것에 이은 두 번째 명령입니다.

그러다가 다시금 상황이 반전되었습니다. 항상 강압적이었던 그 사람이 어느 날 내 사무실로 뛰어들어와서는 나에게 자기의 사과를 받아달라고 요구했습니다. 아마도 그는 며칠 동안 잠을 자지 못한 것 같았으며, 나는 주님께서 그에게 우리 사이의 문제를 해결하기 전에는 다시는 잠을 잘 수 없을 것이라고 말씀하신 것이라고 느꼈습니다. 나는 그 상황에 매우 지쳐 있었기 때문에 그가 사과하러 왔을 때 그를 무시하려고 했습니다. 그러나 그는 내가 자기의 말을 끝까지 들어주기를 바랐습니다. 그가 사과하자 우리는 곧바로 친구가 되었습니다. 우리는 여전히 교리를 달리하고 있지만 서로에 대한 존중은 강하게 유지되고 있고, 그는 내 인생의 기둥과 같은 사람입니다. 우리가 서로 사랑하면서도 여전히 생각이 다른 것은 우리 마음과 우리 교회 안에 예수님께서 실재하신다는 것을 증거해주는 것입니다.

내 제자 중 또 한 사람은 내가 제자훈련을 했던 그 어떤 사람보다 우리의 가치관을 잘 이해한 사람이었을 것입니다. 그러나 몇 년 전, 그는 불륜 관계에 빠졌으며, 그로 인하여 나를 비롯하여 우리 공동체에 속한 사람들과 연락을 끊었습니다. 후에 그는 회개했고, 아내에게로 돌아와서 새로운 사역을 하고 있습니다. 우리는 다시금 친구가 되었습니다. 그러나 많은 사람이 그의 죄로 인해 고통을 겪어야 했으며, 그것보다 더 큰 고통은 우리가 모든 시간을 투자하여 제자를 만드는 것이 진정으로 가치 있는 것인지에 관한 의구심이 생기게 한 것이었습니다.

이에 대한 답은, 제자 만들기는 항상 수고할 가치가 있으며, 가치 있는 모든 일은 "도둑질하고 죽이고 멸망시키려고"(요 10:10) 오는 자의 관심을 끌고 있다는 것입니다. 제자 만들기는 항상 수고와 고통을 감수할 가치가 있습니다.

좋을 때도 나쁩니다

만약 상황들이 나쁠 때 고통이 있다면, 그 상황들이 잘 풀릴 때도 고통이 있습니다. 우리 각 사람은 날마다 우리 십자가를 지고서 그리스도를 따르라는 부르심을 받았다는 것을 알아야 합니다(눅 9:23 참조).

　나는 내 자녀들이 대학교에 들어가기 위해 집을 떠나기까지 그들과 함께 할 날이 2,000일 정도밖에 남지 않았다는 것을 알게 된 날을 기억하고 있습니다. 내 자녀들은 나의 가장 가까운 제자들이었습니다. 필연적인 헤어짐의 고통은 그날 시작되었습니다. 나는 그들과 더 많은 시간을 가지려고 스케줄을 조정했습니다. 그 짧은 몇 개월 동안에 구름이 내 머리에서 떠나지 않는 듯했습니다.

　첫째 아들이 미국 본토에 있는 대학교로 가기 바로 전날에 그 상처는 최고조에 달했습니다. 나는 슬픔에 사로잡혔고, 몇 시간 동안 제어하기 힘들 정도로 흐느껴 울었습니다. 마치 내가 큰아들을 다시는 못 볼 것처럼 느꼈습니다. 물론 그가 첫 번째 크리스마스 방학을 맞아 집에 왔을 때 모든 것이 나아지기는 했지만 떨어져 있는 고통은 여전히 실재했습니다. 그리고 1년 후 그의 여동생이 대학교에 들어가기 위해 미국 본토로 떠났을 때도 분리의 고통이 심했습니다.

　한 제자가 새로운 교회를 개척하기 위해서 떠날 때마다, 나는 분리불안 separation anxiety을 겪습니다. 비록 그들과의 관계는 영원히 지속될 것이지만 다시는 그전과 같지는 않을 것이라는 점을 압니다.

　지난 몇 년 동안 나와 가장 가깝게 지내던 제자 중 하나는 우리의 초등부 담당 여전도사와 결혼했습니다. 후에 그는 우리의 중등부 담당 목사로 일하게 되었습니다. 이것은 그 두 사람이 내 아내와 나에게 더 가까워지도록 했습니다. 우리는 그들을 집으로 초대하여 자주 휴일 저녁을 즐겼습니다. 후에 그들은 어려움을 겪고 있던 작은 교회에서 목회하기 위해 떠났습니다.

　나는 첫 휴일에 그 남편이 교회 일 때문에 올 수 없는 상황에서 그 아내가 저녁을 먹기 위해 왔던 때를 기억합니다. 그 작은 교회는 성장하고 있었으며, 그는 옛 담임목사와 저녁을 같이 하는 것보다는 사역하는 것이 아주 즐거웠던 것입니다.

현재 그들이 목회하고 있는 교회는 우리 교회보다 크게 성장했습니다. 우리는 많은 사역을 같이 하고 있고, 큰 세미나들도 공동으로 개최하고 있습니다. 그러나 그는 "졸업했습니다." 우리의 관계는 절대로 예전과 같지 않을 것입니다. 하지만 이것이 바로 제자 만들기의 의미입니다. 그들은 자신들의 삶에 맞게 바뀔 필요가 있습니다. 그리고 그들은 세상으로 나아가서 다른 사람들을 제자로 만들어야 합니다. 이제 그와 나의 관계는 바뀌었고, 나는 그에게서 많은 것을 배우고 있습니다.

나는 자신들의 제자들이 제자훈련을 처음 받을 때보다 훨씬 더 영적으로 성장하는 것에서 오는 불안을 감당하지 못하는 목사들을 알고 있습니다. 그중 몇몇은 제자들과 무자비하게 경쟁하기도 합니다. 우리 이웃의 한 교회는 자신이 처음 주님을 만날 수 있도록 해준 교회를 떠나는 성도는 하나님의 뜻을 버리는 것이라고 가르치기도 했습니다.

내가 아는 한 목사는 제자 만들기의 시작을 잘하고 제자들과 잘 동역하지만, 제자들이 다른 교회를 개척하기 위해 떠날 시기가 되면 그들의 자격을 박탈하려고 합니다. 내가 아는 또 다른 목사는 자기의 가장 강력한 제자가 자기 교회에서 65km 내에 교회를 개척하는 것을 거부했습니다. 심지어 그는 자기 제자가 65km 내에 개척하면 그가 영적 아들이 아니라 "영적 의붓아들"이기 때문에 그런 것이라고 협박했습니다. 그중 한 사람도 분리불안이 제자 만들기 과정의 일부라는 것을 배우지 못했습니다. 우리는 분리되는 것을 예의와 품위를 가지고 다루는 법을 배워야 합니다.

분리에 대한 성경적 사례들

성경에는 자신들의 스승으로부터 분리된 제자들이 몇 명 있습니다. 예컨대, 엘리사는 엘리야가 하늘로 올라가는 것을 보았습니다. 사무엘은 죽음으로 말미암아 다윗과 분리되었습니다. 그러나 이 사례 중 몇 개는 우리를 위한 더 강력한 모델들을 제시해줍니다.

모세와 여호수아

우리는 여호수아가 젊을 때부터 모세를 섬겼던 "눈의 아들 여호수아"라고 묘사되었을 때 그를 처음 만나게 됩니다. 또한 우리는 "사람이 자기의 친구와 이야기함 같이 여호와께서는 모세와 대면하여 말씀하시며 모세는 진으로 돌아오나 눈의 아들 젊은 수종자 여호수아는 회막을 떠나지 아니하니라"(출 33:11)라는 말씀을 읽게 됩니다.

여호수아는 모세가 산꼭대기에 서서 지지하는 동안에 이스라엘 사람들의 전투를 이끈 때부터 성장하기 시작했음이 분명합니다(출 17:8-13). 우리는 여호수아가 자기 스승 모세가 시내 산에서 십계명을 받고 산 아래로 내려왔을 때 그와 동행했던 관계를 통하여 추가적인 식견을 얻습니다(출 32:17 참조).

그러나 제자와 스승의 필연적인 분리에 관한 가장 중요한 교훈은 모세가 죽기 전에 있었습니다. 모세는 모든 이스라엘 백성 앞에서 여호수아를 공개적으로 자기의 후계자로 지지했습니다. "모세가 여호수아를 불러 온 이스라엘의 목전에서 그에게 이르되 너는 강하고 담대하라 너는 이 백성을 거느리고 여호와께서 그들의 조상에게 주리라고 맹세하신 땅에 들어가서 그들에게 그 땅을 차지하게 하라 그리하면 여호와 그가 네 앞에서 가시며 너와 함께 하사 너를 떠나지 아니하시며 버리지 아니하시리니 너는 두려워하지 말라 놀라지 말라"(신 31:7,8).

이스라엘 백성이 여호수아를 자신들의 새 리더로 받아들일 수 있도록 한 것은 모세가 말년에 여호수아를 공개적으로 지지했기 때문입니다. 더 중요한 것은, 여호수아가 고난의 시간을 통과하는 동안에 모세의 말이 여호수아와 함께 했다는 것입니다. 분리는 긍정적인 경험이 될 수 있으며, 또한 그렇게 되어야 합니다.

나는 근래에 내 아들에게 우리 교회의 담임목사직을 넘겨주었습니다. 우리는 내 아들을 나의 후계자로 세울 계획이 없었습니다. 내 아들은 장로들에게 담임목사가 될 자격이 있는 사람으로 인정받고서 교인들 앞에서 담임목사직을 얻었습니다. 그는 내가 상상하지 못할 정도로 성장했습니다. 그는 우리의 비전과 가치관에 더 신중해졌고 우리 교인들의 마음에 그것을 깊이 심어주고 있습니다. 그 결과는 놀랍습니다. 주님께서 여호수아와 모세와 함께 하셨던 것처럼 내 아들과 함께 하십니다. 아버지로서 나는 매우 자랑스럽게 생각하고 있습니다. 내 아들이 현재 나의 새 담임목사이기는 하지만, 그는 또한 내 제자였다는 것을 말하기 전에는 이 책을 끝낼 수 없습니다.

예수님과 제자들

예수님의 제자들(학생들)은 졸업했습니다. 그들은 사도들(보내심을 받은 사람들)이 되었습니다. 그들이 예루살렘을 떠나기까지는 주님께서 그들에게 세상으로 나아가라고 명령하시고 난 후 몇 년이 걸렸습니다.

그 결과로 이 작은 세상의 인구 3분의 1이 우리 주님을 섬깁니다. 이 사람들은 그 당시 땅 끝이라고 알고 있던 곳으로 갔습니다. 한편, 예수님께서는 아버지의 우편으로 가셨습니다. 주님의 부활의 기적 후에도 분리불안은 그들에게 큰 문제였음이 분명합니다. 분리에 따르는 고통은 항상 있을 것입니다. 하지만 그 고통은 필연적으로 나쁜 것은 아닙니다.

내가 말하고자 하는 것은, 당신이 이 책을 좋은 이유로 선택하게 되었다는 것입니다. 당신은 지상명령이 당신 개인에게 적용된다는 것을 압니다. 제자 만들기 소명은 당신의 이웃 또는 당신의 가정에서부터 시작합니다. 당신은 당신의 동네 커피숍에서부터 이 세상의 가장 먼 곳에 이르기까지 이 일을 해야 한다는 것을 알 것입니다.

당신은 제자들을 만들 수 있을 뿐만 아니라 만들어야 합니다. 당신은 사울과 같은 사람을 돕는 바나바의 기능을 하고 있는지도 모릅니다. 당신은 겉으로 보기에는 빈약한 활동들을 하지만, 결국 온 사회를 변화시키는 결과를 내고 있습니다.

당신에게 한 문장으로 조언하고 싶습니다. "가서 제자들을 만드십시오!"

우리 교회는 영적 운동을 낳을 수 있을까요

『당신의 교회를 증식하는 방법』에서 발췌

아내와 나는 1971년에 12명과 함께 교회를 시작했습니다. 다행스럽게도, 우리는 미국의 대변동의 시대에 교회를 개척했고, 그 시기는 새로운 아이디어들을 실험하는 것을 더 쉽게 만들어주었습니다.

성혁명이 우리 사회를 덮쳤습니다. 대학교 캠퍼스들은 처음으로 마약들로 가득했습니다. 우리 도시들은 인종 문제로 불화했고, 동남아에서 일어난 인기 없는 전쟁으로 인한 감정들과 싸웠습니다. 우리는 중학생이었을 때 권위에 도전하는 분위기에 영향을 받았습니다. 그 열매는 우리가 대학교에 들어갈 때까지 문화로 스며들었습니다. 그 당시의 미국 학생들은 "너무도 강력한" 권위에 사로잡혀 있었습니다. 1960년대와 1970년대 초 이후로 미국은 완전히 달라졌습니다. 몇 년간의 변혁이 일어난 후에 몇 명의 친구가 우리 부부의 교회 개척에 동역했습니다. 우리는 급속한 변화에 준비된 상태였습니다. 우리 교회는 그 시대와는 확실히 다를 것이었습니다.

변화하려는 우리의 헌신이 극에 달하자, 성령님께서 간섭하셨습니다. 낯선 사람 둘이 각각 다른 상황에서 우리 교회가 완전히 다른 교회가 될 것이라고 "예언했습니다." 그들은 우리 교회가 너무 달라질 것이니 이에 관하여 기도하라고 말했습니다. 우리는 뭔가 다른 것을 기대해야 했던 것입니다. 첫 번째 사람이 말했을 때는 개인적인 예언이 아니었기에 나는 그의 말을 무시했습니다. 그러나 다른 사람이 3개월 후에 다른 장소에서 정확히 같은 말을 하자 나는 그것을 마음에 품었습니다. 하지만 내가 한 것은 그게 전부였습니다.

호프채플 운동의 시작

초보 성도들과 함께 교회를 개척했을 때 "새 일"이 일어났습니다. 새 교회는 가정에서 모였습니다. 목사는 텐트메이커였으며, 정규적인 신학 훈련을 받지 못한 사람이었습니다. 그가 신학 교육을 제대로 받지 못한 것은 내가 넘어야 할 큰 산이었습니다. 실제로 그들이 나에게 처음 그 아이디어를 말했을 때 나는 그것을 지지하지 않을 것이라고 딱 잘라서 거부했습니다. 하지만 나는 네비게이토 간사들이 다른 나라에서 선교사로 섬길 가능성이 있는 목사를 모집한 것을 알고 나서 비로소 그의 가능성을 확신하게 되었습니다. 만약 네비게이토 간사들이 한 사람을 신뢰했다면, 내가 그를 신뢰하지 말아야 할 이유가 무엇이었겠습니까?

협소한 내 생각 외에도 교단의 문제가 아직 남아있었습니다. 우리 교단은 한 도시에 두 교회만 허용했고, 그 두 교회는 그 규칙을 깨는 것 때문에 서로 분하게 여기고 있었습니다. 게다가 내가 세 번째 교회를 개척하게 되면 문제는 더 커질 수밖에 없었습니다.

　우리 교단의 규칙은 목사들에게 정규 신학 교육을 요구했습니다. 그러나 이 사람은 "자격증들"이 없었기에 우리가 새 교회를 개척하기 위해서는 기적 같은 일이 일어나야 했습니다. 하지만 그는 교회 개척에 인상적인 이점들을 가지고 있었습니다. 그는 경건한 가정의 가장이었으며, 사업하는 사람이었으며, 매주 다섯 번의 성경공부를 성공적으로 인도하고 있었습니다. 사례비와 건물은 문제가 되지 않았습니다. 그는 부잣집들에 우수한 목공품을 공급하여 꽤 많은 돈을 벌었습니다. 그 그룹은 어떤 가정집에서 모였기에 건물이 따로 필요하지 않았습니다. 게다가 만약 그 새 교회가 성장하여 더 넓은 공간이 필요하게 될 경우에는 예전에 술집으로 사용되었던 빈 건물을 빌릴 수 있었습니다. 결국, 그 초보 목사와 나는 강한 관계를 형성하게 되었고, 우리는 당신이 누가 누구를 제자로 만들고 있는지 분별하기 어려울 정도로 매우 가까운 사이가 되었습니다.

　우리는 교단의 침묵을 예상하고서, "용서받는 것이 허락받는 것보다 더 쉽다!"라는 경이로운 속담대로 밀어붙이기로 했습니다. 우리는 일단 교회를 개척하고서 나중에 교단에 보고했습니다. 놀랍게도, 자신들의 첫 손주가 태어난 것을 본 부모가 자신들의 자녀가 결혼한 것을 의심하지 않는 것처럼, 우리 교단 사람들은 이 새롭게 탄생한 교회를 받아주었습니다. 그들은 심지어 교단 컨벤션에서 어떻게 우리 교회가 하나의 교회를 개척할 수 있었는지 수천 명 앞에서 공개적으로 말하도록 했습니다. 한 교회가 새로운 교회를 개척하는 것은 수십 년 동안 없었던 일이었기 때문이었습니다.

우리 교회는 호프채플Hope Chapel이라고 불렸습니다. 그 새 교회는 "호프 브랜치"Branch of Hope라는 이름을 붙였습니다. 나는 그 이름을 반대했습니다. 그 교회의 이름에서 "호프"를 빼기 원했던 것입니다. 혹 우리 교단 사람들이 우리가 또 하나의 교단을 세웠다고 하는 비판을 할까 두려웠기 때문입니다. 하지만 그들은 그 이름을 그대로 유지했습니다.

몇 주가 지나서 산타모니카시티 대학에 다니던 새로이 구원받은 유태계 미국인 학생들 가운데서 두 번째 교회가 자연스럽게 개척되었습니다. 우리의 사역은 거의 선택의 여지 없이 하나의 운동이 되어가고 있었습니다. 그 "예언들"은 실현되고 있었습니다. 우리는 상상할 수 없었던 매우 새로운 것에 우연히 관여하게 되었습니다. 사실 우리는 이 운동에 관한 비전이 없었기 때문에 어떻게 기도해야 할지를 몰랐습니다.

통제 불능의 증식

나는 오랫동안 사역하면서 개인적으로 청년 그룹 하나를 시작했고, 두 개의 교회를 세웠고서던 캘리포니아와 하와이에 교회를 세워서 대형교회로 성장시킴-옮긴이, 내가 목회하는 교회들의 성도들을 통해서 70개가 넘는 교회를 직접 개척했습니다. 이 과정에서 교회 증식의 과정은 통제 불능이 되었습니다. 이 소수의 교회는 새로운 교회들을 계속 만들어내는 운동이 되었습니다. 우리의 운동은 지금까지 700개가 넘는 교회를 개척한 것을 확인할 수 있습니다. 각 교회는 서던 캘리포니아 비치타운의 12명의 사역과 직접적인 관계가 있습니다. (우리는 또 하나의 소그룹이 교회들을 증식하도록 단순히 격려함으로 세워진 교회들은 그 수에 포함하지 않았습니다. 즉 700개가 넘는 교회는 직계비속이라는 의미입니다.)

뉴잉글랜드에 세워진 한 교회는 한 리더가 다른 리더들에게 거의 동시에 배턴을 넘겨주므로 아홉 세대의 목사들을 통해 성장하고 있습니다. 우리는 일본에 교회를 세웠습니다. 어떤 사람은 우리 교회에 속한 한 사업가에게 장거리 제자훈련을 받는 동안에 파키스탄에 100개가 넘는 교회를 개척했습니다. 한 젊은 새신자는 우리 교회가 세워진 후 첫 몇 년 동안 교회 증식에 매우 큰 관심을 두었습니다. 수년이 지난 후 내가 우연히 그와 마주쳤을 때 그는 남아메리카에 있는 대형교회를 섬기고 있었으며, 우리 "운동"에 속한 나머지 교회들보다 훨씬 많은 교회를 증식했습니다. 우리는 교회들이 증식하는 것을 통제할 수 없습니다. 그리고 실제로 교회 증식은 통제 불능이 되어야 합니다.

우리는 교회들을 관리하지 않습니다. 우리는 다양한 교단들에 속한 교회들을 개척했습니다. 다수는 우리 교회 가족에 속해있지만, 대부분은 독립 교회들입니다. 박해가 심한 나라들에서는 정부의 보호를 받기 위해서 법인조직으로 함께 뭉쳤습니다.

우리는 오직 근사치만을 낼 수 있을 뿐이라서 교회의 숫자는 정확하지 않습니다. 우리는 4년마다 교회 수의 총계를 내려고 시도합니다. 우리는 이 운동의 네트워크에 들어 있는 모든 교회에 연락하여 "지난번 이후로 새로 개척한 교회는 몇 개입니까?"라고 묻습니다. 우리는 최근에 세워진 교회들의 연락처를 알아내서 그들에게 전화하여 이와 동일한 질문을 합니다. 당신이 상상할 수 있듯이 이것은 대단히 힘든 일입니다. 우리는 3년 전에 교회 증식에 관한 조사를 했고, 다시 하게 될지는 미지수입니다.

우리가 처음에 교회 수를 세게 된 이유는 대형교회를 세계 문제들에 대한 해법으로 보는 시대에서 교회 증식이 다른 사람들의 의제가 되도록 하기 위함이었습니다. 그뿐 아니라, 수를 세는 것은 우리로 하여금 교회 증식을 우선순위에 두도록 도와주었습니다.

성장의 혼돈된 본질

나는 우리 교회를 증식하는 것에 대한 생각과 더불어 생겨난 혼돈에 대해 매우 불편함을 느꼈습니다. 그 후에 나는 『불가사리와 거미The Starfish and the Spider』라는 책을 읽었습니다. 그 책의 부제인 "리더 없는 조직들의 막을 수 없는 능력"은 많은 것을 생각하게 합니다. 그 책은 핀에 머리가 찔린 거미의 필연적인 죽음을 설명합니다. 그와는 반대로, 불가사리는 상처를 입어도 회복력이 강하기 때문에 생존할 수 있다고 설명합니다.

대다수 불가사리는 상처를 입으면 새로운 부속지(당신은 그것을 다리나 팔이나 뾰족한 끝이라고 부릅니까?)를 만들어낼 것입니다. 불가사리의 잘린 부속지는 온전한 새 몸으로 자랄 것입니다.26) 당신은 내가 무슨 말을 하는지 이해했을 것입니다. 그 불가사리의 모든 세포는 온전한 유기체를 재생산해낼 능력이 있는 DNA를 가지고 있습니다. 나는 이것이 바로 그리스도께서 그분의 교회에 의도하신 것이라고 생각합니다. 각 성도는 온전한 교회를 재생산할 수 있어야 합니다. 초대 교회는 리더가 없는 조직에 가까울 정도로 혼란스러웠던 것처럼 보입니다(당신이 베드로를 최초의 교황으로, 예루살렘 공회를 임원들로 여기지 않는 한 그렇다는 것입니다). 그러나 초대 교회는 가장 뛰어난 교회였습니다. 나는 우리 교회에 발생한 혼란들에 더는 움츠리지 않습니다. 지금은 우리 교회가 극도로 탄력적인 것을 내가 즐기고 있습니다.

내가 하는 역할은 매우 단순합니다. 내 일은 우리의 비전이 존속하도록 하는 것입니다. 사람들로 하여금 보이지 않는 것이 보이는 것보다 더 중요하다는 것을 생각하도록 하는 것이 내 일입니다. 그들이 어떤 사람들로 살아왔는가보다 장차 어떤 사람들이 될 수 있는가가 훨씬 더 중요합니다. 그들은 자신들의 경험이나 개인적 능력으로 하는 것보다 축복의 근원인 하나님의 능력으로 더 많은 일을 이룰 수 있습니다. 내 일은 사람들이 교회를 건축하는 것보다는 열방을 제자로 만드는 것에 계속 집중하게 하는 것입니다. 내 인생 목표는 다른 사람들로 하여금 단지 교인들을 늘리는 것이나 몇몇 교회를 개척하는 대신 운동을 이끌도록 고무하는 것입니다.

운동은 역동적입니다. 운동은 정지 상태가 아니라 살아서 움직입니다. 운동은 억누르기 어려우며, 제도나 전통보다는 실용주의와 혁신을 선호합니다. 운동은 사람들을 컨트롤하기보다는 그들에게 영감을 주고 힘을 주려고 합니다. 운동은 팀워크를 높이 평가하며, 슈퍼히어로들보다 일반적인 "영웅들"을 중히 여깁니다.

교단은 운동이 될 수 있지만, 일반적으로는 그렇지 않습니다. 마찬가지로 목사들을 영웅적인 리더에게로 모이도록 하는 것은 유익하지만, 운동은 그런 식으로 하지 않습니다. 운동은 단순하고 쉽게 재생산할 수 있는 모델과 시스템을 통해 관계적으로 교회들을 재생산합니다. 운동은 역사적으로뿐만 아니라 지역적으로도 다수의 세대로 이어집니다.

역사의 요긴한 조언

성령님께서는 운동들을 축복하십니다. 열두 사도가 예루살렘에서 공회를 유지하고 있는 동안에 무명의 사람들이 구브로와 구레네와 안디옥에 교회들을 세웠습니다. 성령님께서는 안디옥에서 유럽과 지중해의 역사를 기술해줄 교회 증식 운동을 시작하셨습니다.

로마가 멸망한 후, 예수님께서 아일랜드 원주민들에게 포로로 잡혀 노예 생활을 하던 패트릭389-461, 아일랜드의 수호성인이라고 불림-옮긴이이라는 젊은 영국인에게 꿈으로 탈출로를 보여주셨고, 그는 그 길을 따라 아일랜드에서 탈출했습니다. 그는 고향으로 돌아와서 기독교로 개종하고서 예전에 자신을 억류했던 사람들에게 복음을 전해야 한다는 소명을 느꼈습니다. 몇 년 후, 패트릭은 아일랜드로 건너가서 자신이 과거에 고통 받았던 마을로 가던 중에 병든 사람들을 고치고 하나님의 나라를 선포했습니다. 그는 아일랜드를 제자로 만들었습니다.

한 세대 후, 아일랜드의 수도사 콜럼바521-597, 스코틀랜드를 전도한 아일랜드의 선교사-옮긴이는 12명의 형제를 배에 태우고서 특정한 목적지를 두지 않은 채로 아일랜드 해(海)를 건넜습니다. 그들에게는 목표가 있었지만 목적지는 없었습니다. 심해에 도달하자 그들은 노와 돛을 버렸습니다. 그들은 성령님께서 자신들을 가장 잘 사용하실 수 있는 곳이면 어디든지 인도하실 것으로 믿었습니다. 바다는 그들을 삼킬 수 있었지만 그렇게 하지 않았습니다. 그들은 북대서양 한가운데서 탈수증으로 죽을 수도 있었지만 생존했습니다. 면도날처럼 날카로운 바위들은 대서양 대구의 껍질을 벗겨내듯이 그들의 몸에 상처를 줄 수 있었습니다. 하지만 그들은 스코틀랜드 연안의 흔치 않은 모래사장에 도착했습니다. 의욕을 가진 수도사들은 스코틀랜드를 복음화한 후 포스트 로마 즉 포스트 크리스천 유럽 대륙을 다니면서 비밀리에 복음을 증거하고 교회들을 세웠습니다.27)

복음 운동이 이어지던 중 개신교 개혁운동이 일어났고, 영국의 청교도 운동과 미국식민지 복음화 운동이 일어났습니다. 결과적으로, 영국과 미국은 동시에 위대한 복음화 운동을 일으켰고, 전 세계적인 기독교 성장을 이루었습니다. 중국의 지하교회는 "벌레 군단"army of worms, 중국 지하 교회의 특성을 묘사하는 용어로 암암리에 훈련한 복음 사역자들을 일컬음—옮긴이을 훈련하여 회교국들에 비밀 선교사들을 보내느라 분주합니다. 나이지리아의 그리스도인들은 동유럽과 서유럽의 포스트 크리스천 공업국들과 일본과 미국에 선교사들을 전략적으로 파송했습니다. 현재 몽골과 네팔은 대다수 나라보다 교회가 더 빠르게 성장하고 있습니다.28) 성령님께서는 운동들을 전공하셨음이 분명합니다.

당신의 교회는 어떻습니까?

우리의 모든 목표는 열방을 제자로 만들기에 부족합니다. 만약 당신이 모든 교회와 모든 자발적인 운동과 모든 교단의 전략적인 계획들을 다 모을 수 있다 해도 전적인 침투전도를 하기에는 턱없이 부족할 것입니다.

실망하지 마십시오! 우리는 더 크게 생각해야 합니다. 우리는 더 책임을 져야 합니다. 우리는 이것저것 해야 합니다! 그러나 우리는 그렇게 할 수 없습니다. 우리 중 누구도 전 세계를 복음화하는 것에 책임을 지지 않습니다. 하지만 우리는 우리의 상황을 재평가할 수 있습니다. 우리의 제자 만들기 과정을 다시 한 번 검토할 수 있습니다. 우리는 회중 전체를 동시에 이끌기보다는 그들 각자를 제자로 만드는 것을 선택함으로 우리의 시선을 높은 곳에 고정할 수 있습니다. 우리가 단지 교인 수를 늘리는 대신 교회를 증식했더라면 더 많은 결실을 얻었을 것입니다.

당신의 교회가 교회 증식 운동에 함께 한다면 비난의 표적이 될 수도 있을 것입니다. 어떤 사람들은 당신의 교회를 비판할 것입니다. 다른 사람들은 더 큰 목표를 이해하려 하지 않을 것입니다. 그러나 교회 증식 운동은 일어날 것이며, 일어나야 합니다.

후주

1) Ralph Moore, How to Multiply Your Church, (Ventura, CA: Regal Books, 2009), pp. 27-28.
2) Ed Stetzer, Planting Missional Churches (Nashville, TN: Broadman and Holman, 2006), p. 9.
3) Caryn Pederson, "Running in the Spirit: Church Growth in Mongolia," Pioneers Media.
4) Francis Chan, The Forgotten God (Colorado Springs, CO: David C. Cook, 2009).
5) David Householder, How to Light Your Church on Fire Without Burning It Down (Seattle, WA: Booksurge, 2009), p. 17.
6) Rodney Stark, The Rise of Christianity (San Francisco: Harper San Francisco, 1997), p. 20.
7) 같은 책.
8) Mike Kai, The Pound for Pound Principle (Kailua, HI: Equip and Inspire Resources, 2011), p. 63.
9) Joseph Bayly, A Voice in the Wilderness: The Best of Joseph Bayly (Colorado Springs, CO: Victor Books, 2000), pp. 50-89.
10) Craig Groeschel, It: How Church Leaders Can Get It and Keep It (Grand Rapids, MI: Zondervan, 2011), p. 42.
11) Philip Jenkins, The New Faces of Christianity: Believing the Bible in the Global South (New York: Oxford University Press, 2006), p. 9.
12) Donald McGavran, Understanding Church Growth (Grand Rapids, MI: Eerdmans Publishing, 1970), p. 6.
13) 같은 책.
14) "Legacy," Dictionary.com.
15) 같은 책.
16) "The Church of Ephesus," Philologos Bible Prophecy Research, December 19, 1998. http://philologos.org/bpr/files/e003.htm.

17) Richard Norton Smith, "Reagan at 100-Why He Still Matters," TIME, February 7, 2011.
18) 같은 책.
19) Betty Lee Skinner, Daws: The Story of Dawson Trotman (Grand Rapids, MI: Zondervan: 1974), pp 76-77.
20) "The Navigator," TIME, July 2, 1956.
21) "Who We Are," The Navigators.
22) Greg L. Hawkins and Cally Parkinson, Move: What 1,000 Churches Reveal About Spiritual Growth (Grand Rapids, MI: Zondervan, 2011), p. 16.
23) 같은 책, pp. 17,18.
24) 같은 책, p. 19.
25) 같은 책, pp. 117,118.
26) Ori Brafman and Rod A Beckstrom, The Starfish and the Spider: The Unstoppable Power of Leaderless Organizations (New York: Portfolio/Penguin Group, 2006), p. 35.
27) John Eldridge, Waking the Dead (Nashville, TN: Thomas Nelson Inc, 2003), pp. 201-201.
28) Patrick Johnstone and Jason Mandryk, Operation World: 21st Century Edition (London: OM Authentic Media, 2005), pp. 451, 470.

믿음의말씀사 출판물

구입문의 : 031-8005-5483 http://faithbook.kr

■ 케네스 해긴의 「믿음 도서관」 책들
- 새로운 탄생
- 재정 분야의 순종
- 나는 지옥에 갔다 왔습니다
- 하나님의 처방약
- 더 좋은 언약
- 예수의 보배로운 피
- 하나님을 탓하지 마십시오
- 네 주장을 변론하라
- 셀 모임에서 성령인도 받기
- 안수
- 치유를 유지하는 법
- 사랑은 결코 실패하지 않습니다
- 하나님께서 내게 가르쳐 주신 형통의 계시
- 왜 능력 아래 쓰러지는가?
- 다가오는 회복
- 잊어버리는 법을 배우기
- 위대한 세 단어
- 하나님의 은사와 부르심
- 그 이름은 "놀라우신 분"
- 우리에게 속한 것을 알기
- 성령을 받는 성경적인 방법
- 하나님의 영광
- 은혜 안에서의 성장을 방해하는 다섯 가지
- 사랑 가운데 걷는 법
- 바울의 계시: 화해의 복음
- 당신은 당신이 말하는 것을 가질 수 있습니다
- 그리스도 안에서
- 말
- 방언기도의 능력을 풀어 놓으라
- 옳은 사고방식 틀린 사고방식
- 속량 - 가난, 질병, 영적 죽음에서 값 주고 되사다
- 네 염려를 주께 맡겨라
- 예언을 분별하는 일곱 단계
- 절망적인 상황을 반전시키기
- 당신의 믿음을 풀어 놓는 법
- 진짜 믿음
- 믿음이란 무엇인가
- 그리스도께서 지금 하고 계시는 일
- 충분하고도 넘치는 하나님 엘 샤다이
- 금식에 관한 상식
- 하나님의 말씀 : 모든 것을 고치는 치료제
- 가족을 섬기는 법
- 조에
- 당신이 알아야 하는 신유에 관한 일곱 가지 원리
- 여성에 관한 질문들
- 인간의 세 가지 본성
- 몸의 치유와 속죄

- 크게 성장하는 믿음
- 하나님 가족의 특권
- 기도의 기술
- 나는 환상을 믿습니다
- 병을 고치는 하나님의 말씀
- 영적 성장
- 신선한 기름부음
- 믿음이 흔들리고 패배한 것 같을 때 승리를 얻는 법
- 믿음의 선한 싸움을 싸우는 법
- 하나님의 계획과 목적과 추구
- 예수 열린 문
- 믿음의 계단
- 당신을 향한 하나님의 계획
- 역사하는 기도
- 기름부음의 이해
- 내주하시는 성령 임하시는 성령
- 재정적인 번영에 대한 성경적 열쇠들
- 어떻게 하나님의 영으로 인도받을 수 있는가?
- 마이더스 터치
- 치유의 기름부음
- 그리스도의 선물
- 방언
- 믿는 자의 권세(생애기념판)
- 믿음의 양식
- 승리하는 교회

■ E. W. 케년
- 십자가에서 보좌까지 무슨 일이 일어났는가?
- 두 가지 의
- 놀라우신 그 이름 예수
- 하나님 아버지와 그분의 가족
- 나의 신분증
- 두 가지 생명
- 새로운 종류의 사랑
- 그분의 임재 안에서
- 속량의 관점에서 본 성경
- 두 가지 지식
- 피의 언약
- 숨은 사람
- 두 가지 믿음
- 새로운 피조물의 실재

■ 스미스 위글스워스
- 스미스 위글스워스의 천국
- 스미스 위글스워스의 매일묵상
- 위글스워스는 이렇게 했다
- 스미스 위글스워스의 능력의 비밀

■ T. L. 오스본
- 행동하는 신자들
- 기적 - 하나님 사랑의 증거
- 새롭게 시작하는 기적 인생
- 좋은 인생
- 성경적인 치유
- 능력으로 역사하는 메시지
- 100개의 신유 진리
- 24 기도 원리 7 기도 우선순위
- 하나님의 큰 그림
- 긍정적 욕망의 힘
- 당신은 하나님의 최고의 작품입니다

■ 잔 오스틴
- 믿음의 말씀 고백기도집
- 하나님의 사랑의 흐름
- 견고한 진 무너뜨리기
- 초자연적인 흐름을 따르는 법
- 당신의 운명을 바꿀 수 있습니다
- 어떻게 하나님의 능력을 풀어놓을 수 있는가?

■ 크리스 오야킬로메
- 여기서 머물지 말라
- 이제 당신이 거듭났으니
- 당신의 인생을 재창조하라
- 이 마차에 함께 타라
- 그리스도 안에 있는 당신의 권리
- 성령님과 당신
- 성령님이 당신 안에서 행하실 일곱 가지
- 성령님이 당신을 위해 행하실 일곱 가지
- 기적을 받고 유지하는 법
- 하나님께서 당신을 방문하실 때
- 올바른 방식으로 기도하기
- 당신의 믿음을 역사하게 하는 법
- 끝없이 샘솟는 기쁨
- 기름과 겉옷
- 약속의 땅
- 하나님의 일곱 영
- 예언
- 시온의 문
- 하늘에서 온 치유
- 효과적으로 기도하는 법
- 어떤 질병도 없이
- 주제별 말씀의 실재
- 마음의 능력

■ 앤드류 워맥
- 당신은 이미 가졌습니다
- 은혜와 믿음의 균형 안에 사는 삶
- 하나님의 참된 본성
- 하나님은 당신이 건강하기 원하십니다
- 영·혼·몸
- 전쟁은 끝났습니다

- 믿는 자의 권세
- 새로운 당신과 성령님
- 노력 없이 오는 변화
- 하나님의 충만함 안에 거하는 열쇠
- 더 좋은 기도 방법 한 가지
- 재정의 청지기 직분
- 하나님을 제한하지 마라
- 하나님의 뜻을 발견하고 따라가며 성취하라
- 하나님의 참 본성

■ 기타 「믿음의 말씀」 설교자들
- 성령의 삶 능력의 삶
- 복을 취하는 법
- 주는 자에게 복이 되는 선물
- 믿음으로 사는 삶
- 붉은 줄의 기적
- 당신이 말한 대로 얻게 됩니다
- 예수-치유의 길 건강의 능력
- 성령 안의 내 능력
- 믿음과 고백
- 임재 중심 교회
- 성령충만한 그리스도인의 지침서
- 열정과 끈기
- 제자 만들기
- 어떻게 교회를 배가하는가
- 운명
- 모든 사람을 위한 치유
- 회복된 통치권
- 그렇지 않습니다
- 당신의 자녀를 리더로 훈련하라

■ 김진호·최순애
- 왕과 제사장
- 새로운 피조물의 실재
- 믿음의 반석
- 새 언약의 기도
- 새로운 피조물 고백기도집(한글판/한영대조판)
- 성령 인도
- 복음의 신조
- 존중하는 삶
- 성경의 세 가지 접근
- 말씀 묵상과 고백
- 그리스도의 교리
- 영혼 구원
- 새로운 피조물
- 믿음의 말씀 운동의 뿌리
- 1인 기업가 마인드
- 내 양을 치라